novum pro

AF144253

BERND WENGMANN

Vom Kohlenpott ins
PARADIES

90, UND
JETZT?

novum ⬛ pro

Dieses Buch ist auch als
e-book
erhältlich.

www.novumverlag.com

Bibliografische Information
der Deutschen Nationalbibliothek:

Die Deutsche Nationalbibliothek
verzeichnet diese Publikation in
der Deutschen Nationalbibliografie.
Detaillierte bibliografische Daten
sind im Internet über
http://www.d-nb.de abrufbar.

Alle Rechte der Verbreitung,
auch durch Film, Funk und Fernsehen,
fotomechanische Wiedergabe,
Tonträger, elektronische Datenträger
und auszugsweisen Nachdruck,
sind vorbehalten.

Gedruckt in der Europäischen Union
auf umweltfreundlichem, chlor- und
säurefrei gebleichtem Papier.

© 2024 novum Verlag

ISBN 978-3-99146-579-9
Lektorat: Kristina Steiner
Umschlagfotos: Mikhail Matsonashvili,
Błażej Łyjak | Dreamstime.com,
Bernd Wengmann
Umschlaggestaltung, Layout & Satz:
novum Verlag
Autorenfoto: Bernd Wengmann

www.novumverlag.com

1932–1941

Wenn man 90 Jahre alt ist und in diesem Alter ein Buch schreibt, hat man ein langes Leben mit vielen Epochen und Generationen hinter sich und denkt dabei an die heutige Zeit, jeder kennt sie.

Geboren wurde ich 1932 im Ruhrgebiet, im westlichen Vorort von Dortmund, in Dortmund-Huckarde. Nicht weit weg waren Zechen, in denen Kohle gefördert und Hütten, wo Stahl erzeugt und verarbeitet wurde, also inmitten von Qualm, Gestank, Lärm und einer schon unruhigen Zeit. Diese war nach den 20-ziger Jahren geprägt von Armut, Arbeitslosigkeit, politischen Unruhen und vom Aufkommen des Nationalismus.

Meine Mutter stammte aus einer Bergmannsfamilie, zusammen mit zwei Schwestern und zwei Brüdern, aus Dortmund-Derne. Der Vater meiner Mutter arbeitete auf der Zeche, wie man so sagte. Er arbeitete als Hauer direkt vor der Kohle. Das sind die Männer, die nach der Arbeit aus 600 bis 1000 Meter Tiefe als im Gesicht Schwärzeste aus dem Transportlift aussteigen und damit das Tageslicht wieder erreichen. Der Opa Derne, wie er auch genannt wurde, arbeitete auf einer der vielen Zechen quer durch das Ruhrgebiet. Die Oma Derne, von der es noch viele Kochrezepte gibt, hatte ihr Leben lang mit Haus und Garten zu tun. Ein typisches Bergmannreihenhaus, mit großem Garten, Schweine,- Hühner- und Kaninchenstall, war zu pflegen. Bei Bergleuten speziell, war der größte Teil für den Lebensunterhalt, die Selbstversorgung. Der Schweinestall war Hausbestandteil direkt hinter der Küche. So war der Weg für Abfälle aus der Küche nicht weit, nach heutiger Sicht die Tonne für Küchenabfälle. Das Schwein gehörte sozusagen zur Familie, hatte Familienanschluss.

Vom Hinterausgang aus, der Haupteingang von der Straße her wurde nur bei Besuch benutzt, ging man über den Hühnerhof und die Kaninchenställe in den unendlich langen Garten. Eine Laube zum Ausruhen wurde nur am Sonntag vom Familienbesuch benutzt. Der Nutzgarten war in der Mitte geteilt durch einen langen, schmalen Weg. Jeweils im Frühjahr wurde der Garten frisch umgegraben und links und rechts vom Weg wurden die Kanten, die Furchenkante, als Ersatz einer Einfassung, mit dem Spaten 12 bis15 Zentimeter hoch, fest angeschlagen. So entstand ein Wegabschluss aus Erde, der die ganze Vegetationsperiode fest war. Ein großer Teil des Gartens war für Schweinefutter vorbehalten, das dann für den Winter in den sogenannten Erdmieten vorgehalten wurde. Ansonsten wurde alles angebaut, was man an Gemüse für den Sommer und Winter braucht. Im kühlen Keller des Hauses waren Fässer mit Bohnen und anderem Gemüse. Die Regale waren voll von Gläsern mit Obst und Gemüse.

Noch heute denke ich an die Art von Häusern mit Gärten, wenn wir auf Besuch in Dresden, in der Hellerau sind. Hier wurde um die Jahrhundertwende zum 19-Jahrhundert, durch einen Wettbewerb, von der am Ort anwesenden Möbelindustrie ausgeschrieben, ein ganzer Dorfteil mit verschiedensten Bautypen, vom Reihen-Einfamilienhaus bis zum Stockwerksbau erstellt. Mittelpunkt ist der Marktplatz, alles steht Gott sei Dank unter Denkmalschutz, sodass die Eigenarten ohne Um- und Anbauten erhalten geblieben sind. Viele typische Eigentumssiedlungen gibt es schon allein durch den Anbau von Garagen nicht mehr. Viele Siedlungen wurden auch im Ruhrgebiet, meistens von großen Werken, mit verschiedenen Bau-Modellen in den 30-ziger -Jahren gebaut.

In einer solchen Siedlung wohnten wir. Geboren wurde ich im eigentlichen Dorfgebiet, in einem Geschäftshaus. Das Haus steht heute noch, inklusive der Bäckerei, die es auch noch gibt. Die Erinnerung an diesem Aufenthalt ist ein Bild, wo ich zu Weihnachten eine Trommel bekommen habe. Die Erinnerungen waren mehr das neue Haus. Die Besichtigung im Kinderwagen auf der Baustelle sollte mein erster Baustellenbesuch vor meiner Berufskarriere gewesen sein. Die Siedlung erbauten mehrere Bauträger, oft von der Industrie selbst. Es gab Einfamilienhäuser, Doppeleinfamilienhäuser und auch Werkshäuser als Doppelhäuser mit zwei Stockwerken. Alle Häuser waren erschlossen durch eine Straße, die gerade und im großen Bogen verlief. Verkehr war wenig, Autos hatten nur wenige, weshalb die Garagen auch erst später dazu gebaut wurden.

Jeder hatte aber einen großen Garten, der zur Straße hin durch eine Ligusterhecke begrenzt war. Vor jedem Haus stand ein Sauerkirschen – Hochstamm, der ebenfalls die Zeit charakterisierte. Nur Fruchtbäume wurden als Bäume gepflanzt. Als Kinder hatten wir natürlich Platz, um das Fahrrad und unsere Kugellager -Transportkisten zu bewegen. Kleinere Plätze waren aus Asche, Bälle hatten wir keine. Wir spielten mit dem Rundholz, was wir einfach selbst bastelten. Das Spielzeug, Durchmesser eineinhalb bis zwei Zentimeter von einem Ast, 12 bis15 Zentimeter lang, an beiden Enden angespitzt, war durch Schlagen der Spitze mit einem Stock, zu einem Ziel zu befördern. Wettrennen fanden in unserer Straße mit dem Fahrrad statt und endeten nicht immer glücklich. Ich war mit meinem kleinen Bruder, vorne auf der Stange unterwegs, als wir auf den einzigen Gegenstand einer Insel-eine Lampe -voll hineinfuhren. Die Blessuren, mein Bruder mit einem Riss der Haut quer zur Stirn und meine Wunde, Aufriss der rechten Augenbraue, verlangten nach einem Arzt. Die Andenken haben wir heute noch. Im Winter, wenn es gefroren war, fuhren wir Schlittschuh auf dem alten Löschteich am Gut Wischlingen. Das ältere Modell mussten wir an den Schuhen befestigen, na ja, es war eine wackelige Angelegenheit.

Wir als Familie waren aber auch viel bei den Großeltern des Vaters. Der Opa war ein stattlicher Mann mit Schnauz, war Chef der Elektroabteilung, 800 bis 1000 Mitarbeiter. Schon seine Gestalt schaffte Respekt. Die Großeltern wohnten nah bei der Zeche, am anderen Ende unseres Wohnorts. Ich erinnere mich,

dass wir dort auch einige Zeit wohnten, weil nämlich die Beerdigung meines jüngsten Bruders, der jung, ich glaube mit einem
halben Jahr, an der damals geläufigen Krankheit Diphtherie,
gestorben ist. Es war die Zeit, wo Penicillin zwar entdeckt, aber
erst 1941 ernsthaft für die amerikanischen Soldaten, ohne wie
üblich mit mehrjährigen Probezeiten, produziert wurde.

Das Haus meines Opas Wilhelm, väterlicher Seite, war auch ein
typisches Haus mit Garten und Stall für Hühner und Schweine.
Für Kartoffelanbau war zu wenig Platz, hier hieß es beim Bauern Kartoffeln auflesen, die dann mit Pferd und Wagen transportiert und in den Keller versorgt wurden. Die Kartoffeln, drei
Sorten, waren natürlich auch für das Schwein im Stall. Es war
immer ein Familientreffen, wenn das Schwein von einem Stör-
metzger geschlachtet wurde. Ich könnte noch jeden Vorgang erklären und belasse es mit dem Hinweis, dass viel gekochtes hei-
ßes Wasser für das Entfernen der Wolle von der Haut, so nannte
man die Haare vom Schwein, gebraucht wurde. Das Schwein
hing den ganzen Tag im Hof an der Leiter, damit das Fleisch
ausblutete. Am Abend begann die Verarbeitung und das erste
Essen war gebratener Panners, der aus Blut, Mehl und Speck gekocht und in Schüsseln aufbewahrt wurde. Davon geschnitte-
ne Stücke, so eineinhalb Zentimeter dick, wurden dann in der
Pfanne gebraten, ein Lieblingsessen von mir. Es wurden Würs-
te und frisch zu verarbeitendes Fleisch in der Verwandtschaft
verteilt. Kühlschränke gab es damals noch nicht. Dafür gab es
im Keller eine Truhe mit Deckel, wo das Fleisch gesalzt, einge-
lagert wurde. Diese Methode wurde bereits in der frühen See-
fahrt angewendet. Zu dem gepökelten Fleisch gehörte natürlich
auch durchwachsener- und fetter Speck.

Bei Familientreffen wurden oft „Scheiben" gemacht. Diese bestanden aus rohen Kartoffeln, in Scheiben oder wie Pommes
Frites geschnitten. In die Gusspfanne, die Größe wurde je nach
Personenzahl ausgewählt, kam in kleinen Stücken fetter Speck,
auf den ganzen Pfannenboden verteilt. Hinzu kamen Salz und

alles wurde mit einer Tasse Wasser übergossen. Einen Deckel drauf und nach circa 2o-Minuten stand die Pfanne mitten auf dem Tisch, wo sich dann jeder an den würzigen, mit goldbrauner Kruste versehenen Kartoffeln, bediente. Das Gericht wird bei uns heute noch mit Vergnügen gekocht.

Die Familie vom Opa Wengmann hatte fünf Kinder, drei Mädchen und zwei Buben. Der Großvater, ein stattlicher, Respekt einflößender Mann, hatte eine sehr zärtliche Frau, die leider sehr viel krank war.

Von unserem neuen Haus aus startete ich 1938 in die Schulzeit. Wir wohnten auf der Grenze von zwei Ortsteilen, sodass ich in Dortmund-Rahm zur Schule ging. Die Schule hat alle Angriffe überlebt und steht unverändert heute noch. Zur Schule ging man über freies Land durch ein Landwirtschaftsgebiet mit dazugehörigen Bauernhöfen. Heute ist dieses Gebiet überbaut von Verkehrsachsen und Siedlungen, nur die Bahnschranke gibt es noch. Es war doch schöner zur Jugendzeit. Die Bauernhöfe hatten auch am Rand stehende Flieder und die blühten meistens zur rechten Zeit, an Muttertag.

Unser Lehrer war durch eine Hasenscharte gut zu erkennen. Heute könnte man die gut operieren, aber früher waren das Veränderungen am Menschen, die man auch ohne Verschönerung akzeptierte.

Das Schulleben war bestimmt mit der Schultafel und den Kreidestift dazu. Hiermit wurde geschrieben, gerechnet und gemalt. Wir lernten die deutsche Kurrentschrift, die schon Goethe praktizierte. Aber auch die Tafel wechselte: Es gab Tinte im Tintenfass und die Feder dazu, samt Putzlumpen und Löschblatt. Als Verbesserung gab es dann den Bleistift und natürlich Radiergummi. Wenn ich an diese Anfänge in der Schule denke, kommt mir hinsichtlich der Entwicklung zwangsläufig, die immer wieder neue Ausstattung unseres Büros in 40 Jahren in den Sinn.

Unsere Abwechselungen im Familienleben von Vater, Mutter, meinen vier Jahre jüngeren Bruder und mir, bestanden meistens am Sonntag im Besuch der Verwandtschaft. Alle 14-Tage fuhren wir mit der Straßenbahn zur Oma Derne, obwohl es auch einen Opa gab. Der wurde, warum auch immer, nie genannt. Angekommen, war übrigens auch die ganze Verwandtschaft von Mutter, das war so Tradition. Als Kind hatte ich das gern, zumal ich der älteste Enkel war und gern auf Tante Lillys Schoss saß. Ich war gern bei Oma Derne, auch öfters in den Ferien. Sonntags am Abend wollte ich immer dableiben. Mutters Geschwister waren auch mit ihrem Anhang da, sodass es eine große Tischrunde gab. Tante Hetti, Mutters Schwester, war wie die Oma Derne, die Kleinste. Sie heiratete Onkel Heinz von Huckarde. Scheinbar waren in der Zeit die Angebote für Beziehungen und für das Zusammenkommen von Partnerschaften entscheidend. Tante Toni, Mutters dritte Schwester, zog es zum höchsten Berg des Sauerlands, nach Winterberg, wo sie später auch heiratete. Sie leitete dort eine Jugendherberge, zu der es mich in späteren Jahren wegen dem Skifahren gelegentlich hinzog. Onkel Heinz, der ältere Bruder, war Berufssoldat. Mit der Uniform und Größe zollten wir ihm großen Respekt. Da wäre noch Paul, der Jüngste, ein Spätankommender, den ich eigentlich nur in Militäruniform vor mir sehe. Er heiratete erst nach dem Krieg und übernahm später das Haus von Oma Derne.

Opa Wilhelm erreichte man ohne Straßenbahn. Busse? Zu Fuß ging es, bis ich das erste Fahrrad bekam. Dies war auch wichtig für die häusliche, familiäre Versorgung. Gab es doch in einem anderen Garten Essbares, wie Rhabarber, den es bei uns nicht gab, oder beim Opa besser war.

Bei Opa Wilhelm traf man sich eher sporadisch oder zusammen bei besonderen Anlässen. Die Verwandtschaft, außer Tante Maria, die in Essen mit ihrer Familie lebte, wohnte in Huckarde. Große Umzüge gab es zu der Zeit nicht. Man ging im gleichen Ort aus, lernte sich da kennen, heiratete und blieb dort.

So auch die Tante Christine, Vaters älteste Schwester. Sie war Schneiderin, bei der die ganze Verwandtschaft Kunde war. Ich erinnere mich an einen blauen Mantel, der mitten im Krieg aus einer gefärbten Wolldecke von Tante Christine für mich genäht wurde.

Tante Lisbeth, die zweitälteste Schwester vom Vater, hatte mit ihrem Mann zusammen einen kleinen Quartierlebensmittelladen. Onkel Heini hatte ein Dreirad-Lieferwagen, und ich durfte öfters mit zum Großmarkt, um Obst und Gemüse zu kaufen. Ich sehe heute noch den Laden mit einer Gewichtswaage, Dreieck-Tüten für Mehl, Zucker ectc. Nichts war eingepackt.

Onkel Wilhelm, der jüngste Sohn, war Schneider. Ich sehe ihn in Erinnerung immer auf dem Schneidertisch sitzen. Er arbeitete aber nur, wenn das Geld alle war. Er liebte den örtlichen Ausgang, und scheinbar gab es von ihm den Satz: „Lass es ne Kuh kosten.“

Es bleibt noch mein Vater Bernhard, der auch auf der Zeche Hansa als Leiter des Lehrlingswesens arbeitete. Auf der Zeche arbeiteten 10000 bis 12000 Leute, davon 300 bis – 400 Lehrlinge. Es gab alle handwerklichen und kaufmännischen Berufe. Auch eigene Schulen, wie Berufsschulen und Ausbildungen für Ingenieure gab es. Gesamthaft wurde in drei Schichten gearbeitet.

Meine Schulzeit verlief noch normal, immer nur morgens bis 13,00 Uhr. Nachmittags kamen zu den Hausaufgaben Gartenarbeiten, Einkaufen oder Arbeiten im Haushalt. Ich kochte auch schon gern. Zum Essen gab es nicht immer meine Lieblingsspeisen. Milchsuppe mit Haferflocken oder Gries waren nicht schlecht, wenn da nicht immer der Schmand gewesen wäre, diesen Schmand konnte ich nicht ausstehen. Wir hatten viel Obst im Garten für den Sonntagskuchen, aber wenn es nicht reichte, sorgten schwarze Holunderbeeren vom Rand des Friedhofgeländes für Abwechslung. Rahm gab es nicht, dafür wurde Eiweiß, erst kurz vor dem Essen geschlagen.

Als Besonderheit für diese Zeit hatten wir, wenn Ostern nicht zu früh war, im geheizten, mit Glas abgedeckten Mistbeet, frischen Salat. Ja, geheizt wurde mit 30 Zentimeter Pferdemist von den Pferden der Zeche, oder von der Straße. Das Pferd hatte da noch seine Bedeutung als Zugtier in der Landwirtschaft oder des Gewerbes. Auch in der Zeche wurde es unter Tage als Zugtier von Kohlewagen eingesetzt.

Der Ofen in der Küche, zusätzlich auch Heizung, war typisch mit Feuerstelle und Backofen. Geheizt wurde nach dem Anzünden durch Holz, mit Kohle, jeweils transportiert aus dem Keller. Es gab eine Toilette, auch noch für die Einmieter, im ersten Stock. Gebadet wurde jeden Samstag mit auf dem Ofen gewärmtem Wasser in einer Blechwanne, mitten in der Küche. Die Dreckspuren am Wannenrand waren groß, lebten wir doch im Dreck der Industrie, die ohne jegliche Staubfilter arbeitete.
Weiße Wäsche war nicht empfehlenswert und auch das Trocknen an der frischen Luft nicht. Der Industriedreck war überall, auch auf den Flächen, wo wir als Kinder spielten. Vor dem Auslehnen auf einer Fensterbank war das vorherige Putzen nötig. Auch gab der Staub viel Durst, kein Wunder, dass es in Dortmund viele Brauereien gab.

Politisch zeigte sich immer mehr die braune Gefahr. Die Anhängerschaft vermehrte sich, wie auch leider heute wieder. Es gab Krieg, als ich sieben Jahre alt war, In dem Bekanntenkreis wurden Söhne einberufen. Wir als Kinder fanden die Uniform und die Abzeichen schön, den Ernst der Lage erkannten wir nicht. Neu gab es Lebensmittelkarten, ergänzt wurde die Versorgung durch den eigenen Garten, wohl denen, die Vieh und einen Garten hatten.

1941–1949

Mit der Ausbreitung des Krieges stieg auch die Gefahr für die Daheimgebliebenen. Es fielen in den Städten erste Bomben, die Behörden reagierten mit der Organisation einer Mutter-Kind-Landverschickung. Es wurden ländliche Gebiete bis nach Bayern und Süddeutschland ausgesucht, wo man sich sicher fühlen sollte. Jede gefährdete Stadt, speziell im Ruhrgebiet, bemühte sich um Unterkünfte. Auch wir, meine Mutter, mein Bruder Heinz und ich, bekamen einen Ort im Schwarzwald zugewiesen.

Dieser Ort, damals einige 100-Einwohner, liegt im Breisgau, im Freiamt, heißt Ottoschwanden und ist in der Nähe der Kreisstadt Emmendingen. Der Ort liegt auf einer gesunden Höhe von gut 400-Meter -und ist, das wusste ich damals nicht, der sonnenreichste Ort Deutschlands.

Ottoschwanden, auf einer Hochebene liegend, war ein typisch, Schwarzwälder Bauerndorf, mit einer Hauptstraße und den verstreut liegenden Höfen. Auf einem dieser alleinstehenden Höfe landeten wir und noch eine andere Familie, Frau-P. mit Tochter, aus Dortmund. Der Hof lag in der Nähe eines kleinen Zentrums, dem Freihof mit Hotel, Restaurant und kleineren Geschäften. Unser neuer Hausherr war Herr und Frau B., die auch zwei Söhne, Fritz und Ernst, ein wenig älter, hatten. Dazu gab es den, immer auf der Ofenbank mit langem Bart sitzenden Großvater. Als Helfer gab es eine Magd und ein Pole, der wie viele Polen aus Frankreich geflüchtet war. So kamen sie auch in der Schweiz als Gefangene in Lager und von dort aus zu Arbeits- oder Ausbildungsstätten.

In der Freizeit saß er im Foyer zum Kuhstall und zauberte Ringe aus Kupfermünzen.

Der Bauernhof bestand aus einem Wohnhaus, unten die Küche mit Hofverbindung, das Elternschlafzimmer, eine kleine

Stube und der Aufenthaltsraum mit Essplatz und Kachelofen. Im ersten Stock war die Sonntags-Stube, Bleibe, auch von gutem Kirsch, und zwei Schlafzimmer für die zwei Gastfamilien. Bereits zu Beginn war für mich 5:30-Uhr Tagwacht und es zog mich zur Hilfe in den Kuhstall. Die Kleider hatte ich bereits abends schön bereitgelegt, damit das Aufstehen niemand bemerkte. Mutter war mit meiner Hilfe nicht einverstanden, da ich ja anschließend, zusammen mit den Kindern vom Bauernhof, Fritz und Ernst, in die Dorfschule musste.

Auf dem Hof war die Bäuerin den ganzen Tag mit dem Füttern der Schweine und Hühner und dem Kochen beschäftigt. Zusätzlich wurde das Brot im Backofen bei der Schnapsbrennerei an bestimmten Tagen selbst gebacken. Dazu kamen das Herstellen der Butter, Kuchen backen und die Pflege des Gemüsegartens. Auch die selbst gefertigten Pantoffeln aus Stroh und Hanf für alle im Haus, kamen aus ihrer Hand. Ich sehe heute noch einige Reihen Hanf im Feld stehen, heute käme die Polizei. Kein Mensch hat damals ans „Kiffen" gedacht, wie es heute heißt. Als Essen gab es typisch süddeutsche Küche mit viel Teigwaren, der Kirsch-und Erdbeerkuchen war ähnlich der Schweizer Wähe, eine Wucht. Auf dem Feld gab es in der Pause das schöne Landbrot mit getrocknetem Speck und selbst hergestelltem Most.

Der Bauer selbst saß gerne im Nebengebäude mit Backofen und Brennerei. Hier wurde der Kirsch- und Zwetschgenschnaps gebrannt. Er fand auch Verwendung in der Medizin, als ich mal mit der Mistgabel eine heftige Berührung mit dem Fuß hatte.

Maschinen, außer der Dreschmaschine, gab es auf dem Hof nicht. Als Zugmaschinen dienten die Ochsen, die ich führen durfte, als sie mal wieder einen großen Holzwagen mit Holzrädern, geladen mit gerade geernteten Kartoffeln, den Berg hochziehen mussten. Das Land auf dem Hof war westlich eher eben und Richtung Osten, wo die Kartoffeln angebaut wurden, stark abfallend. Der Viehbestand bestand aus Milchkühen, Rindern, Schweinen und Hühnern, genug auch für die Selbstversorgung.

Der Bauer, der Maestro, rauchte gern auf der Bank vor dem Haus, direkt neben dem Mostkeller, Villiger Stumpen. Die Schweizer hatten in Emmendingen eine Filiale. Der Großvater, er hatte einen langen goldgelben Bart, zog meistens am Kachelofen sitzend, an seiner selbst mit Tabak gestopfte Pfeife. Der Tabak wurde auf dem Feld angebaut und für den Verkauf und Eigengebrauch entsprechend verarbeitet.

Eine Besonderheit, war das einzig motorisierte Fahrzeug, eine 250-ziger BMW vom Maestro, die er besonders für Aufgaben in der Gemeinde brauchte, wo er nebenamtlich tätig war.

Das Zusammenleben zwischen der Bauernfamilie und den Zugezogenen funktionierte problemlos. Gut war auch, dass die Kinder der Gastfamilie nur ein wenig älter waren. Ich hatte damit kein Glück, denn das neunte Schuljahr in der Schule in Ottoschwanden war zu Ende, und ich konnte, nach Erreichung der Reife, ins zehnte Schuljahr ins Gymnasium nach Emmendingen. Nicht daran zu denken war, dass ich morgens und abends je zweieinhalb Stunden mit dem Holzvergaserbus, diese Strecke fahren sollte. So war es nicht anders möglich, als wochentags aus Ottoschwanden auszuziehen und eine Bleibe in Emmendingen zu suchen, sozusagen als zehn-jähriger Zimmerherr. Wir, Mutter und ich, gingen auf die Suche nach einer Bleibe mit Betreuung. Warum wir dann den Hutladen He., direkt gegenüber der reformierten Kirche ansteuerten, weiß ich heute nicht mehr. Vielleicht hatte unser Maestro dorthin Verbindungen und wusste, dass die Familie auch zwei Buben hat, ein wenig älter, und diese, weil die Eltern beide berufstätig waren, von einer Betreuerin versorgt wurden. Frau He. hatte den Hutladen und Herr He. war Direktor der Schweizer Stumpenfabrik, und Tabak kam vielleicht auch vom Bauernhof in Ottoschwanden.

Also, die Familie hatte noch ein Zimmer für mich frei und betreut wurde ich von einer Hofdame, obwohl ich kein Prinz war. Das Gymnasium hieß Dietrich-Eckart-Gymnasium, ein riesiger Bau, für die Stadt und die ganze Umgebung. Die nächstgrößere Stadt Freiburg war weit weg, für damalige Verkehrsverhältnisse. Schon das Hin -und Herreisen mit dem Bus, für den ich ausdrücklich als alleinreisender Zehnjähriger vom Gymnasium die Genehmigung hatte, war Stress genug. Schulschluss war am Samstag 13:30 Uhr, sodass ich anschließend den Bus nach Ottoschwanden, quer durch das Freiamt, nehmen konnte. Der Bus bediente jeden Zipfel des Freiamts, eine hügelige Gegend mit wenig Dörfern aber vielen Weilern, die alle bedient werden mussten. Es waren nicht nur Personen: Dazu gehörte Post, Päckchen, alles, nur kein Vieh.

Auf dem Bauernhof angekommen, war sofortiges Mitwirken angesagt. Ich hatte gründliche Abwechslung, bevor es dann am Montagmorgen 5:30 Uhr mit dem Holzvergaserbus wieder zu meiner zweiten Bleibe ging.

In der Woche war Schule und Lernen mit meiner Hofdame fällig. So richtig geplante Freizeiten, auch mal mit einer Abwechslung, gab es nicht, zumal die Kinder von He. älter waren und eigene Interessen hatten. Oft mussten wir auch Kräuter sammeln, diese auf dem Dachboden trocknen und dann geprüft abliefern. Ich freute mich eigentlich montags nach der Ankunft schon wieder auf den Samstag, natürlich wegen dem Bauernhof. Damals wollte ich sogar Bauer werden. Ein kleines Heft, das ich gerade in der Hand halte, dokumentierte die Ergebnisse meiner Noten und wurde von meiner Hofdame geprüft. Schummeln war nicht möglich. Das Heft ging in Abständen an meinen Vater und kam mit den nicht immer schönen Kommentaren dann zu mir zurück. Er war schließlich Lehrer und durch die Kontrolle sollte sich die Anstrengung in der Schule erhöhen.

Das erste Jahr war vorbei, und der Übertritt in die zweite Klasse geschafft, es war mitten im Krieg. Auch in Emmendingen gab es

Lebensmittelkarten und da war montags so eine kleine Zugabe vom Bauernhof, für die Küche natürlich sehr willkommen. Der Speck, die selbstgemachte Butter und das Landbrot aus dem eigenen Backofen, schmeckten auch in der Stadt.

In Ottoschwanden ist mir die Kirschenernte noch in guter Erinnerung. Schön in Spankörben verpackt, wurden sie für die Stadt mit dem Fahrradanhänger zur Busstation gebracht. Auch am Montag war ich im Bus oft umgeben von Kirschen oder anderen Früchten. Die Kirschen mit weniger Qualität im Ansehen, kamen in ein Gärfass, und daraus gab es dann den bekannten Schwarzwälder Kirsch. Eine, wahrscheinlich von der Schreinerwerkstatt der Zeche hergestellte Holzkiste, innen gepolstert, transportierte schon zu Kriegszeiten und viele Jahre später, Kirschschnaps vom Schwarzwald ins Ruhrgebiet. Der Schnaps war so wertvoll, dass er im Elternschlafzimmer, im Schrank aufbewahrt wurde. Meine Mutter wunderte sich mal über einen sehr langen Schlaf, der mittags immer da erfolgte. Ich hatte mal an der Flasche genippt und der lange Schlaf war die Folge und zugleich der Beweis meiner Untat.

Mitten im Schuljahr, von einem Tag auf den anderen, wurde das Gymnasium geschlossen. Die Westfront rückte näher und aus dem Gymnasium wurde ein Lazarett. So erging es auch vielen anderen Landverschickungskindern oder Familien, die Richtung Osten von der sich nähernden Ostfront überrascht wurden. Allein von Dortmund wurden über 50000 Mütter mit Kindern in vermeintlich sichere Gebiete verschickt, die sie nun wieder verlassen mussten. Die Schulen in der Stadt waren in den letzten Kriegsjahren und später alle geschlossen. Meine Mutter wollte unter diesen Voraussetzungen auch nicht mehr im Schwarzwald bleiben. Sie hatte Heimweh und wollte den Vater nicht allein lassen, obwohl dieser wegen seines Amtes und dessen Verantwortung fast nie zuhause war.

Die Zeche Hansa hatte 10000 bis-12000 Bedienstete, und alle sollten vor Bomben geschützt werden. Diese Arbeit, als

Luftschutz-Chef für die ganze Zeche verantwortlich, war zeitlich nicht zu begrenzen. Wann kommen die Bomber?

Ab 1941 gab es die ersten Angriffe, gezielt auf Industrieanlagen des Ruhrgebiets. Es waren englische Bomber in verhältnismäßig kleiner Zahl, 100 Flugzeuge, im Vergleich zu späteren Angriffswellen mit 200 bis -300 Flugzeugen. Mein Vater hatte also den rechtzeitigen Alarm auszulösen und gesamthaft die Kontrolle, über alle Luftschutzmaßnahmen der Zeche.

Es kam der Tag des Abschieds, aber nicht für immer, aus dem Schwarzwald. Meine Mutter wollte nachhause, obwohl die Bombardierungen des Ruhrgebiets, speziell in Dortmund, ständig zunahmen. So war auch die Rückkehr für uns nicht einfach, wir Kinder waren sieben und -elf Jahre alt. Die Rheinstrecke, hier fuhren auch viele Güterzüge, wurde bereits ständig durch Tiefflieger bombardiert. Wir fuhren dann nachts in einem leeren Kohlenzugwaggon über das Mittelland, von Süddeutschland via Kassel ins Ruhrgebiet zurück. Wir waren heil angekommen und wieder in unserem Einfamilienhaus.

Unsere Nachbarn hatten inzwischen Erdbunker gebaut, weil Einzelziele der Tiefflieger die Häuser waren. Wir hatten erst einmal unseren, nicht tiefen Keller. In der Stadt gab es zu den vorhandenen Tunnels immer mehr öffentliche Hochbunker. Es kam die Zeit, wo man nachts darin verblieb. Wir wurden durch eine besondere Funkstation vom Vater orientiert, wenn wir in den Keller mussten.

Ich ging wieder in die Schule, in die alte Volksschule nach Rahm, da alle Gymnasien in der Stadt geschlossen waren. Unser Lehrer He. kam aus der Stadt, und wir hofften immer auf sein Erscheinen am Tag nach einem weiteren, nächtlichen Angriff. Er wusste aber auch, dass meine Tante Lisbeth einen kleinen Lebensmittelladen hatte und ich doch sicher für ihn bei der Tante ein gutes Wort für zwei bis drei Orangen einlegen könnte.

So hatte ich in dieser Zeit keine Schule, und da ich oft bei der Tante beim Arbeiten aushalf, waren die Orangen, man nannte sie Apfelsinen, sicher.

Beim Opa Wilhelm war inzwischen die Oma gestorben, und der zweite Sohn Wilhelm wurde in den Krieg eingezogen. Mein Vater, der Älteste, musste wegen seiner Arbeit als Luftschutzverantwortlicher nicht in den Krieg. Zum Glück, so hatten wir in der Familie die Unterstützung, die durch den Einzug der Väter in den Krieg bei den meisten Familien fehlte. Dazu kamen die ersten Gefallenen, die Kriegstoten, ich erinnerte mich an die Zeitungen, die für die Veröffentlichungen immer mehr Seiten benötigten.

Auch bei Opa und Oma Derne, die wir regelmäßig am Sonntag alle 14 Tage mit der Straßenbahn und einem langen Fußweg besuchten, war der jüngste Sohn, Onkel Paul, inzwischen eingezogen. Der älteste Sohn war ja Berufssoldat und hatte scheinbar einen guten Posten im Land selbst, ohne an die Front zu müssen. Der sonntägliche Besuch war ganz speziell, wenn die Oma ein sogenanntes CARE-Paket aus Amerika öffnete.
Die Inhalte waren Café und natürlich viele Süßigkeiten. Die Absenderin war eine Verwandte, eine Ordensschwester aus Omas Verwandtschaft. Durch die Selbstversorgung mit Schwein, Kaninchen und Hühnern, gab es auch reichlich zu essen. Wohl dem, der das konnte, wenn ich da an die vielen Stadtmenschen denke. Aber auch da war viel Eigeninitiative gefragt. Schon gab es die ersten Balkongärten und irgendwo konnte man auch einen Gemüsegarten auf einem brach liegenden Stück Land anlegen.

So hatten wir bei Tante Lisbeths Grundstück auch zusätzliches Land, um Gemüse und Kartoffeln, für den Winter anzubauen. Die Rationalisierungen wurden immer mehr, und man war froh über den Erfolg, im eigenen Garten und Zusatzgemüsegarten.

Aber die Verpflegung allein konnte uns im Ernstfall nicht retten. Die Angriffe auf das Ruhrgebiet vermehrten sich. Tagsüber hörten wir, wie die Flugzeuge, man konnte sie nicht zählen, in großer Höhe Richtung Osten über uns hinweg flogen. Ein gleichmäßiger Summton von den Motoren, den ich heute noch höre, begleitete uns stundenlang.

Der Ernstfall war angezeigt, und so hatte mein Vater die Idee, im Garten einen Hochbunker zu bauen. Jeweils am Sonntag, wenn Leute frei hatten, wurde für gutes Essen gearbeitet. Auch Internierte halfen mit. Der Bunker war im Grundriss 2,50x2,50 Meter groß, ca. 3,50 Meter gesamthaft hoch. Er hatte innen einen auf Knien erreichbaren, runden Sitzplatz von 1,30 Meter Durchmesser. Als Tür diente eine stabile Doppeltür aus Stahl. Der Bunker war ca. 1,00 Meter im Boden, die Seitenwände waren aus 60 Zentimeter starkem Beton und dazu kam das Dach als Zeltdach. Alle Außenflächen wurden zusätzlich verkleidet mit zwei cm starken Stahlplatten. Luftlöcher an allen Seiten sollten im Ernstfall, zum Beispiel bei einem Umfallen des Bunkers, für Frischluft sorgen.

Der Bunker, so schien es, wurde zum richtigen Zeitpunkt gebaut. Abends, wenn wir im Haus waren, warteten wir immer auf den Anruf vom Vater über Funk. Die Bomber kommen von Norden, fliegen Dortmund an, sofort in den Bunker. Wir hörten Mienen, das sind besonders große Bomben, mit großer Wirkung rauschen. Wenn man sie hörte, wurden wir verschont, sagte man. Ich weiß heute noch nicht, ob das stimmt. Das Öffnen der Tür nach der Entwarnung war ergreifend. Es war ein riesiges Lichtermeer über der Stadt, wir konnten es von 10 Kilometer Entfernung sehen, als ob es bei uns nebenan war.

Die Bombardierung, speziell auch auf Verkehrsanlagen, fanden teilweise tagsüber durch Tiefflieger statt. Das gab erhebliche Probleme im Nah -und Fernverkehr. Bei uns in der Nähe war eine Eisenbahnbrücke zerstört worden. Die Reisenden, meistens mit viel Gepäck auf der Flucht, mussten zu Fuß zwischen zwei Bahnstationen die Hauptstraße entlanglaufen. Wir Kinder hatten ja vormittags noch Schule, aber nachmittags machten wir Gepäcktransporte. Ein paar stabile Bretter und vom Vater besorgte Kugellagerräder ergaben einen guten Transporter für den Transport von Gepäck von Bahnstation zur nächsten Bahnstation. Mit dem Erlös, riesige Reichsmarkscheine, gab es nicht viel zu kaufen, von dem, was es noch gab.

Unsere Basis für die Küche waren immer noch eigene Hühner, Kaninchen und die zwei Gärten für Gemüse. Zudem gab es auch Obst von den gepflanzten Apfelbäumen und Beerensträuchern. Das Futter für die Hühner bestand aus Gartenabfällen und gekochten Kartoffelschalen. Für die Kaninchen, es waren im Schnitt so zwischen zwanzig und dreißig Stück, war es schon schwieriger, Grünfutter zu organisieren. Natürlich gab es vom Gemüse Abfälle wie Möhrengrün, aber alles Blähende wie Kohlarten waren zu vermeiden. Löwenzahn am Wegrand in den Landwirtschaftsgebieten am Wegrand zu suchen, war mühsam, denn ich war ja nicht der Einzige. Gut hatte ich einen Schulkollegen, Sohn des Bewohners vom Gut. Dieser war wiederum kein Unbekannter, wohnte doch jeweils der Direktor der Zeche auf diesem Gut. Gras, allgemein Futter, war knapp, Felder und Wiesen wurden durch berittene Polizei bewacht. Hier Futter zu finden war aussichtslos. Aber wir zwei Kinder hatten die Lösung, es gab Grün vom Gut, zweimal in der Woche flog ein Sack frisch geschnittenes Gras über die Grenzmauer. Das war meine Rettung für die Tiere. Im Winter gab es im Erdbunker gelagerte Knollen, wie Runkeln oder Möhren. Es sprach sich auch schnell herum, wenn am Bahnhof ein Waggon mit Essbarem stand. Zuckerrüben gab es, und schon wurde Rübenkraut gekocht. Ich schmecke heute noch den Duft in der Küche.

Wir Kinder, vornehmlich ich, waren eigentlich die Herren im Haus, da mein Vater mehr oder weniger immer auf der Zeche war und den Luftschutz leitete. Es gab immer etwas zu tun, und wir mussten auch tagsüber auf die Tiefflieger aufpassen. Die hatten keine Gnade, und so wurden in unserer Nachbarschaft viele Häuser zerstört, mit vielen Toten, nur weil ca. zehn deutsche Soldaten meinten, eine Eisenbahnverbindung und dessen Kreuzung zu verteidigen. Von diesen Soldaten war auch noch ein Leutnant, man war dazu verpflichtet, bei uns einquartiert. Die nach Quartier suchenden Soldaten kommen einfach an die Tür, beanspruchen ein Zimmer und bringen andere in Gefahr.

Familiär ging es uns mit unseren Durchhaltungs-Maßnahmen eigentlich gut. Auch Oma Derne konnten wir zwischendurch besuchen. Die Söhne hatten den Krieg bisher überstanden, und auch die CARE-Pakete aus Amerika ließen nicht nach.

Vielleicht müsste auch in heutiger Zeit die Initiative für Gegenmaßnahmen von einzelnen, nicht nur vom Staat, größer sein. Aber es wird viel vergessen. Was weiß schon die heutige Generation von der Generation, die den Krieg und dessen Folgen erlebt hat. Außer Jammern, am Staatstropf hängen, die Eigenverantwortung ist rar geworden.

Opa Wengmann überlebte den Krieg bisher auch entsprechend der Situation. Die Gefahren beim Arbeiten auf der Zeche übertags waren durch Bombardierungen, speziell von Industrieanlagen, besonders groß. Zudem wohnte er auch noch in der Nähe der Zeche. Das war früher so, Industrie und Wohnen gehörten zusammen. Aber auch untertags lauerten viele Gefahren. Es arbeiteten dort für die in den Krieg eingezogenen Soldaten auch viele Kriegsgefangene und Internierte. In den Jahren 1940 und 1944 kamen dort viele deutsche und ausländische Arbeiter durch Schlagwetter-explosionen ums Leben. Auch 1979, nach der Änderung von Abbaumethoden, gab es noch ein Unglück. Die Ausländer kamen aus Polen, Russland, Belgien und Frankreich.

Aber eine traurige Mitteilung belastete ab jetzt Opa und die Verwandtschaft. Onkel Willi, der auch in den Krieg eingezogen wurde, wurde vermisst. Das ist bis heute so. Alle Nachforschungen durch die speziellen Institutionen konnten bisher keine Klärung herbeirufen.

Die Bombardierungen gingen weiter, bis das ganze Ruhrgebiet, das Industriezentrum Deutschlands, in Schutt und Asche lag. Wir Menschen in den westlichen Vororten hatten Glück bei den Flächenbombardierungen. Dies, weil die Anflüge zum Bomben abwerfen immer vom Norden her erfolgten. Das hatte mit dem Wind zu tun, und man konnte auch wieder gut nach Westen abdrehen und zurückfliegen. Auch war die Industrie der Stadt mehrheitlich im Norden angesiedelt. Unheil richteten noch die Tiefflieger zur Unterstützung der Infanterie an. Es gab immer noch Nester von Soldaten oder Volkssturmgruppen, die meinten, sie könnten Hitlerdeutschland auch 1945 noch retten.

Wir hatten von unserem Haus aus, es war das erste der Siedlung, einen guten Blick auf die Hauptstraße und den an der Ecke stehenden Gasthof. Ich befand mich am Küchenfenster und sah plötzlich eine dunkle Gestalt, mit einem Gewehr im Anschlag, um die Ecke des Gasthofs schleichen. Es folgte eine ganze Gruppe von Soldaten, und so erlebten wir den Einzug der Amerikaner in unser Quartier. Wir, Mutter, mein Bruder und ich, waren ruhig und wahrscheinlich käsebleich. Wir blieben in der Küche, und es dauerte nicht lange, bis es an der Haustür klopfte. Soldaten hier? Sie suchten das ganze Haus ab und zogen weiter ins nächste Haus. Der Puls wird nicht messbar gewesen sein, wir Kinder hatten wahrscheinlich mit 9 und 13 Jahren weniger Angst, als unsere Mutter, die in Sorge um uns Kinder war.

Es vergingen Tage, und so langsam bewegte man sich wieder in der Öffentlichkeit. Es hatte sich auch herumgesprochen, dass die Amerikaner Schokolade an die Kinder verteilten, und das half, die Berührungsängste zu mildern. Mit dem Vater hatten wir Funkkontakt, und natürlich wurden die daheimgebliebenen Männer von den Amerikanern, ob Nazi oder nicht, gründlich untersucht. Auch bei meinem Vater, einer in der Zeche führenden Person, war das nicht anders. Aber, dass er in keiner Partei, speziell bei den Nazis war, konnte schnell geklärt werden. Mein Vater war gläubiger Katholik und im Kirchenvorstand. Durch seine verantwortungsvolle, unentbehrliche Arbeit auf der Zeche, konnte er einen Beitritt zur Hitlerpartei immer verhindern.

Auch meine Mutter hatte es stets abgelehnt, irgendeiner Hitlerinstitution wie Mütterhilfswerk und was es da alles gab, beizutreten. Noch Monate vorher, sollte sie in unserer Siedlung für eine Hitlerinstitution Geld sammeln, sie lehnte ab. Einen Tag später kam dieser Parteimann nochmals mit dem Hinweis, sie müsste jetzt sammeln oder sie hätte ja sicherlich schon davon gehört, wo es dann hinging. Meine Mutter sammelte nun, auch ohne ihren eigentlichen Willen.

In den letzten Monaten waren Ausgänge und Besuche wegen der ständigen Gefahr unterwegs, eher selten. Alle blieben zu- hause, es war auch keine Schule mehr. Läden waren nur noch so lange offen, wie der Vorrat reichte. Die Eigenversorgung näherte sich zu 100-Prozent. Die Erlösung vom sechsjährigen Krieg in Europa und Teile der übrigen Welt mit 50-Millionen Kriegstoten, erreichte uns am 8.Mai-1945 durch die Kapitulation der Deutschen Admiralität am 7. Mai-1945. Ändern tat sich erst einmal nicht viel, außer, dass man sich im näheren Umkreis wieder frei bewegen konnte. Kaputte Städte, ausgefallene Verwaltungen, leere Läden, geschlossene Schulen, brachten im täglichen Leben noch keine Änderung. Das „Irgendwie -versorgen -Müssen", brachte die Leute auf die Idee, zu hamstern.

Das große Umtauschgeschäft begann. Gibst du mir, so bekommst du von mir. Man war natürlich in erster Linie auf Esswaren aus. Und um diese zu erwerben, musste man in die ländlichen, landwirtschaftlichen Regionen fahren. Für das Ruhrgebiet war das Münsterland ein Idealfall, zumal man die Orte auch mit dem Zug erreichen konnte. Die Leute standen auf den äußeren Trittbrettern mit dem Silbergeschirr oder mit anderen wertvollen Sachen in der Tasche, um diese Artikel gegen ein Stück Speck, ein wenig Butter oder Obst und Gemüse, zu tauschen. Geld wollte niemand, denn das hatte keinen Wert mehr. Durch den

Hamsterbetrieb hatten wir Kinder mit den Transporten zwischen den zwei Bahnstationen auch wieder viel Arbeit.

Auch die Schule begann wieder, mein letztes Schuljahr war angesagt. Zusammen mit der Zeit in Rahm, dann in Ottoschwanden und dem Gymnasium in Emmendingen und jetzt wieder in Rahm, begann offiziell das achte Schuljahr. Wie viele Schuljahre ich effektiv hatte, habe ich nicht nachgerechnet. Große Gedanken, irgendwann mal wieder ins Gymnasium einzusteigen, machte ich mir wegen der großen Ungewissheit nicht. Die Dortmunder Schulen waren alle zerstört, nach und nach gab es Provisorien. Meine bereits erlebte Situation mit den Schulen genügten erst einmal, ich wollte, auch zur Zeitüberbrückung erst einmal eine Lehre machen, ich wollte Gärtner werden.

Mein Vater hatte da andere Gedanken. Zu Weihnachten bekam ich Geräte wie Spezialhämmer, die zu einem Kunstschlosser passen. Der Hintergrund war seine Meisterarbeit, ein Kronleuchter mit sieben Lampen, bestehend aus getriebenem Messing und Glasvorhänge aus zusammen 400.-Stück Glaszylinder, ca. 20 Zentimeter lang. Diese Lampe habe ich als Erbstück mit ins Büro nach Dresden genommen, und sie passte wunderbar in die Räume unserer Jugendstil-Villa. Jetzt hängt sie im großen Wohnraum wieder über dem großen Esstisch in Thailand. Von den Gedanken der Eltern wollte ich nichts wissen und langsam begann, parallel zum letzten Schuljahr, die Suche nach einem Lehrbetrieb.

Oma Derne konnten wir auch wieder einen Besuch abstatten, nachdem die Straßenbahnen wieder in Betrieb waren. Auch die übrige Verwandtschaft, die alle den Krieg überlebt hatten, fand sich wieder ein. Am weitesten hatte es Tante Toni, die aus dem Sauerland, aus Winterberg, mit dem höchsten Berg der Gegend, kam. Zu Tante Toni gehen, war immer mein Wunsch. Ich half gerne in der Herberge, die sie leitete. Skifahren wollte ich natürlich auch und so war ein achttägiges Inventar bei einem

Schlosser nötig, um mir Skischuhe für den Aufenthalt kaufen zu können. Hier begann ich mit dem Skifahren und das Ende, es war mein Wunsch, erlebte ich nochmals mit 90. Jahren auf 4000. Meter Höhe, auf dem Kleinen Matterhorngletscher in Zermatt. Winterberg war und ist heute noch der sicherste Skiort für die ganze westliche Gegend von Nordrhein-Westfalen. Zu unserer Zeit gab es noch kein Lift. Heute tummelt sich da das ganze Ruhrgebiet und die Bob- und Schlittenbahn ist weltbekannt.

Die zwei Söhne von Oma Derne hatten glücklich den Krieg überstanden, Paul kam später und krank zurück. Die Oma und der Opa waren froh, dass alle wieder zusammen waren. Der Besuch genoss die Koch- und Backkünste von Oma Derne, von der ich auch noch Rezepte brauche. Speziell die zum Essen servierten Makkaroni, umhüllt mit karamellisiertem Honig und Paniermehl, dazu gedörrte Aprikosen, sind immer noch in. Typisch für die Gegend waren auch zu Neujahr die Waffeln, die mit einem langen Waffeleisen über offenes Feuer garten und über den Oberschenkel zu einem Art Trichter geformt wurden. Frisch waren sie am besten.

Wir lebten, ganz Nordrhein -Westfalen, in der sogenannten amerikanischen Zone. Dazu gab es noch die französische,- englische- und später die russische Zone, das spätere Ostdeutschland. Unsere amerikanische Zone wurde also bis zur Gründung eines neuen Staats von den Amerikanern kontrolliert. So gab es auch Straßenkontrollen. Man war immer noch auf der Suche nach Mitgliedern der national-sozialistischen Hitlerpartei. Die Menschen wurden aufgebracht und teilweise festgehalten. Die Entnazifizierung fand statt, ein Wort, das wir heute wieder im Ukrainekrieg von den Russen hören.

Die Arbeiten im Garten, Tante Lisbeth beim Lebensmittelmarken einkleben helfen, vom Opa Wilhelm aus dem Pökelfass Nachschub zum Essen holen, beim Bäcker im Nachbardorf mit dem Fahrrad Schlange stehen, das erste Maisbrot einkaufen, in der Küche helfen, Ofen anmachen und Kohlen vom Keller holen, Fahrrad putzen, Hühner- und Kaninchenställe säubern, Futter dafür organisieren, gingen nicht aus. Die Schulaufgaben waren immer schnell fertig. Ich hatte ja gute Beziehungen zu meinem Lehrer. Wieder einmal einige Apfelsinen besorgen, zeigte Wirkung.

Es begann langsam der 1. April 1946, meine dreijährige Lehrzeit begann. Der neue Lehrmeister, die Firma H. R. in Kirchlinde, einem Nachbardorf, stellte erst einmal meine schwache Statur für diesen Beruf fest. Aber die zärtlich Schwachen können auch stark sein, was er dann mit der Zeit bemerkte. Der Betrieb war ungefähr sieben Kilometer von unserem Haus weg. Morgens ging es mit dem Fahrrad bergauf und abends, nach einem langen Tag, bergab. Es gab den Senior- und Juniorchef, der sich um die Lehrlinge kümmerte. Der Betrieb war vielseitig. Zur Baumschule, Samenzucht, Samengroßhandlung und zum gärtnerischen Zubehör, gehörte auch noch ein Samenanbaugebiet in Massen. Insgesamt arbeiteten in den zwei Betrieben etwa 200. Mitarbeiter. Als Baumschule bezeichnet man erwerbsmäßig bewirtschaftlichte Anbauflächen für die große Anzahl von Bäumen, Sträuchern, praktisch alles, was später durch die Landschaftsbaubetriebe verwendet wird. Es gibt heute Spezialbaumschulen, die zum Beispiel nur Alleebäume anbauen.

Im Betrieb gab es fünf Meister. Ich war dem Seniorchef unterstellt. Meine offizielle Lehre war Baumschullist. Ich profitierte aber auch von dem breiten Spektrum des Betriebs. Wir arbeiteten, ob Sommer oder Winter, von 7:00-Uhr morgens, Cafézeit, bis 12:00-Uhr mittags, Mittagszeit bis 13:00-Uhr, Zvieri, und um 18:00-Uhr war Feierabend. Samstags wurde bis 14:00-Uhr gearbeitet. Fertig gemachte Brote und zum Mittag den Henkeltopf zum Wärmen, nahm ich mit. Alle vierzehn Tage hatte ich Sonntagsdienst, Pflege in den Anzuchthäusern und Bedienen der Heizung. Da es wenig Koks gab, musste dieser, das heißt das Feuer, immer mit Sägemehl auf Sparflamme gehalten werden.

Die Arbeit und das Dazugelernte in der Woche mussten wir in einem Tagebuch festhalten und jeden Montagmorgen dem Juniorchef vorlegen. Vergessen wurde durch sofortiges Holen von zuhause bestraft. Berufsschule hatten wir in der Stadt als Provisorium. Es fehlten Räume und Lehrer. Dafür gab es von den Amerikanern ein Glas Schokolade, die Milch war nur braun, oder eine Erbsenmehlsuppe, war nicht zum Essen.

Da es bei der Versorgung der Bevölkerung durch Gemüse mangelte, musste unser Betrieb auf Anweisung einen Teil der Flächen mit Gemüse anbauen. Wir profitierten auch davon, denn samstags gab es nach Betriebsschluss für jeden Mitarbeiter einen Salat, Blumenkohl oder anderes Gemüse. Ich bekam vom Seniorchef meistens noch ein Teil dazu, vielleicht um körperlich etwas mehr zuzulegen. Die Baumschule produzierte natürlich auch Obstbäume, von denen man nicht genug haben konnte. Jeder, der ein Stück Land hatte, pflanzte Himbeeren, Stachel- und Johannisbeeren, Erdbeeren und schnelltragende Obstbäume. Über mich noch Bestellungen zu machen, war aussichtslos. Wir hatten unser Quantum, das wir für den Eigenbedarf brauchten.

Zu tun hatte ich nach der Arbeit auch noch im eigenen Garten, mit den Hühnern und Kaninchen. Es war eine harte Zeit, alle mussten anpacken, nur mein Bruder war scheinbar zu jung. Jammern und den Staat, den es erst einmal nicht gab, um Hilfe zu bitten, kannten wir nicht. Es hätte uns auch niemand gehört, wie es heute über das Fernsehen üblich ist. Das Volk und die letzten Generationen sind so verwöhnt geworden, dass sie heute nur noch den Staat anrufen, ob Arbeiter, Mittelstand oder Großfrmen. Optimismus, den wir, jeder Mensch hatte, ist heute Fehlanzeige. Ich höre immer, heute ist eben alles anders. Natürlich, man ist dreimal im Jahr in den Ferien, hat zwei Autos, vielleicht noch ein Boot am Meer. Beim Schreiben dieses Berichtes, gab es wieder trotz Energie- und Ölkrise riesige Schlangen an den Flughäfen, um in die Herbstferien zu reisen. Das hatten wir alles nicht. Ein Fahrrad, das immer wieder geflickt wurde,

und in die Ferien durfte ich zur Oma Derne, wo es in dem großen Nutzgarten auch immer viel zu tun gab.

Die Suche nach Essbarem war in den Jahren bis zur Währungsreform am 20. Juni-1948 immer da. Die Bergleute hatten ein
gewisses Deputat an Kohle oder Koks zur Verfügung, die man
auch gut für den Umtausch einsetzen konnte. So geschah es, dass
Kohle für ein Schwein im Münsterland umgetauscht wurde. Der
Cousin meines Vaters hatte einen alten Lastwagen, der wenigstens noch diesen Transport überstehen sollte. Man fuhr mit dem
Koks los und tauschte dafür ein lebendes Schwein ein. Offiziell
war das verboten, und so war ein Versteck für das Schwein nötig, um bei einer möglichen Straßenkontrolle durch die Amerikaner nicht aufzufallen. Geeignet dafür schien eine durchge-
hende Kiste unter dem Fahrer- und Beifahrersitz. Darunter war
Platz genug, nur der Ein- und Austransport war nicht so einfach.
Als ob sie es geahnt hätten, gab es mit der Sau unter den Fütt-
lis, Militärkontrolle. Papiere bitte und stellen sie den Motor ab.
Natürlich wollten sie erst einmal nichts verstehen. Die Soldaten
wiederholten die Forderung, den Motor bitte abzustellen. Aber
Vaters Cousin machte mit Handgesten den Soldaten klar, dass
der Motor nach einem Abstellen nicht mehr anspringen würde.
Die Sau machte sich immer wieder bemerkbar und durch kräftig
Gas geben, wurden die Geräusche überstimmt. Schlussendlich
konnten sie weiterfahren, um die Sau zuhause dann im Hüh-
nerstall in einer Holzbox zu versorgen. Der Transport ging über
eine Drahtglasscheibe, die den Weg zur unterirdischen Bleibe
der Hühner im Keller abdeckte. Für uns Menschen und Klein-
transporte reichte die Glasscheibe, aber nicht für die Sau. Sie
zerbrach die Scheibe, und es gab schon das erste Blut, bevor die
Sau geschlachtet wurde.

Der Krieg war vorbei, und es bildeten sich so langsam wieder
Institutionen, Vereine und andere Gemeinschaften. So wurde
auch der erste Gründungsstamm der St.-Georgpfadfinder Dortmund-Huckarde 1948 von meinem Onkel Alfons, der Mann von

der Schneiderin Tante Christine, und meinem Vater gegründet. Ich war mit meinem Cousin Alfons und drei weiteren Kameraden dabei. Wir hatten natürlich keine Bleibe, denn wegen den großen Zerstörungen wurde jeder Platz zum Wohnen benötigt. Auch in den Pfarrhäusern gab es kein Platz, obwohl die Pfadi St.-Georg eine katholische Tradition sind. So gab es nur die Möglichkeit, unter den Trümmern der total bombardierten Schule, in den Kellern, unser erstes Pfadiheim einzurichten. Es wurde jede freie Zeit für den Ausbau und der Vorbereitung unserer ersten Pfadireise im Sommer genutzt. Pfadfinder reisen gerne, und so stand das erste Lager auf der Nordseeinsel Spiekeroog an. Mitten in den Vorbereitungen überraschte uns am 20. Juni 1948 die Währungsreform in den Ländern der französischen, englischen und amerikanischen Zone. Im Osten wurde diese Reform durch die Russen verhindert. Jede Person konnte von einem bestimmten Tag an 40,00 Reichsmark, in 40,00 Deutsche Mark umtauschen. Mehr gab es beim ersten Wechseln nicht.

Unsere Reise mit dem Fahrrad fand also erst einmal nicht unter den besten Bedingungen statt. Geld hatten wir fast nicht, außer Essbares von zuhause. Wir fuhren durch ländliche Gebiete, auch durch die schöne Lüneburger Heide, Richtung Nordsee nach Norden. Schon unterwegs übernachteten wir in unseren alten Militärdreieckszelten, wenn möglich in der Nähe eines Landwirts, denn der könnte mit uns, beim Fragen nach ein paar Eiern, eventuell noch ein wenig Mitleid haben. Beim Bäcker konnten wir dann vielleicht die Eier gegen Brot umtauschen, so mussten wir uns halt durch die Situation kämpfen. Für den Notfall hatten wir auch noch Präsente zum Umtauschen dabei. Von Norden aus fuhren wir mit der Fähre zur Insel Spiekeroog. Wir zelteten am Strand und stellten schnell fest, dass die Heringe im Sand bei dem Wind nicht halten. Wir mussten uns noch am Belastmaterial für die Zeltränder kümmern, aber das Material wie Treibholz wird auch anderweitig benötigt. Ein mehrmaliges Wiederaufstellen war die Folge.

Die Haupternährung war Suppe, sie war verlängerbar und weil ich eher abgemagert wirkte, war ich schnell der Suppenkaspar. Die Insel bot für unser Lagerleben genügend Platz. Der Tourismus lag still, und daher haben wir, außer den Einheimischen, nicht viel andere Leute gesehen. Natürlich träumen Pfadi auch von Bauten, wie das Lagertor, den Lagerturm. Aber Holz zum Bauen gab es hier auf der Insel nicht. Unsere Rückfahrt, wieder mit dem Fahrrad, ging bis Minden, wo unser Leiter H. M., war später lange Zeit Direktor des Dortmunder Flughafens, doch noch etwas Geld in der Kasse hatte, um das letzte Stück dann mit dem Zug heimfahren zu können.

Fast parallel zur Währungsreform wurde von der amerikanischen Regierung, von Außenminister Marshall, der Marshallplan für sechszehn europäische Länder von 1948 bis 1952 ins Leben gerufen. Das Geld war für den Wiederaufbau bestimmt. Parallel zur Verkündung waren plötzlich die Läden voll von Waren aller Art. Ein Wunder, nein, das Material wurde für diesen Augenblick gehortet. Es gab plötzlich alles, und das Hamstern und der Schwarzmarkt nahmen ein plötzliches Ende.

Meine Lehrzeit ging weiter, und durch die politischen und finanziellen Veränderungen, hatten wir immer mehr zu tun. Die reine Arbeitszeit von neuneinhalb Stunden, zusätzlich die Samstagsarbeit, ergab gesamthaft 54-Stunden in der Woche, ohne den Sonntagsdienst alle vierzehn Tage. Hinzu kam die Gartenarbeit im eigenen Garten und die Tierpflege.

Die drei Jahre Lehrzeit waren am 30. Juni-1949 vorbei. In der Nähe, in Marten, hatte ich meine Gehilfenprüfung. Die Forderungen des Lehrmeisters waren schon weit vorher bekannt: In unserer Firma kommt kein Lehrling ohne einen Abschluss mit „Gut", wieder in die Firma zurück. Das hatte geklappt und zuhause wurde ich mit dem Lied von der alten Mühle im Schwarzwald, gespielt auf einem uralten Grammophon, empfangen. Es gab noch ein besonderes Nachtessen und das wars. Am anderen

Tag ging ich als Gärtnergehilfe in den Betrieb zurück, und der Lehrmeister hatte Freude an dem Ausgang.

In einem Lehrbetrieb soll man nicht bleiben. So stand der Abschied von drei wertvollen Jahren bevor mit der Feststellung, dass der Lehrmeister eine von mir beim Sonntagsdienst ausgeführte, jugendliche Autoliebe, nicht bemerkt hatte. Ich war schon damals ein Autoliebhaber, und in einer abseits vom Wohngebäude stehenden Garage stand ein alter Ford, Viersitzer, aus den dreißiger Jahren, mit Schlüssel. Es war ein besonderes Erlebnis, sonntags nach Klärung der Anwesenheit des Chefs, ein paar Runden durch die Baumschule zu drehen.

1950–1953

Mit diesem Erlebnis hatte ich den Lehrbetrieb in guter Erinnerung, und da das Gärtnersein sehr vielschichtig, in verschiedene Richtungen verläuft, zog es mich in einen Blumen- und Zierpflanzenbetrieb, Anzucht und Verkauf. Der Betrieb lag in Dortmund-Wickede, im Osten, am anderen Ende von Dortmund. Der Ort war erreichbar mit einer längeren Straßenbahnfahrt oder am Montagmorgen mit dem Bus, der Bergarbeiter nach der Nachtschicht nach Hause brachte. Wochentags war ich im Betrieb mit Kost und Logie. Ein sogenanntes großes Zimmer sollte für mehrere Mitarbeiter reichen. Der Aufenthaltsraum tagsüber diente auch für den Abend.

Der Betrieb züchtete in erster Linie Schnittblumen wie Rosen und verkaufte diese an Blumengeschäfte in der Stadt. Das hierfür benötigte Auto, ein noch typischer Kriegslieferwagen, hatte regelmäßig Probleme mit dem Anlasser, die ich dann durch Impfen mit wenig Benzin in den Vergaser, lösen konnte. So war ich schnell der, der im Betrieb das Auto steuerte. Einen Führerschein hatte ich noch nicht. Ich erstand ihn dann aber sehr schnell mit eineinhalb Fahrstunden beim Fahrlehrer in der Stadt Unna.

Wickede hatte aber auch einen Kolpingverein, dem ich beitrat, und so mal andere Diskussionen erlebte als im Betrieb das allabendliche Gerede mit dem Nachtwächter. Adolf Kolping, der Gründer, war ein Pfarrer aus dem Kreis Köln. Kolping ist eine Bewegung zur Bereitstellung und Förderung sozialer Unterstützung, in Verbindung mit dem Glauben, speziell für Arbeiter in den Industriestädten.

Das passte, und wir hatten als christliche Unterstützung einen Vikar, der auch trotz seines Amtes, Geselle wie wir war.

Die Abende im Betrieb waren oft geprägt durch Fachbuchver-
käufer. Ein Buch, das ich kaufte, bestand aus 1000-Seiten und
allen Fachbereichen des Gartenbaues. Es sollte für meine spätere Berufswahl entscheidend sein. Für mich wichtige Seiten
waren die Ausbildung, speziell auch für Personen, deren normale Schulausbildung durch den Krieg unterbrochen oder, wie
bei mir, mehrmals abgebrochen wurde. Ich, mit dem Volks-
schulabschluss und der Lehre mit einem guten Abschluss, hatte die Möglichkeit, durch bestimmte Auflagen, die Zulassung
für eine Höhere Lehranstalt, heute Hochschule, zu erreichen.
In Deutschland gab es damals zwei Höhere Lehranstalten für
Landschaftsarchitektur, das waren Osnabrück und Weihenste-
phan bei München. Die Auflagen bestanden aus einer mit „Gut"
abgeschlossenen Gehilfenprüfung, eine Praxiszeit von fünf Jahren und einer erfolgreichen Teilnahme von zwei Wintersemester, mit dem Abschluss „Gut" an einer Gartenbauschule. Es ging
dann erst einmal im Blumen- und Zierpflanzenbetrieb weiter
und zwischendurch wurde der Fahrplan für ein Studium als
Landschaftsarchitekt geschmiedet.

Die Gesellschaft wurde ab den fünfziger Jahren durch die Flücht-
linge aus dem Osten, speziell Ostpreußen, vielfältiger. Dadurch
vermehrten sich Sitten und Gebräuche. Auch andere Namen,
viele mit dem -ki" am Ende, waren plötzlich an den Türschil-
dern zu lesen. Ganz neu waren die Namen nicht, denn auf den
Zechen waren schon vorher Arbeiter aus dem Osten, speziell
Polen beschäftigt.

In der Verwandtschaft gab es dann eine traurige Meldung, die
ich frühmorgens um 4:00 Uhr zuhause erlebte. Ein Bekannter
überbrachte meinem Vater die traurige Nachricht vom Tod von
Onkel Alfons, dem Mann von Vaters Schwester Christine. Er
war auf der Zeche durch Liftversagen tödlich verunfallt. Meinem Vater oblag die Übermittlung an seine Schwester und dessen Familie. Sie war auch für mich so eine Station für Fragen, die
man zuhause nicht stellen wollte.Auch irgendwelchen Kummer

konnte ich bei ihr abladen. Die gute Basis, das Nähen, hat für die weitere Zukunft ohne Mann sehr geholfen, auch durch den ständigen Kontakt mit anderen Menschen. Auch Opa Wilhelm zog in das Haus seiner Tochter ein.

Meine weitere Zukunft, Studium als Landschaftsarchitekt, war auch geplant, und es begann das erste Wintersemester 1951/52 an einer Gartenbauschule, an der normal Gartenbaumeister mit Abschluss ausgebildet werden. Ich kann mich erinnern, dass in den Versuchsgewächshäusern schon damals, 1951, Tomaten in Wasserdüngerlösungen erprobt wurden. Forschungsanstalt heißt ja, wichtige Neuigkeiten für die Betriebe in allen fachlichen Bereichen, ob Landschaftsbau, Blumen- und Zierpflanzenbau, Baumschule und andere Fachrichtungen, zu erforschen. Da ich die Reife für das Studium und keine Meisterprüfung anstrebte, gab es für mich in den Praxiszeiten Zeichenarbeiten. Für diese Arbeiten besaß ich ein Etui, ganz neu auf dem Markt, mit Ziehfedern jeder Strichstärke, Winkel, Zirkel und anderem Zeichnungszubehör. So musste ich den Gesamtplan der Anlage und andere Zeichnungsarbeiten erledigen. Ich war speziell unter der Obhut des Direktors, also unter höchster Kontrolle. Dies war gut so, denn es gab viele schriftliche Arbeiten, wo es, auch wegen dem durch den Krieg erzeugten Schulmangel, doch manchmal in der Rechtschreibung haperte. Es gab Sonderstunden beim Direktor mit dem Vorteil, dass ich der Einzige mit besonderem Lehrplan war. Alle anderen Lernenden strebten den Meistertitel in einer der zuvor beschriebenen Fachrichtungen an.

Gewohnt habe ich privat bei einer Familie, Mutter und Tochter. Da war die Stube geheizt, aber im Schlafzimmer konnte ich das Meer von Eisblumen an den Fenstern erleben.

Das Wintersemester ging schnell vorbei, und es begann die Praxiszeit bei einer Landschaftsbaufirma mit eigenem Planer auf dem Bau. Der Betrieb erstellte in erster Linie Neuanlagen oder Umänderungen an größeren Einfamilienhäusern im Dortmunder

Süden, eine bevorzugte Wohnlage. Es war die Zeit des Natursteins, ob Wege oder Mauern, Beton oder Waschbeton gab es damals noch nicht. Der Planer im Betrieb hatte vor dem Krieg sein Studium als Diplomgärtner in Hannover absolviert, das war die Hochschulausbildung in der Zeit. Ausgebildete Hannoveraner waren meistens passend zu anderen Berufen in den Städten Gartenamtsdirektoren. Heute ist das neu geregelt, es gibt nur noch die Hochschulen mit Master- und Vollabschluss.

Nach der halbjährigen Praxiszeit begann das zweite Wintersemester in Wolbeck. Hier hatte ich eine andere Bude. Schnell hatte sich herumgesprochen, dass wir zuhause Kohle und Koks im Keller hatten. So konnte ich am Wochenende den VW der Familie benutzen, um bei der Rückfahrt einige Säcke Kohle mitzubringen.

Das Auto half mir auch, mal wieder Opa und Oma in Derne zu besuchen. Sie hatten viel Freude und einen kleinen Batzen konnte ich auch gut brauchen. Zuhause hatten sich die Gärten der Nachbarn auch wieder in normale Gärten verwandelt. Die Bunker wurden abgerissen, nur unser Bunker blieb stehen und ringsherum wurden Kletterrosen gepflanzt. Noch war es schwer vorstellbar, den Bunker, das Gewicht war ca. 25.Tonnen, zu entfernen. Mit unseren näheren Nachbarn waren wir nur wenige Kinder. Aber im Doppel- Reihenhaus schräg gegenüber war die Familie -H. mit 13 – Kindern, Sie wohnten dort in vier bis fünf kleinen Zimmern, wovon die Hälfte im ersten Stock noch abgeschrägt war. Ich weiß heute noch nicht, wo alle Platz hatten, zu zweit im Bett war auch woanders keine Seltenheit. Ich hatte einen Freund aus der Familie, wahrscheinlich auch, weil er oft mit seinem Hund bei uns war und ich diesen auch mal zwischendurch haben konnte. Die Kinder in der Familie waren immer gut unterwegs, ob in der Schule, in der Ausbildung, sie waren gute Nachbarn.

Die ersten Ferien nach Semesterbeginn gab es zu Weihnachten. Am Heiligabend, so war es Tradition, gab es Frankfurter mit

Kartoffelsalat. Auf dem Gabentisch standen zum-zigsten Mal mit Engel verzierte Pappteller mit den selbst gemachten Plätzchen, aber auch schon mit Feigen. Zu den Tellern gesellten sich die Geschenke, wie es so hieß. Es gab „SOS", das sind Schlips, Oberhemd und Sockenhalter. Die Zeit, wo ich noch Hämmer für das Treiben von Messing bekommen hatte, war vorbei.

Zur Weihnachtsmesse, wir hatten vom Dorfrand her immer den weitesten Weg, ging es zu Fuß. Wer kam um die Zeit schon mit einem Auto? Als Pfadi mussten wir, auch im Winter mit kurzer Hose im Altarraum unser Banner tragen. Auch hatten wir speziell zur Weihnachtszeit Programme. Wir veranstalteten Basare mit selbst erstellten Holzspielzeugen. Ein besonderes Geschenk war ein Tretroller mit Kugellagerrädern. Der Roller war zweiteilig zum Einrasten. Wir profitierten natürlich auch von der Materiallieferung der Väter und so konnten wir vielen Kindern, speziell denen von gefallenen oder verunglückten Vätern, große Freude bereiten. Zu den Basaren kamen noch öffentliche Auftritte mit Theater, es waren sehr einfache Veranstaltungen in dieser Zeit, aber alle waren zufrieden.

1953–1962

Das zweite Winterhalbjahr an der Gartenbauschule in Wolbeck ging langsam zu Ende. Verlangt war von Osnabrück eine halbjährige Praxiszeit des Fachgebiets Landschaftsarchitektur, zu der ich nun einen Betrieb so zwischendurch suchen musste. In der Schule gab es genügend Fachzeitschriften mit Stellenangeboten, so auch aus der Schweiz. In Winterthur, Nähe Zürich, suchte die Firm -L. Facharbeiter für den Landschaftsbau. Meine Bewerbung hatte Erfolg und die weitere Ausbildung war gesichert.

Aber zunächst standen noch die Abschlussprüfungen in Wolbeck an.
Das gesteckte Ziel, der nötige Abschluss „Gut", war erreicht, und ich konnte erleichtert nach Winterthur reisen. Von Dortmund ging es den Rhein entlang, meine zweite Reise in den Süden nach der Kinderlandverschickung. In Basel, am Bahnhof SBB, wurden meine Papiere und die Arbeitserlaubnis geprüft. Zusätzlich hatte ich einen Gesundheitscheck. Ich konnte den Rhein entlang weiterfahren und steuerte meine neue Bleibe an: das Kolping Gesellenhaus in der Nähe des Bahnhofs in der Wartstraße. Es war geschlossen. Da ich mich auch noch nicht auskannte, übernachtete ich die erste Nacht in der Schweiz in einem Hotel.

Politisch war ich in der Schweiz ein Deutscher, der früh nach den Kriegsgeschehnissen nun in der Schweiz arbeitete. Eine Situation, die aber gut verlief. Man war dem Krieg sehr nah, obwohl die Schweiz versuchte, ihre Neutralität und Souveränität aufrecht zu halten. Flugblätter fielen vom Himmel mit dem Inhalt: Winterthur liegt im Loch, wir finden euch doch. Hitler hatte entlang dem Hochrhein und Richtung Stuttgart eine Eisenbahnlinie für den Transport von Truppen und Material gebaut. Winterthur lag nah an der Grenze zu Deutschland und war Industriestandort.

Zu Kriegsbeginn gab es die öffentlich ausgeschriebene Mobilmachung an den Anschlagbrettern jeder Gemeinde. Jeder Wehrpflichtige wusste, ob er zum Militär musste und wohin er mit Sack und Pack und seinem Gewehr mit Munition, das in der Schweiz zuhause aufbewahrt wird, sich melden musste. Selbst für meinen späteren Schwiegervater, Bäcker und Konditor mit eigenem Geschäft, gab es keine Ausnahme. Er war jahrelang weg und die Schwiegermutter musste für das Geschäft in anderen Bäckereien einkaufen. Im gleichen Haus wohnten noch zwei Väter, die zur Kavallerie und zu den Fahrradfahrern eingezogen wurden.

Auch in der Schweiz gab es während des Krieges Lebensmittelkarten, denn auch das Kaufen von Essbarem war begrenzt. Zur Versorgung der Bevölkerung gab es einen Regierungserlass. Es war der Plan Wahlen, ein Bundesrat (Minister), der eine Anbaupflicht von Lebensmittel im Jahr 1940 anordnete. Man nannte das auch die Anbauschlacht. Zusätzlich gab es auch Hinweise für das Sammeln von Altmaterial und für das Heizen. Die importierte Kohle, von der man abhängig war, wurde drastisch verknappt. Scheinbar sammelte man Tannenzapfen und Resthölzer im Wald.

Zur Energieeinsparung gab es Pläne für den Eigenbau von Kochkisten für das Garkochen von Mahlzeiten. Selbst in dem Buch über Kochlehrmittel für Schüler, wird das Herstellen dieser Kiste beschrieben. Die Kochkiste ist für einen Kochtopf, innen mit mehreren Lagen Zeitungspapier austapeziert. Die Zwischenräume zwischen Innenwand und Kochtopf werden jeweils mit Papierschnitzel oder Holzwolle aufgefüllt. Je nach Gericht braucht das Essen ein bis zwei Stunden, bis es gar ist. Ich benutze heute noch dieses System im isolierten, jedoch ungeheizten Backofen. Gemüse, zum Beispiel Blumenkohl,,wird im Wasser zum Kochen gebracht und nach zwei Minuten kochen mit Deckel in den kalten Backofen gestellt.

In der Stadt wurden auch sämtliche Grün- und speziell Rasenflächen für den Kartoffelanbau bereitgestellt. Selbst in den außerhalb von Straßenflächen fahrenden Straßenbahnen, wurde zwischen den Schienen Gemüse angebaut.

Entlang dem Rhein begann die Verteidigungsfront der Schweiz. Verdunkelungen waren Pflicht, denn es fielen auch von den Alliierten Bomben, in Zürich auf ein Bahnviadukt bereits 1941. Auch entlang dem Rhein, wo die Grenzverhältnisse zu Deutschland teilweise wie eine Enklave verlaufen, gab es viele Bombardierungen der Alliierten, Schaffhausen wurde am stärksten getroffen.

Bereits zu Kriegsbeginn gab es viele Internierte, insgesamt während des Krieges 100000. Sie wurden entwaffnet und kamen in über 600-Lager. Bereits 1940 kamen über die Westgrenze der Schweiz 29000 französische- und 12600 polnische Soldaten. Die Stadt Winterthur hatte viele Polen, die später auch die Gelegenheit erhielten, ihre Matura (Abitur) oder das Studium zu beginnen oder zu beenden. Dies alles geschah in Organisation mit der ETH Zürich.

Inzwischen hatte ich auch in meiner Bleibe im Gesellenhaus Fuß gefasst. Ein schmales Zimmer mit Betten hintereinander, ein Tisch mit zwei Waschschalen und ein Wasserkrug, sowie eine Kleiderstange, waren die Ausstattung. Auf dem Flur war für alle eine Dusche. Für ein gründliches Waschen gab es direkt nebenan ein öffentliches Bad mit Badewannen, für den Reststaub der Woche. Lea erzählte mir später, dass sie vor der Schule jeden Montagmorgen zuerst großes Waschen in der Wasch- und Badanstalt hatten. In Reih und Glied aufgestellt, wurde durch das Personal kontrolliert und der Rücken geschruppt.

Das Gesellenhaus gehörte der katholischen Kirche und wurde durch Schwestern geführt. Ein großer Aufenthaltsraum brachte die Insassen zusammmen. So lernte ich auch Hubert und Rudolf, beide auch aus Deutschland, kennen.

Am 25. März 1953 war mein erster Arbeitstag bei der Firma L.,
Baumschule, Garten- und Landschaftsbau. Die Firma, in einer
guten Größe von ca. 150 – Mitarbeitern, arbeitete im Umkreis
von Winterthur und Zürich. Mein neuer Spezialtitel hieß Steinarbeiter, also einer, der mit Natursteinen arbeitet, ob Mauer-
werk, Stufen, Wege oder das Cheminèe im Haus. Betonwaren
gab es damals noch nicht. Erfahrung hatte ich schon in dem
Landschaftsbaubetrieb in Dortmund gesammelt. Mein Stun-
denlohn betrug damals 1,35 -Franken, zum Vergleich kostete
ein kg Brot oder ein großes Bier 0,50 Franken. Wir arbeiteten
auch bis Samstagmittag. Die Projekte waren die Außenanlagen
zu Einfamilienhäusern, die ersten Blocks mit Mietwohnungen
und öffentliche Bauten. Viele Bauten lagen am Hang, speziell
am Zürichberg, was die Arbeiten sehr erschwerte. Eine von mir
gebaute Bruchsteinmauer vor einem Hotel in Winterthur, hat
bis vor einigen Jahren noch gestanden. Für das Hinkommen an
nahe Baustellen war das Fahrrad wichtig, das ich als gebrauch-
tes Fahrrad, aber mit Dreigangschaltung, erstand. Das Fahrrad
hat auch in der Zeit in Osnabrück seine Dienste getan, wohnte
ich doch außerhalb.

Mit den Kollegen Hubert und Roland, sie arbeiteten bei ande-
ren Firmen, unternahmen wir am Wochenende Touren, um die
Schweiz besser kennen- zu- lernen. Am Samstagmittag fuhren
wir noch bis zum Vierwaldstättersee, übernachteten in einem
Heuschober, um dann am Morgen von Weggis aus auf den Rigi
Hochflue, zu der man zuletzt nur über eine senkrechte, zehn
Meter hohe Leiter, ans Ziel kam. Zurück ging es auch wieder mit
dem Fahrrad und am nächsten Tag wartete die Arbeit.

Gearbeitet wurde bei jedem Wetter. Bei Regen gab es Wetter-
schutz durch einen breiten Hut und über den Rücken hing ein alter Mehlsack, der dann gelegentlich ausgetauscht wurde. Schutz
wie heute aus Plastik gab es nicht. Die verschiedenen Eisen zum
Bearbeiten der Steine wie Spitzeisen und Setzer, hatte ich so
langsam im Griff. In der Steinart, ob Kalkstein oder Granit, gab

es zum Bearbeiten wegen der Härte des Steins natürlich große Unterschiede. Die Transporte erledigten in diesen Jahren Saurer Lastwagen vom Bodensee, von denen heute noch alte Busse existieren und speziell für Familienausflüge, auch über Pässe, eingesetzt werden. Überhaupt waren ausländische Pkw, speziell amerikanische – wie Chevrolet oder Buick, viel zu sehen. Unser Chef hatte einen Citroen-Personenwagen.

Winterthur war eine Arbeiterstadt mit Großfirmen für den Bau von Lokomotiven, Schiffs- und anderen Motoren, Webmaschinen sowie für den; Handel mit Gewürzen und Café. Auch heute noch gibt es im Ausland für den Abbau von bestimmten Erdsorten sowie für; Kupfer, Gold, Silber, usw. Die Firmenbesitzer hatten ihre Villen mit großem Park direkt am Rand der Stadt, Grundlage für die heutige Gartenstadt. Für Sport und Freizeit gab es früh um die Jahrhundertwende ein Bad mit Fünfzigmeterbecken. Aber eine Eisbahn oder eine Halle für den Hallensport wurde nach vielen Abstimmungen erst ab 1960 gebaut. Ich ging nicht schwimmen, sondern spielte, zuerst noch auf dem Rasen auf dem Großspielfeld Handball, später spielte man in der Fahrzeughalle der alten Kaserne, die aus Asphalt bestand. Knie- und Armschoner waren hier angebracht.

Durch das tägliche Brotholen vom Bäcker gegenüber vom Gesellenhaus, lernte ich auch die Verkäuferin Lea kennen. Sie war gerade von Paris, vom Wintersemester an der Hotelfachschule Luzern zurück. Sie half zwischendurch im Laden, bevor sie später dann nach England ging.

Ich hatte durch die Bauarbeit immer großen Hunger, und da ich Geld für das Studium sparen wollte, war die Hauptnahrung Brot. Etwas warm machen oder einen Café kochen, konnten wir in unserem kleinen Zimmer nicht, es war eigentlich nur zum Schlafen da. Der Broteinkauf häufte sich, und so kamen die Bäckerstochter und ich immer mehr ins Gespräch. Ein zufälliges Treffen am Bahnhof ergab dann doch ein gemeinsames Ausgehen. Wo ging man hin, ins Kino und anschließend ins Eiscafé. Dieses gibt es heute noch und auch die Erinnerungen daran nach 70 Jahren.

Lea und ich lernten uns näher kennen, die Zusammenkünfte häuften sich. Aber genau in dieser Phase hatte ich einen achttägigen Urlaub nach Neapel und die Insel Capri gebucht. Ich wollte doch auch das Nachbarland Italien ein wenig kennenlernen. Es war das Land, aus dem in dieser Zeit die meisten Saisonarbeiter in der Schweiz von März bis Oktober arbeiteten. Dies war schon seit der Erstellung der Gotthardbahn so. Für den Italienausflug war ich mit dem Fahrrad nach Konstanz gefahren, um mir eine Kamera zu kaufen. Die Auswahl fiel auf eine Akarette, die erste Kamera mit auswechselbarem Objektiv. Eine Kegelgruppe, auch aus Winterthur, war in der gleichen Reisegruppe, und so wurde ich mit der neuen Kamera gleich der Hoffotograf. Das Ergebnis der Bilder war niederschmetternd. Alle Bilder wurden nichts, da mir die Kamera mit einem Schaufensterobjektiv verkauft worden war. Neue Filme waren ein schwacher Trost, heute wäre ich mit diesem Trost nicht zurückgefahren. Ich fuhr auch mit Hubert und Rudolf öfters nach der Arbeit am Samstag mit dem Fahrrad nach Konstanz, 100 Kilometer – hin und zurück, um Café per Post zu den Eltern nach Deutschland zu schicken. Zurück zum Zoll fielen dem Zöllner meine neuen Schuhe auf, der Betrag für freie Einfuhr war damals sehr niedrig, aber es reichte.

Lea war froh, dass ich wieder da war, und so langsam waren dann auch die Eltern und natürlich die Verwandten auf den Deutschen aufmerksam geworden. Man war kritisch, aber den Satz: „Muss das jetzt unbedingt ein Deutscher sein", hörte man nicht. Die Großmutter väterlicherseits war auch deutscher Abstammung aus Baden- Württemberg. Sie konstruierte einen Schlachtplan für das gemeinsame Kennenlernen. Ich müsste „Jassen" lernen, das ist ein Schweizer Nationalsport, ähnlich dem Skat in Deutschland. Also lernte ich jassen, auch gab es dann bei der Großmutter, sie hatte im Haus eine eigene Wohnung, etwas zum

Essen. Sie war eine ausgezeichnete Köchin und kochte gelegentlich bei Anlässen der Winterthurer Industriefamilien, speziell in einer Villa, die heute ein Hotel mit einer besonderen Note ist. Der Familienanlass war eingeläutet zum Jassen, nach dem üblichen, gemeinsamen Mittagessen der Familie und Großmütter. Es verlief alles wunderbar, aufgestaute Emotionen fielen ins Wasser, ich war von der Familie aufgenommen.

Lea war von den Kindern die Älteste der vier Kinder. Die Jüngste, Regula, war neun Jahre jünger, und wie das bei den Jüngeren so ist, wusste ich auch, kamen immer die Ältesten zuerst dran, speziell bei der Arbeitsvergabe. Denn in einer Bäckerei-Konditorei gibt es immer Arbeit. Unterstützung hatte sie aber auch im Personal in der Küche, im Laden und zum Putzen. In dieser Zeit kamen fast alle Hilfen aus Italien, bei Dettling kamen sie nacheinander alle aus der gleichen Familie aus Süditalien.

Die Großmutter väterlicherseits hatte während und nach dem Krieg zwei internierten Polen ihr Studium gezahlt und weiterhin auch später unterstützt. Sie lebten auch im Haus, das war damals möglich. Später sind sie nach London gezogen und nach Caracas ausgewandert.

Lea und ich merkten, wie die Zeit verging. Es waren nicht einfache Wochen, denn so schnell wiedersehen bei unseren Vorhaben, sollten wir uns nicht. Sie hatte Liverpool in England und ich Osnabrück gebucht. Auch die Freunde Hubert und Rudolf hatten ihre Ziele. Speziell Rudolf hatte große Pläne. Er wanderte nach Amerika aus, um dort bei einem Schweizer Landschaftsbauunternehmen zu arbeiten. Auch ich hätte dort nach meinem Studium als Landschaftsarchitekt arbeiten können. Lea war schon Feuer und Flamme, und der Onkel in New York hatte schon seine Bürgschaft zugesichert. Ich hatte aber erst einmal andere Interessen. Wir haben in den 70-ziger Jahren Rudolf in Stanford, Kalifornien, besucht. Er hatte bereits lange eine eigene Firma. Hubert ist nach einiger Zeit zurück nach Deutschland, arbeitete bei einer Stadt im Sauerland, und wir haben heute noch Kontakt miteinander. Meine Handballkollegen waren natürlich traurig wegen des Weggangs, aber wir spielten später bei jeder Gelegenheit nochmals miteinander.

Der große Abschied von Lea und ihrer Familie und das Wiedersehn, wann war fraglich, war gekommen. Lea fuhr mit dem Zug allein nach Liverpool, eine zeitlang persönlich im Postwagen von den Postbeamten, bewacht. Lea reiste in England aus Sicherheitsgründen unter Aufsicht der Zugbegleitung. Sogar das Essen wurde geteilt. In Liverpool erwartete sie der Chauffeur der Familie, die drei Kinder hatten, mit weißen Handschuhen und einem Rolls-Royce. Die Familie, deren Tochter ins Internat ging, wollte unbedingt wieder eine Tochter zu den zwei Söhnen am Tisch sitzen haben. Auch, wenn sie tagsüber zum Englischlernen in der Schule war. Zur Schule von dem Chauffeur hin -und zurückgebracht werden, war natürlich ein besonderes Privileg, wer hat das schon? Die Familie besaß eine große Warenhauskette und Edelsteinhandel und war bekannt mit einer französischen Familie, wo Lea zwei Jahre war und französisch lernte.

Vor dem Studium in Osnabrück, besuchte ich noch die Bauernfamilie in Ottoschwanden und meine Gastfamilie in Emmendingen, wo wir anlässlich der Kinderlandverschickung untergebracht waren. Alle hatten Freude, mich anlässlich besserer Zeiten wiederzusehen. Auch nach Dortmund führte mein Weg, musste doch noch einiges vorbereitet werden, und die Verwandtschaft hatte auch Freude.

In Osnabrück begann, erleichtert durch das Sekretariat, die Zimmersuche. Schon da musste ich auf mein Budget achten, denn von den Eltern hatte ich 40,00 -DM im Monat. Da ich mein Schweizer Fahrrad mitgebracht hatte, war ein Zimmer, ein wenig außerhalb, dafür billiger, kein Problem. Bei einem Kohlenhändler teilte ich dann mit dem Kommilitonen R. N. aus Hamburg das Zimmer. Ein Raum mit zwei Betten, einem Schrank, in der Mitte ein Tisch und ein mit Kohle zu bedienender Kanonenofen, waren die Ausstattung. Das WC und die Dusche teilten wir mit der Familie. Wir zahlten pro Person 20,00 – DM, 50 Prozent meines vorhandenen Geldes. Ein Radio, Loewe-Opta, hatte ich mir noch vom Gesparten aus dem Schweizer Aufenthalt gegönnt.

Der große Tisch in der Stubenmitte war zum Lernen und auch für Begegnungen unter Freunden mit einer Flasche Bier, ein ausgezeichneter Aufenthaltsort. Da war Bruno aus Bremen, Hänschen aus Kassel mit einer leicht braunen Vergangenheit, Hitlerinternat, und Ernst, der als Einziger später eine Osnabrückerin geheiratet hat.

Mit Erstaunen stellte ich fest, dass zur Feier des Semesterbeginns auch einige mit Motorrädern und sogar Autos, darunter ein alter DKW, Deutscher Kraft Wagen, ankamen. Also mit 40,00 – DM pro/Monat, mussten die nicht auskommen. Das Kennenlernen fand direkt am ersten Abend mit einem tollen Fest statt, zelebriert durch Hobbymusiker, die unter den neuen Kommilitonen und Kommiliton/innen waren. Zusammen waren wir 35 Studierende, darunter nur vier Frauen. Es gab große Altersunterschiede. Der Älteste, ein Berufsoffizier, war fast 50 Jahre alt. In den ersten zwei Semestern, in denen es auch um das Weiterkommen mittels Zwischenprüfung ging, waren wir bei vielen Vorlesungen zusammen. In der späteren Fachgruppe Garten und Landschaft, waren wir nur noch zwölf Kommilitonen und Kommiliton/innen.

Ich war unter den Jüngsten, hatte aber durch den im Krieg abgebrochenen Unterricht am Gymnasium und dem weiteren Unterricht an der Volksschule, viel Zeit gespart, und so hatte ich am meisten Praxiszeit, als Hilfe für das Studium und die nachfolgende Zeit. Eine Namensänderung, der Vorname von mir, war zu Beginn auch fällig. Den langen Namen Bernhard taufte ich selbstständig um. In Osnabrück hielt aber auch der Name nicht. Scheinbar wegen der schlanken Gestalt und der Jugend, wurde ich Berni getauft, unter den Kommilitonen und Kommiliton/innen heute noch. Auch wurde ich zum Materialwart für den Zeichensaal gewählt, mit den Jungen konnte man es ja machen. Für die Dozenten, die am Einführungs- und Begrüßungstag durch den Direktor vorgestellt wurden, hatten wir schnell Spitznamen. Zum Gesamtkomplex gehörte auch ein in der Randzone gebautes Studentenheim. Hier bezahlte man schon mehr, obwohl die Zimmer für zwei Personen recht klein waren. Aber es gab separate Kochgelegenheiten, die für ein schmales Budget natürlich ideal waren. Das Essen in der Mensa kostete 1,30-DM und beim Bauern nebenan zahlte, man 1,50 -DM. Für die Abende hatten wir schnell eine Stammkneipe gefunden, aber auch das Bier war gerechnet zum Budget nicht billig. Mit Mittagessen und Zimmeranteil war mein Geld also schon weg. Maßnahmen des Zuverdienens waren gefragt.

Mein Zeichenmaterial, bereits in Wolbeck benötigt, zeigte Erstaunen. Wir hatten Unterrichtsräume im Pavillons-Stiel mit begrünten Zwischenhöfen. Dazu gehörten die Verwaltung, die Büros der Dozenten und die Aula. Hier fand jeden Montagmorgen, der ersten beiden Semester, Staatsunterricht durch den Direktor statt. Dieser wusste anschließend genau, wer von den Studenten nicht da war.

Die Planer hatten zusätzlich einen großen Zeichensaal. Unser Prof. – L, später Dozent an der Hochschule in Hannover, plante so nebenbei auch Anlagen in der Umgebung. Er brauchte dafür auch Leute für die Ausführung. Ihm war meine große Praxiserfahrung nicht entgangen und schon war ich Baustellenleiter für die Arbeit so nebenbei. Den Verdienst konnte ich für meinen Lebensunterhalt gut gebrauchen. Rolf, mein Zimmernachbar, und andere Kollegen mit Erfahrung, die auch Geld brauchten, hatten jetzt in den freien Stunden zu tun. Wir verwendeten ein viel besser zu bearbeitendes Steinmaterial als Tessiner Granit, gut konnte ich damit umgehen.

Das Feiern, Gründe gab es immer wieder, wurde trotz Geld-mangel nicht vernachlässigt. Auch andere Kollegen mussten kellnern, meistens bei größeren Anlässen als Saalkellner. Wenn es Ende des Monats mit dem Geld ganz knapp wurde und es nur noch für einige Eier reichte, klopften wir bei unserer Vermieterin zum Braten dieser Eier an. Diese kamen dann meistens auf einem Teller mit Bratkartoffeln zu unserer Freude zurück. Sie war eine Frau des Dorfes und konnte dem Mann beim Einsacken von Kohle gut helfen.

Zwischendurch waren auch jeden Monat Briefe an Lea nach England zu schreiben. Ob ich alles, was so passiert ist, immer genau geschrieben habe, ist mir nicht mehr bekannt. Die gegenseitig geschriebenen Briefe waren aber lange, bis zur Sortierung des Materials für Thailand, in einer Schachtel vorhanden, also 56 Jahre lang.

Eine Überraschung gab es, die Pädagogische Hochschule in Osnabrück, alles Frauen, suchten für einen Tanzkurs Tanzpartner. Die Anfrage kam über das Sekretariat, und wir waren bereit dazu. Mit vielen Kommilitonen machten wir uns auf den Weg, und wir hatten Freude am mehrwöchigen Tanzkurs. Wo gibt es das heute noch?

Ein besonderer Höhepunkt war die Treibjagd, zu der wir vom Grafen eingeladen wurden. Der Graf hatte ein kleines Schloss, wir lebten ja damals im ländlichen Raum. Durch diese Situation, dazu Sandboden, gab es viele wilde Kaninchen, zu viel für die jungen Pflanzungen im Wald. Es war immer ein toller Tag, zu dem wir auch offiziell frei bekamen. Einige Kaninchen gab es dann später noch als Festessen im Studentenheim, Platz unter der großen Jacke gab es ja genug. Nur ein wenig schlechtes Gewissen hatten wir dann später, beim vom Grafen eingeladenen Nachtessen für unsere wertvolle Treibarbeit.

Meine Wäsche ging als Paket regelmäßig zu den Eltern und zurück. Ich weiß nicht, ob es da schon, Wäschereien gegeben hat.

Wäsche zum Bügeln geben, das gab es, gebügelt wurde an großen Bügelwalzen. Ich musste früher meistens die Bettwäsche zum Bügeln bringen.

Mit Leggins, heute ist Oktober 2022, hatten wir noch nichts zu tun. Aber heute in Zeitschriften fragen, ob man ab einem gewissen Alter auf Leggins verzichten sollte, da stört mich gewaltig schon die Fragestellung. Warum darf man ab einem gewissen Alter, nach Meinung einiger, nicht mehr das tun, was man persönlich möchte? Bei mir kommt so etwas gar nicht gut an. Aber diese Fragestellung ist typisch für die heutige Zeit, man will uns bevormunden, wo auch immer.
Da kommt mir ein Artikel von Prof. Dr. K.L, Hochschulrat an der Universität Leipzig, Kuratoriumsmitglied des Max-Planck-Instituts für Mathematik in den Naturwissenschaften, Aufsichtsratsvorsitzender des Universitätsklinikums Leipzig und eines Beratungsunternehmens von Ende 2022 in den Sinn, ich zitiere:

„Ich habe es satt, oder, um es noch klarer auszudrücken: Ich habe die Schnauze voll vom permanenten und immer religiöser werdenden Klimageschwafel, von Energiewendefantasien, von Elektroautoanbetungen, von Gruselgeschichten über Weltuntergangsszenarien, von Corona über Feuerbrünste bis Wetterkatastrophen. Ich kann die Leute nicht mehr ertragen, die das täglich in Mikrofone und Kameras schreien oder in Zeitungen drucken. Ich leide darunter, miterleben zu müssen, wie aus der Wissenschaft eine Hure der Politik gemacht wird.

Ich habe es satt, wenn völlig Übergeschnappte meine deutsche Muttersprache verhunzen, und mir glauben beibringen zu müssen, wie ich mainstreamgerecht zu schreiben und zu sprechen habe.

Ich habe es satt mitzuerleben, wie völlig Ungebildete, die in ihrem Leben nichts weiter geleistet haben als das Tragen einer fremden Aktentasche, glauben, Deutschland regieren zu können.

Ich kann es nicht mehr ertragen, wenn unter dem Vorwand einer „bunten Gesellschaft", Recht und Sicherheit dahinschwinden und man abends aus dem Hauptbahnhof kommend über Dreck, Schmutz, Obdachlose, Drogensüchtige und Beschaffungskriminelle steigen muss, vorbei an vollgekritzelten Wänden.

Ich möchte, dass in meinem Land die Menschen, gleich welchen Geschlechts, welcher Hautfarbe und gleich welcher Herkunft wertgeschätzt und unterstützt werden, die täglich mit ihrer fleißigen, produktiven und wertschöpfenden Arbeit den Reichtum der ganzen Gesellschaft hervorbringen: die Mitarbeiter in den Unternehmen, die Handwerker, die Freiberufler und die vielen engagierten und sozialhandelnden Unternehmer der kleinen und mittelständischen Wirtschaft.

Ich möchte, dass die Lehrer unserer Kinder, die Ärzte und Pfleger unserer Kranken und Hilfsbedürftigen die Anerkennung, die Wertschätzung und die Unterstützung erhalten, die sie täglich verdienen.

Ich möchte, dass sich die jungen und Ungestümen in den wohlgesetzten Grenzen unseres Rechtraumes austoben, aber sich auch vor ihren Eltern und Großeltern vor den alten und Erfahrenden verneigen, weil sie die Erschaffer ihres Wohlstandes und ihrer Freiheit sind."
Zitat Ende.

Ich musste wegen der gleichen Meinung diese Gedanken zitieren, weil ich es auch satt bin. Ich kann keine Nachrichten mehr hören. Man verzeihe mir diesen Abschweifer in die Gegenwart, aber ich schreibe ja keinen Roman, denn dieses Buch dokumentiert über Jahrzehnte deutlich schlechtere Jahre, in denen die Leute aber zufriedener waren.

Das Lernen in Osnabrück ging weiter und nach bestandener Zwischenprüfung, arbeiteten wir, dieses Mal mit Zimmerkollege

Rolf, in den Semesterferien 1954 wieder bei meiner alten Firma in der Schweiz. Geld musste verdient werden und dabei half auch die Gratisunterkunft bei Leas Eltern. Lea war weiterhin in England, es gab keinen Urlaub. Schwerpunkt unserer Arbeiten war der Zürichberg. Man hört schon Berg und das hat meistens mit Höhendifferenzen zu tun. Wir mussten eine lange Treppe aus Granitstufen herstellen, wobei die Stufen erst einmal aus dem Naturstein hergestellt werden mussten.

Alle früheren Freunde hatten auch wieder Freude über unseren Aufenthalt, und Handball habe ich in dieser Zeit auch wieder gespielt.

Im Oktober 1954 begann das neue Semester mit verdientem Reservegeld aus der Schweiz. Fast jeder musste hinzuverdienen, es gab keine Unterstützung vom Staat, die heute nicht hoch genug sein kann. Wer konnte früher als Student in andere Länder, um Urlaub zu machen? Keiner, außer Sohn oder Tochter reicher Eltern. Wir hatten trotz wenig Geld Freude am Studieren und den Zeiten dazwischen. Wir waren berühmt für Scherze jeder Art. Der Direktor musste oft bei der Vorlesung montagmorgens, Ermahnungen aussprechen.

Aber unser Semesterjahrgang hat sicherlich den deutschen Rekord im Wiedersehen nach dem Studium. Eine Kommilitonin, Rotraut aus Witten, hatte die Idee, zum 20. -Jubiläum nach Studienabschluss ein Zusammentreffen zu organisieren. Das erste Treffen fand dann in Witten statt, mich hatte man noch nicht gefunden. Rotraut fand dann aber schnell eine Veröffentlichung von mir in einer Fachzeitung und fragte dann nach: Sind Sie der Berni, der in Osnabrück studiert hat? Die Verbindung klappte, und ich konnte dann beim Treffen in Goslar mit Lea dabei sein. Die Treffen fanden in jedem Jahr außer den Coronazeiten statt. Nachdem wir alle Städte in Deutschland und der Schweiz, verbunden mit dem Wohnort eines Ehemaligen, besucht hatten, waren andere Interessen unsere Ziele. Ich habe allein durch das

Älterwerden sieben Treffen organisiert. Das letzte Treffen fand dann zum 40. Zusammensein, 2022, in Frankfurt statt. Es war jeweils eine schöne Zeit, konnten wir doch in den zwei bis drei Tagen außer der Freundschaft auch viel Neues von den Besuchen der Städte und Landschaften mitnehmen.

Schwerpunkt unserer Weiterbildung war natürlich der Zeichensaal, der zu jeder Tages- und Nachtzeit besetzt war. Auch unsere Arbeiten auf dem Bau gingen nicht aus.

Vor Weihnachten war noch eine besondere Zeit. Lea hatte von ihrem Gastgeber in England Geld für eine Reise nach Osnabrück bekommen. Die Reise von Manchester nach Amsterdam und dann mit dem Zug, endete am späten Abend auf dem Bahnhof in Osnabrück. Das Wetter war kalt und meine Rosen machten nicht mehr den besten Eindruck. Nach langen Monaten des Wartens war erst einmal der Hotelbezug, auch der wurde für drei Tage bezahlt, fällig. Aber Bringen und Heimfahren war üblich, eine Begleitung bis aufs Zimmer ausgeschlossen, das waren noch Zeiten! Wir hatten schöne Tage in Osnabrück, und es ging mit Lea das erste Mal zur Familie nach Dortmund. Der Gedanke, muss das unbedingt eine Schweizerin sein, Dortmund hat doch genügend hübsche Mädel, ging vorher sicherlich mal durch die Köpfe. Aber es ging alles gut, Lea fuhr weiter in die Schweiz und ich zurück nach Osnabrück.

Es gab auch Frühlingsferien, und ich arbeitete während dieser Zeit im Planungsbüro des Gartenamtes der Stadt Dortmund. Hier bestand die Arbeit im Aufzeichnen der größten Blumenschau von Nordrhein-Westfalen, die in der Westfalenhalle stattfand.

Im April war wieder eine Ausstellung fällig, die Genter Floralien. Der planende Landschaftsarchitekt R. aus Bonn, hatte den Planungsauftrag vom Zentralverband des deutschen Gartenbaus und suchte für die Ausführung Fachleute, speziell auch Steinarbeiter. Meinen Namen kannte er vom Bekanntenkreis.

Zusammen mit Rolf waren wir dann eine Woche in Genf und meisterten die Aufgabe mit dem ersten Preis für die Gesamtgestaltung. Ein großes Dankeschön erhielten wir auch vom Architekten und vom Verband.

Zuhause war ich wenig, auch für die Verwandtschaft hatte ich keine Zeit. Es begannen die Vorbereitungen für die Abschlussprüfungen, mündlich und schriftlich. Das Staatsexamen rückte näher. Auch die Gedanken, was ist nachher, beschäftigte jeden im Semester. Es gab verschiedene Möglichkeiten zu arbeiten. Für mich stand das Arbeiten bei einem Landschaftsarchitekten fest. Andere Möglichkeiten waren das Arbeiten beim Staat oder auch in Betrieben des Garten- und Landschaftsbaus.

Für das Staatsexamen waren bestimmte Prozesse vorgegeben. Alles wurde vom Staat kontrolliert, das heißt, er war durch einen höheren Beamten, außer den Dozenten vertreten. Nach der schriftlichen begann die mündliche Prüfung, getrennt in den verschiedenen Fächern, zu zweit im schwarzen Anzug mit Krawatte vor versammelter Prüfungskommission. Mit der Grundeinstellung von mir: „Alles wird gut", gab es dann zunächst einmal die Nachricht, durchgekommen oder nicht. Es war dann alles gut und zuhause wurde ich mit den Worten von meiner Wirtin empfangen: Haben sie bestanden? Sie hatte so eine schlechte Ahnung, weil Rolf immer im Zimmer am Lernen gewesen wäre und ich wäre nie zu Hause gewesen. Sie war dann glücklich und froh, waren wir doch die ersten Studenten in ihrer Wohnung.

Bis zur Abschlussfeier mit Diplomübergabe wurden unsere Planungsarbeiten ausgestellt. Es konnten die interessierten Firmen direkt an Ort und Stelle alle Arbeiten begutachten und sich einen Favoriten oder Favorit/in Aussuchen oder auch nicht. Meine Arbeit, dazu mein Lebenslauf, gefiel meinem späteren Chef W. D. aus Bonn so gut, dass er mich noch in Osnabrück anstellte, Lohn 300,00 -DM pro/Monat. Andere Kommilitonen und Kommiliton/innen verdienten in Planungsbüros mit Ausführungsbetrieb, das gab es damals auch in der Schweiz noch, bedeutend mehr. Aber bei einem guten Landschaftsarchitekten nach dem Studium zu arbeiten, hatte seinen Preis. Interessant ist noch, dass sich später nur drei Planende, darunter ich, sich selbstständig gemacht haben.

Es gab die Abschlussfeier mit Diplomübergabe der Höheren Gartenbauschule Osnabrück, heute Hochschule, gekleidet in schwarzem Anzug mit Krawatte. Mit dem Gesamtresultat „Gut" war ich zufrieden, die Feier über mehrere Tage konnte beginnen. Höhepunkt war ein Sonderzug mit der Straßenbahn von Haste nach Osnabrück, mit Schmückung besonderer Denkmäler auf besondere Art. Auch das Abschiedsnehmen begann. Rolf, mein Zimmerkollege, zog es auch in die Nähe von Bonn, sodass wir uns auch später wieder öfters gesehen haben.

Auch in Dortmund nahm ich die Glückwünsche der Familie und der Verwandtschaft entgegen. Ich war stolz, dass ich meinen eigenen Willen mit meiner Berufsplanung, vielleicht auch als Westfälischer Dickschädel, durchsetzen habe können. „Alles war gut".

Mein Bruder hatte nach der mittleren Reife auch seine kaufmännische Ausbildung bei Harpener Bergbau in Dortmund beendet. Er blieb bei der Firma bis zur Frühpension, ich arbeitete 17 Jahre länger und die Arbeit endete mit dem 75. Lebensjahr.

Ende 1955 begann ich meine Arbeit in Bonn. Mein Chef, W. D., hatte in Berlin studiert und ging dann in den Krieg. Er war bei den Panzern als Kommandant kurz vor Moskau, als er dann verletzt wurde und wahrscheinlich dadurch den Krieg überlebt hat. In Bonn sich selbstständig zu machen, hatte sicherlich auch mit vielen alten Bekannten zu tun, die in Bonn in führenden Positionen arbeiteten.

Ich war der erste Mitarbeiter und wurde direkt mit der Leitung von bestehenden Projekten betraut. Das war ein guter Einstieg, hatte ich doch dank meiner langen Praxiszeit mit den Baustellen keine Probleme. Auch ein Auto, VW Modell 1953, hinten noch mit geteilten Fenstern, wurde mir zugeteilt. Bonn ist Universitätsstadt und war zu dieser Zeit auch provisorische Hauptstadt von Deutschland. Das bedeutete, dass Zimmer zum Wohnen rar waren. Studenten und Bundesbedienstete belegten die Zimmer. Der Grund war der Regierungssitz, wenn man auch im Sprachgebrauch Bonn als Hauptstadt nicht verwendete. Es wurden keine Wohnungen gebaut, also reisten die Bundesbediensteten am Freitagmittag zu ihren Familien, wo auch immer in Deutschland, und kamen am Montag in ihre Zimmer zurück. Erst 1970 wurde Bonn Bundeshauptstadt.

Ich fand dann ein Zimmer auf der anderen Seite des Rheins, in Beuel, direkt hinter der Rheinbrücke. Hier waren die Zimmer auch billiger. Zwei Schwestern gehörte das Haus, direkt gegenüber einer Dahlienanzuchtfirma. So wusste ich immer, wann Totensonntag war, denn der erste Nachtfrost kam immer um diese Zeit, und die Dahlien ließen die Köpfe hängen. Mein Schweizer Fahrrad leistete weiterhin gute Dienste, und so war ich über die Rheinbrücke schnell im Büro in der Nähe der Hofwiese, direkt hinter dem Schloss. Im Haus des Büros, nicht vom Krieg zerstört, waren im Parterre die Freimaurer. Bonn ist immer eine alte Universitätsstadt geblieben, Studenten und jetzt auch Beamte, bestimmten am Abend das ohnehin vorhandene, gesellige Leben noch mehr.

Das Rheinland als Stimmungsland ist natürlich nicht zu vergleichen mit dem Norden, auch nicht mit Osnabrück. Hier findet man schnell Anschluss, vor allem auch in der Karnevalszeit, die ich erst allein und später mit Lea voll genossen habe. Lea liebte besonders auch die Kölner Sprache, die sie gern nachmachte und teilweise auch verwendete. Der Karneval war noch so einfach und fand mit Freunden in den Kneipen statt. Auch beim Arbeiten merkte man die Bräuche. Unvorbereitet wurde mir vom Sekretariat auf der Baustelle an Weiberfastnacht, das ist der Donnerstag vor Rosenmontag, die Krawatte abgeschnitten. Ja, es war noch so üblich, dass man um diese Zeit noch mit Anzug und Krawatte unterwegs war und im Büro einen weißen Arbeitskittel anhatte. Heute laufen die Architekten alle mit schwarzem Hemd oder schwarzem Pullover herum, egal wo. Im Büro waren die Tage um Karneval, besonders die vier tollen Tage, nicht einfach. Denn nach der These unseres Chefs: „Wer feiern kann, kann auch arbeiten", ist zumindest ein pünktlicher Büroanfang erforderlich. Hinterher musste man ja auf die Baustellen, obschon kaum jemand arbeitete.

Verbindungen sind das halbe Leben, sagt man so. Und so hatte auch mein Chef noch viele Bekannte aus den höheren Militärkreisen. Auch seine Frau, die aus einem Herrschaftshaus aus Ostpreußen stammte, konnte alte Verbindungen knüpfen. Das ging nicht spurlos an unsere Büroentwicklung vorbei. Die Arbeit wurde mehr und mehr, Angestellte brauchten auch ein größeres Büro. Ich zügelte das erste Mal, und als Bürochef hatte ich auch ein eigenes Büro, ein furchtbarer Glaskasten, der aber vorhanden war. Es entstanden in Bonn die ersten großen Siedlungen wie Ringelsacker oder Tannenbusch, gemischt mit Stockwerkhäusern, freistehenden oder zusammengebauten Einfamilienhäusern und Geschäftszentrum. Es wurde großzügig mit großen Freiflächen geplant, die, es gibt noch Wunder, alle noch, kontrolliert über Luftbilder, erhalten sind. Aber auch durch gute Privatkunden, ich erinnere mich an das bekannteste Gestüt in Köln, gab es gute Aufträge. Für die Gestaltung der Wohnhausumgebung kamen große Bäume per Eisenbahn von Hamburg nach Köln. Wir hatten auch Planungen mit Baustellenbesuche Richtung Süden bis Mainz oder gegen Norden bis Hamm oder Emmerich am Niederrhein. Das Fahren mit meinem VW war gegenüber der nachträglichen Zeit natürlich eingeschränkt. Um einmal mit 120 – Stundenkilometer zu fahren, musste es schon richtig bergab gehen.

Bonn entwickelte sich zusehends, obwohl das Provisorium „Bundeshauptstadt" immer noch ein Provisorium war. Bereits Ende

1969 war der Zuwachs 135000 – Einwohner, sodass Bonn zu dieser Zeit 300000 Einwohner zählte. Auch Bad Godesberg profitierte von der Nähe Bonns und war dann auch Standort vieler Institutionen.

Die Weihnachtszeit verbrachte ich bei Lea. Mit meinem neuen, eigenen Auto, einem Fiat 600, klein, aber fein, ging es die Autobahn bis Stuttgart und anschließend über Landstraßen des Nagoldtals, Tübingen, Donaueschingen, Richtung Schweiz. In Winterthur konnte ich dann beim Austragen von bestelltem Kuchen und Brot mithelfen. Normalerweise war das die Arbeit von einem Ausläufer oder von den Kindern. Lea erzählte, dass es immer die gleichen Kunden waren, die kurz vor Ladenschluss noch Bestellungen aufgaben, was, manchmal noch einen langen Weg zum Kunden ergab.

Ein besonderer Höhepunkt war ein Skitag im Toggenburg, ein Skigebiet im Osten der Schweiz. Mein zukünftiger Schwager, der zu der Zeit Architektur studierte, nahm mich mit nach Wildhaus. Im Sportgeschäft mieteten wir noch Ski, Holzski ohne jegliche Kanten und mit der einfachsten Zugbindung. Für den Ernstfall gab es noch eine Ersatzspitze aus Aluminium. Mein baldiger Schwager fuhr mit mir bis auf höchster Höhe, und es dauerte nicht lange, bis ich die Aluminiumspitze brauchte. Vom Sauerland direkt in die Alpen ist ein gewaltiger Schritt, den ich auf jeden Abfahrtsmeter spürte. Aber runter kommen sie immer, sagt man so schön, und das war auch bei mir der Fall.

Wieder in Bonn allein, ich arbeitete lang aber auch gern. Es ging alles gut, aber das Alleinsein, jeden Abend in einem kleinen Zimmer, war nicht mehr mein Ding. Ich machte Pläne, Lea ist zu weit weg, wir sollten heiraten. Gute Gelegenheit war die Silberhochzeit meiner Eltern, zu der auch Lea aus der Schweiz anreiste. Sie war dann noch einige Tage in Bonn und freute sich riesig über meine Überraschung. Die Verlobung war in der Schweiz fest geplant, und auch meine Eltern waren im August 1956 anwesend.

Das ging alles noch sehr förmlich zu. Ein Onkel von Lea war als Spaßmacher bekannt, und das löste die Zungen.

Heiraten wollen ist gut, aber eine Wohnung in Bonn zu finden, war bedeutend schwieriger. Um sich überhaupt beim Wohnungsamt für eine Wohnung anzumelden, brauchte es einen Wohnberechtigungsschein. Grundlage für diesen Schein war, dass man verheiratet sein musste. Wir mussten uns also arrangieren und zuerst einmal standesamtlich heiraten. So war es, und wir heirateten dann am 11. Juni 1957 in Winterthur. Es war über Pfingsten, um möglichst mit Hin -und Rückreise wenig Zeit zu verlieren. In meinem Fiat, zusammen mit meinen Arbeitskollegen D. als Trauzeugen, reisten wir dann in die Schweiz. Die Trauung war am Dienstagmorgen, und nach einer kleinen Rundfahrt bei Dauerregen und Mittagessen in Rapperswil, ging es zurück und das Büro war wieder vollständig. Lea wurde ab dann mit Frau Wengmann angesprochen, sie wusste nicht, was ihr geschah, so neu.

Aufgrund der Heiratsurkunde, den Eheschein brauch ich hier bei der Immigration jedes Jahr, bekam ich den Wohnungsberechtigungsschein. Aber das bedeutet noch längst nicht, über kurz oder lang, eine neue Wohnung. Ich hatte eigentlich durch das Geschäft viele Verbindungen, da ich ja mit dem Wohnungsbau ständig zu tun hatte. Aber die Bundesbediensteten hatten Vorzug und für die fing die Zügelte von ihrem bisherigen Wohnort nach Bonn erst einmal an.

Ein mir gut bekannter Bauführer, einer von den Landschaftsbaubetrieben, die für uns viel arbeiteten, wohnte im schönen Siebengebirge, in Ittenbach. Er wiederum hatte einen Nachbarn, der eine kleine Dachwohnung als Erweiterungsflächen für seine Kinder vorgesehen hatte. Die Familie hatte ein Einsehen für uns und dem lieben Nachbarn, und wir hatten, wenn auch klein, eine Wohnung, auch wenn wir Badezimmer und Toilette mit dem Sohn teilen mussten. Es war schwierig, erst einmal eine Bleibe zu finden. Wir hatten ein Schlafzimmer und Wohnzimmer mit Balkon und Blick zur Tankstelle und das geteilte Badezimmer. Im Wohnraum waren noch ein Spültrog und ein kleiner Herd, also eine Wohnküche und alles schräg. Die Auflage für die Wohnungsvermittlung war typisch rheinländisch, bei der Geburt einer Tochter wollten Jupp und Gertrud Paten (Gotte) werden. Dieser Wunsch konnte erfüllt werden.

Mit dem Finden einer Wohnung in Ittenbach, ungefähr 20 Kilometer von Bonn entfernt, konnte auch die kirchliche Trauung auf den 1. August 1957, der auch noch Schweizer Nationalfeiertag ist, terminisiert werden. Die Hochzeit fand in Dortmund bei meinen Eltern statt.

Der 1. August rückte näher. Meine Mutter meinte, beim Aussuchen von Möbel zu helfen. Wir waren nicht so begeistert, zumal das Schlafzimmer aus Nussbaumholz sowieso aus der Schweiz kam. Die Hochzeit begann mit dem in der Schweiz nicht bekannten Polterabend. So mussten wir einen Haufen Schutt von der Straße räumen, bevor zu diesem Anlass auch gefeiert wurde. Von der Schweiz waren Leas Mutter und die Geschwister Regula und Albert angereist, dazu die Brautführerin Rita, eine früher auch im Haus wohnende Freundin von Lea. Der Vater von Lea konnte wegen dem Geschäft nicht zur Hochzeit kommen, er kam dann später öfters nach Bonn.

Früher geht es wohl nicht, Kommentar von Lea wegen des frühen Termins: bereits 9:00 -Uhr in der Kirche, und das mitten in der Woche, an einem Mittwoch. Meine Verwandtschaft wartete bereits in der Kirche, auch Oma und Opa Derne und Opa Wilhelm. Jupp, ein ausgewiesener Sänger, unser Nachbar später in Ittenbach, verschönerte die Hochzeit mit Gesangsdarbietungen, und unser Jawort zur gemeinsamen Ehe war auch deutlich zu hören. Auch mein Chef war eingeladen, er und seine Frau amüsierten sich gut, fast den ganzen Tag mit den Opas und der alten Zeit. Wir hatten Wetterglück und so konnten wir ein schönes

Fest draußen feiern. Abends ging die Fahrt mit dem Brautführer nach Bonn zurück, Jupp aus Ittenbach nahm die Schweizer Delegation mit ins Siebengebirge.

Natürlich war am nächsten Tag für die Verwandtschaft die große Offenbarung unserer neuen Bleibe und das der Tochter. Es war schon nicht so ganz Schweizerisch, aber die Situation war einleuchtend.

Nach einigen Tagen an der Mosel, das Zimmer war über dem Misthaufen, begann wieder der Alltag, es musste wieder, jetzt aber unter neuen Voraussetzungen, gearbeitet werden. Ich war nicht mehr allein. Eine große Hochzeitsreise war auch wegen dem Geld kein Thema. Wichtig war, dass wir die große Entfernung nun überwunden hatten, wir waren glücklich.

Ittenbach, unser neuer Wohnort, war im Jahr 1957 noch eigenständig mit ca. 1700 Einwohnern. Heute gehört Ittenbach zu Königswinter am Rhein, und die Einwohnerzahl beträgt jetzt ca. 3700 Einwohner. Bekannte Sehenswürdigkeiten in der Nähe sind der Drachenfels und die Margarethenhöhe, als große Ausflugsziele. Im Jahr 1885 gab es 696 Katholiken und zwei evangelische Christen. Ein großer Soldatenfriedhof aus dem Zweiten Weltkrieg mit 1800 bestatteten Toten aus mehreren Nationen, gehört auch noch zur Gemeinde.

Lea war nicht berufstätig und somit tagsüber viel allein. Eine Schweizerin in der Gemeinde gab viel Gesprächsstoff, und die Neugierde war groß. Abends gab es oft noch mit anderen Fachkollegen mehr Betrieb, wenn wir zusammen an Wettbewerben, speziell für junge Architekten, arbeiteten. Aber Lea war nicht lange allein. Direkt nebenan hatten Pat und Max ein Haus gemietet. Pat war eine typisch lang aufgeschossene, große Amerikanerin und Max kam auch aus der Schweiz und leitete in Bonn die Europaabteilung von Goodyear-Reifen. Besonders war noch, dass die Damen mit Pats Auto zum Café und zum Einkaufen in die amerikanische Siedlung, auch „Klein Amerika" genannt, zwischen Bonn und Godesberg fuhren. Hier war besonderes Geld gefragt, es gab keine DM oder Dollar, denn eigentlich durften hier nur Amerikaner einkaufen.

Im Jahr 1957 bezogen wir unsere Wohnung in Ittenbach, und die ersten Taten sollten folgen. Ich war einer der drei Gründungsmitglieder der Neugründung des 1873 gegründeten Männergesangvereins MGV Ittenbach 1957 e. V. Heute, im Jahr 2022, ist der Verein 65 Jahre alt geworden und erfreut sich großer Beliebtheit in naher und weiterer Umgebung. Was wäre die kulturelle Landschaft im Siebengebirge ohne den Gesangverein, das sagt, ich zitiere, der Bürgermeister. Scheinbar hat der Verein gegenüber anderen Vereinen für Veranstaltungen Schlupflöcher gefunden, die nicht den typischen Konzertcharakter haben. Beim Nachlesen fallen mir Opernkonzerte mit dem Akademischen Orchester Bonn auf, oder Kölsche Tön im Dezember, deren Veranstaltungen mit mehreren Auftritten alle ausverkauft sind. Herzlichen Glückwunsch meinem alten Verein! Ich war im Gesangverein der erste Geschäftsführer, ein Auswärtiger, eigentlich nicht typisch für das Dorf. Hauptaufgabe war die Organisation von Anlässen und gelegentlich auch von kleinen Scherzauftritten. In vielen Orten in Deutschland ist es Brauchtum, nachts vor dem Fenster seiner Liebsten ein Maibaum aufzustellen. Wir machten das in der Regel mit Birken bei Frauen mit Männerwunsch und verbreiteten so ein wenig Hoffnung! Die Birken aus dem Wald hingen am Karmann, na ja, was macht man da manchmal nicht so alles. Den Ghia Karmann hatte ich auf der Baustelle der Tochter eines großen Kölner Schokoladenherstellers so oft bewundert, dass sie fragte, ob ich das Auto günstig haben möchte, natürlich.

Der restliche Vorstand des Vereins und Freunde hatten das Maibaumaufstellen bei Lea vor. Ich kam ein wenig später heim und sah von Weitem, wie Männer entlang der Straße einen Baum transportierten. Ich machte das Licht aus und beobachtete das

Aufstellen. Angestellt an der Fensterfassade machte ich den Scheinwerfer an, das ging mal schief, aber Freude hatten wir anschließend bei einem Bier noch alle. Dieser nicht geklappte Anlass war dann natürlich Gesprächsthema Nr. 1 im Dorf, wie ein anderer Fall auch.

Lea war in der Schweiz, und so war ich öfters bei Pat und Max eingeladen. Als Max auch weg war, dass wissen ja die Leute, kam ich zu Pat allein zum Nachtessen. Damit es auch so richtig für das Quatschen am nächsten Tag reichte, habe ich mein Auto bei Pats Haus abgestellt. Zusätzlich haben wir dann noch alle Rollladen zugemacht. Das reichte, um sicherlich unter anderem auch das Thema „Scheidung" von Lea und mir zu diskutieren.

Mit Pat und Max haben wir auch kräftig Karneval gefeiert. Max kam vorbei, stöberte in unserem Schlafzimmerschrank und schon war Lea, die meinte, nichts anzuziehen zu haben, die Fischerin vom Bodensee. Der Karneval war noch vom alten Stil, einfach und nicht protzig.

Wenn auch nicht förmlich beurkundet, dies geschah erst 1970, war Bonn längst die geheime Bundeshauptstadt. Politisch gab es keine anderen Vorzeichen. Das hieß, dass auch der Hochbau merklich zunahm und unsere Arbeit damit auch. Zwischendurch hatten wir vom Zentralverband des deutschen Gartenbaus den Auftrag, die Planung für den deutschen Stand an den Florales Internationales in Paris auszuführen. Es war in kurzen Jahren meine zweite internationale Ausstellung, und wir erhielten wiederum den ersten Preis für die beste Gesamtgestaltung. Lea, die gut Französisch spricht, reiste als Dolmetscherin mit und war dann später noch die ganze Ausstellungszeit in Paris, war ihr ja wohl bekannt.

Wir waren ja junge Leute und verdienten bei einem bekannten Architekten nicht gerade zu viel. Deshalb war auch ein wenig Nebenarbeit, die sich so ergab, nicht abzulehnen. Ein bisschen ist gut, ich habe dann über Jahre Abrechnungen hergestellt, die den Unternehmern bezüglich der Bürokratie immer komplizierter vorkamen. Es genügte für die Abrechnung nicht das beigefügte Aufmaßblatt. Nein, jedes eingetragene Maß musste in einer Zeichnung, inklusive der jeweiligen Situation, festgehalten werden.

Es war einmal wieder Karneval, Weiberfastnacht 1960, und keiner dachte an die Geburt unseres ersten Kindes. Viel zu früh, zwei Monate vor dem Geburtsdatum, kam Andre am nächsten Tag in Bad Godesberg zur Welt, und dann sieht diese Welt plötzlich anders aus. Er war aber gesund, und Andre ist heute 62-Jahre alt, wie doch die Zeit vergeht. Andre besuchte die Schule in Untersiggenthal und machte die Lehre als Landschaftsbaugärtner. Er leitete später in verschiedenen Betrieben die Arbeiten auf der Baustelle. Andre heiratete sehr früh, hatte eine Tochter, die früh wieder drei Kinder hatte und wobei die ersten schon wieder studieren und erwachsen sind. Andre heiratete das zweite Mal Ruth, und sie leben heute zusammen in Thailand.

Das Wohnen in der kleinen Wohnung war schwieriger geworden, und es gab die Gelegenheit in Beuel, gegenüber Bonn, auf der anderen Rheinseite eine Wohnung mit nicht zurückzahlbaren Baukostenvorschuss, von einem mir bekannten Architekten, zu mieten. Es ergab sich der Zügeltag, und Richtung Königswinter wurden wir von der Polizei als erstes Auto angehalten. König Bhumibol und Königin Sirikit waren auf Staatsbesuch in Bonn und wohnten im zum Bund gehörenden Petersberghotel. Wie üblich warteten wir auf die Kolonne und bekamen nach dem letzten schwarzen Auto grünes Licht zum Weiterfahren. Noch nicht einmal die hinter mir fahrende Polizei bemerkte, dass ich mit meinem schwarzen Auto nicht zur Königskolonne gehörte. So waren wir diesmal sehr schnell in Bonn. Heute würde es diese Situation wahrscheinlich nicht mehr geben.

Da ich heute in Thailand lebe, konnte ich hier das Leben von König Bhumibol bis zu seinem Tod gut verfolgen. Heute haben wir allein von ihm drei Feiertage, den Geburtstag, den Krönungstag und den Todestag. Und das ist bei seinen Vorgängern nicht anders. Es ergeben sich um die 20, für die Besseren freie Feiertage.

Ja, unsere Wohnung in Beuel war nah am Rhein, nah zu den Grünanlagen der Rheingegend. Direkt nebenan war noch eine alte Eisenbahnverbindung für den Transport von Grenzsteinen aus Naturstein, die dann am Rhein auf Schiffe verladen wurden. Unser Andre konnte vom Fenster aus den Zug beobachten und kündigte ihm mit dem von ihm gewählten Namen laut an: Tschitschi, Tschitschi kommt, der Name ist bis heute geblieben. Unsere Wohnung bestand außer einer Wohnküche mit Eckbank, war damals sehr üblich, aus einem großen Gang, war zugleich Spielplatz, dazu kamen noch das Wohnzimmer, zwei Kinderzimmer, das Elternschlafzimmer und Bad.

Der uns bekannte Architekt wohnte nebenan. Zuletzt waren wir zusammmen auch Mitglieder eines Kegelclubs. Dieser Klub war eine Generation älter und bereits um 17.:00 Uhr war deshalb Kegelzeit. So hatten wir abends noch genügend Zeit, den Herrenfreitag zu genießen. Auch einige Städtereisen haben wir unternommen. Unsere Kegelbahn war gegenüber den geraden Bahnen eine Scherenbahn, nicht so einfach, deshalb gab es auch verschieden große Kugeln.

Auch im Haus nebenan wohnte noch ein Ehepaar mit zwei Buben. Die Geschichte vom Ehemann, eine typische Nachkriegsgeschichte, muss ich hier wiedergeben: K. war, sein Name. Er ging, um schnell Geld nach dem Krieg zu verdienen, zur Polizei und wurde Polizist. Mit der Zeit entsprach das wahrscheinlich nicht mehr seinem Berufswunsch. Vom Ehrgeiz gepackt, etwas Vernünftiges zu machen, machte er das Abitur über Abendschule nach, studierte dann in Bonn Physik und machte anschließend dort noch seinen Doktor in Physik. Seine erste Stelle war in Bonn, eine Spezialfirma für Lacke und Farben. Hier schrieb er sein erstes Buch, sein zweites Buch und dann erhielt er eine

Anfrage von Alcoa-Aluminium aus Pittsburgh. Die Familie reiste mit Sack und Pack nach Apollo, Forschungszentrum von Alcoa bei Pittsburgh, USA. Mit der Zeit leitete er das Zentrum als Direktor, seine Söhne studierten und sind heute in der Raumfahrt tätig. Wir besuchten 1970 die Familie und machten Ausflüge zu den Niagarafällen. Ein besonderer Theaterabend auf dem Land war so angesagt und ist mir heute noch in bester Erinnerung. Wir fuhren mit dem Auto zum Theater auf dem Land. Nach anderthalb Stunden fragte ich mal vorsichtig, wann wir dort ankämen, ja bald, und nach zwei Stunden erreichten wir mitten in der Prärie ein großes, altes Holzgebäude mit typischen Anbindemöglichkeiten für Pferde vor dem Haus. Es war also alt, aber berühmt, Warum? Hier wurden alle Theaterstücke, Musicals und Opern aufgeführt, um für den Broadway in New York bestehen zu können. Die Abgeschiedenheit war für ein vielschichtiges und breites Publikum ideal, hier gab es nur eindeutige Ergebnisse. Karl ist inzwischen gestorben, aber mit seiner Frau haben wir immer noch Kontakt.

Unsere Tour durch Amerika war unsere erste große Auslandsreise, und wir waren in New York, Pittsburgh, den Niagarafalls, Los Angeles und New Orleans.

Von Bonn aus ging es auch zu den Eltern nach Dortmund, wo auch die Hochzeiten der Cousinen, Cousins und meinem Bruder stattfanden. Alle waren am Bauen, keiner hatte Zeit. Reisen war für Westfalen sowieso schwierig. Sie bleiben lieber in ihrem Nest. Da muss ich wohl einmal verwechselt worden sein.

Für die jungen Leute mit Geldsorgen hatte Opa Wengmann, der immer noch bei seiner Tochter Christine wohnte, eine besondere Idee. Er offerierte den Cousinen seine Monatsrente bis auf einen kleineren Betrag, wenn er bei ihnen in Kost und Logise leben könnte. Der Opa hatte eine gute Rente, und so wohnte er über die Jahre bei verschiedenen Cousinen. Er war zudem auch noch eine große Hilfe beim Aufpassen von Kindern, arbeiten wollte er nicht mehr. Mein Bruder mit Familie wohnte bei den Eltern. Die Eltern hatten bereits früh in Gedanken eine Vereinbarung im Kopf, nie in ein Altersheim zu gehen. Es gab dann später eine Einigung über den fast kostenlosen Verbleib des Hauses an meinen Bruder und der Regelung, dass die Eltern bis an ihr Lebensende im Haus wohnen können.

Bei Opa und Oma Derne heiratete der jüngste Sohn seine Hanna. Er war ein Nachkomme und lang im Krieg. Hanna hätte im Alter eher zu den Enkeln gepasst. Zusammen wohnten sie im Haus der Großeltern, das sie dann auch nach dem Tod übernommen haben.

Im Sommer 1961 gab es dann Urlaub an der ligurischen Küste. Da uns der Weg über die Schweiz führte, konnte Andre bei den Schwiegereltern verbleiben. Da gab es auch für das Aufpassen Tanten und Oma Dettling, die uns natürlich in Bonn überall fehlten. Wir mussten uns allein durchkämpfen, was mit dem nötigen Optimismus auch klappte. Gibt es eigentlich heute noch Optimisten? Wenn ich, es ist Oktober 2022, die Nachrichten verfolge, sind die Optimisten ausgestorben. Wo wären die letzten Generationen geblieben, wenn wir die Kriegsgeneration und danach, mit dieser, der heutigen Einstellung gelebt hätten?

Im August 1961 kam Roger, unser zweiter Sohn, zur Welt. Er war so groß und schwer, dass Lea an der Echtheit zweifelte. Aber die Schwestern konnten sie beruhigen, es war das einzige Kind auf der Station. Roger studierte nach einer Lehrzeit, er wollte die nötige Praxis fürs Studium haben, an der Hochschule in Rapperswil Landschaftsarchitektur. Schließlich sollte er ja mal den Betrieb von mir übernehmen. Aber es kam ganz anders. Er lernte bei einem zusätzlichen Studium in New York eine Taiwanesin, seine spätere Frau Liyen kennen. Wegen der Aufenthaltsgenehmigung war sie in der Schweiz an verschiedenen Kunstgewerbeschulen. Man versuchte auch in der Schweiz, einen Handel mit Grüntee aufzuziehen. Das war schwer, denn grüner Tee wird schon lang gehandelt, und deshalb hatte dieses Geschäft wohl keine Chance.

Zusammen kamen sie dann auf eine ganz andere Idee und die sollte erhebliche Rückschlüsse auf das Planungsbüro haben. Denn Liyen und Roger wollten anstatt Grüntee einführen, Kräutertee aus der Schweiz nach Asien ausführen. Die Umsetzung begann leider mit der Absage von Roger, einmal Nachfolger für das Büro zu werden. Man fand in Taipeh Unterschlupf bei der Großmutter und im Keller wurden die ersten Kräuterteepäckchen als Muster erstellt. Man errichtete schnell den ersten Laden mit Teeverkauf, Tee und Kaffeestube mit Schweizerspezialitäten. Der Laden war mit dem Matterhorn gekennzeichnet, und dies sollte zum Erfolg beitragen.

Aus dem ersten Geschäft wurden weitere Geschäfte in Taipeh, Hongkong, Südkorea und Singapur aufgebaut. Die Läden boten alle Teesorten und weitere Produkte, zum Beispiel aus Südfrankreich, an. Jeder Laden war verschieden. Zur Lavendelzeit wurden allein 30000 Sträuße Lavendel aus Südfrankreich bezogen und verkauft. In einer großen Halle wurde der von Europa kommende Tee gereinigt, geprüft und dann entsprechend der Teesorte gemischt. Große Abnehmer wurden noch Hotels, oder es wurden auch Spezialabpackungen für besondere Firmenanlässe erstellt. Roger und Liyen haben zwei Kinder, der Älteste studiert Militärwissenschaften in Holland. Heute erinnert uns bei unseren Reisen Evergreen aus Taipeh, auch wegen unseres Aufenthalts dort. Evergreen ist eines der größten Containerbetriebe der Welt.

Mit unserer Familienplanung ging es dann rasant weiter. Im Dezember 1962 wurde Isabelle geboren. Nach dem Schulabschluss erlernte sie später den kaufmännischen Beruf, arbeitete in Zürich bei einer Bank, bevor sie in Israel in einem Kibbuz arbeitete. Hier war Arbeit mit Händen, Füßen und vielen Geräten gefragt. Da war die Frau schnell ein Mann, wenn es um Arbeit ging.

Der sechs-Tage-Krieg zwang sie dann zur plötzlichen Heimkehr, um später eine OP-Stelle in Burlington bei Toronto, Kanada, anzutreten. Scheinbar war das bei der vertraglich abgemachten Familie nicht so einfach, und sie wechselte glücklich zu einer alleinstehenden Rechtsanwältin. Dort machte sie den Haushalt und betreute die Kinder. Da sie leidenschaftlich gern backt, gab es zwischendurch samstags auch mal einen Zopf, nach Schweizer Art, auch für die Nachbarschaft eine wohlschmeckende Ergänzung zum langweiligen Toastbrot.

Wir besuchten dann Isabelle, da ein Geschäftsbesuch von mir in Seattle am Weg lag. Die Niagarafälle besuchten wir von der kanadischen Seite her, erkundigten uns in Toronto, und besonders interessant war Kitchener, diese Gemeinde hieß früher Berlin und war Hauptstadt der vielen deutschen Einwanderer. Die arischen Familien wohnten hier, und viele Kutschen mit ihren schwarz-weiß gekleideten Insassen fielen besonders auf.

Auch Isabells Freund war in Kanada auf Besuch. Sie heirateten dann später auf besondere Art. Isabelle, ein wenig schüchtern, wollte still und heimlich heiraten. Wo geht das besser, als in Schottland. Die öffentliche Aushängung in der Schweiz hat niemand gemerkt, und so reisten wir mit dem Brautpaar und den Trauzeugen nach gründlicher Vorbereitung, nach Schottland. Den Eltern des Schwiegersohns war das wegen des Alters zu strapaziös, Häse war ein Nachzögling. In Schottland kam dann Jane, die Tochter von Leas Pflegeeltern aus Liverpool mit ihrem Mann hinzu. Diese hatten das Hochzeitsessen, vom Schlossinhaber selbst serviert, und die Übernachtung in dem wunderbaren Schloss organisiert. Eine riesige, sehr lange Baumallee zum Schloss ist mir noch in bester Erinnerung. Das Hochzeitspaar zog es weiter in den Norden, und wir hatten noch einige Ferienwandertage im Lake District.

Isabelle und Häse, den Namen haben ihm unsere Kinder gegeben, haben einen Sohn, der wie seine Mutter in der Schweiz lebt.

Häse ist heute auch schon pensioniert, er arbeitete als Sozialarbeiter im Kanton Graubünden und leitete dort Asylheime des Kantons und dieser wieder im Auftrag des Bunds. Er wusste viel davon zu erzählen, und die Ausnutzung des Systems ging ihm sehr nah. Immer wieder mitzuerleben und nichts dagegen tun zu können, wie Asylbewerber nach deren Ablehnung alle paar Jahre wieder neu auftauchten, um sich mal wieder richtig pflegen zu lassen. Dazu gehörte meistens eine neue Bekleidung, ein Check-up beim Arzt, die Zahnbehandlung und vieles mehr und alles auf Staatskosten

Nach dem Besuch von Isabelle ging es mit dem Flugzeug weiter nach Calgary. Der Ort hat eine der größten Rodel- und Schlittenbahnen der Welt. Wir mieten uns ein Auto, um mit diesem nach Seattle zu fahren. Der Autoverleiher übergab uns einen knallgelben Buick mit kalifornischer Nummer. Das Auto musste wieder nach Amerika zurück. Unterwegs hatte uns unser Nachbar im Flugzeug, der mit seinen zwei Jagdhunden unterwegs war, davor gerettet, von der wundervollen Landschaft zwischen Toronto und Calgary nichts zu sehen. Die Stewardessen wollten unbedingt die Fenster zu haben, das heißt ihre Ruhe.

Die Orte Banff und Sankt Louise, von den Weltcups-Skirennen bekannt, waren unsere nächsten Stationen. Nach der Passfahrt über den Gletscher war der Wells-Gray-Park unser nächstes Ziel. Es ist ein Nationalpark mit viel Wasser, mit einem Haus des Nationalparkwächters und einem kleinen Moteltrakt mit drei Räumen. Es war wildromantisch, Essen gab es je nach Wasser oder Luftfang vom Wärter. Der Oktober erfreute uns mit einer herrlichen Laubfärbung. Bären haben wir keine gesehen, da sie bereits laut Wächter ihren Winterschlaf begonnen haben.

Die Fahrt ging weiter, nach einem Tipp des Rancher, entlang des längsten Binnensees in nord-südlicher Richtung gelegen. Der See wurde hauptsächlich für den Holztransport als Flöße genutzt. Die Fahrt endete bei den Sägereien am Ende des Sees.

Wir mussten abbiegen und wegen des knappen Benzins möglichst bald eine Tankstelle finden.

Alles war gut, ganz knapp, und wir fuhren weiter Richtung Kamloops, die Stadt der Händler. Durch die Lage auf einer Hochebene, war Kamloops schon in der frühen Geschichte Handelsstadt und Stadt der Indianer. In letzter Zeit gibt es auch negative Berichte über die unrealistisch hohe Sterblichkeit in Internaten von Kindern der Ureinwohner.

Es ging jetzt weiter, weitgehend bergab Richtung Vancouver, wo zur gleichen Zeit die alle paar Jahre stattfindende Weltausstellung stattfand. Es gab mal wieder am Schweizerpavillon Bratwurst mit Röschti. Generell ist das Schweizerkreuz in den Ferienhochburgen immer wieder zu sehen. Schweizer Auswanderer, ob in Amerika oder Kanada, sind überall zu finden. Vancouver ist eine wunderbare Stadt, in der man auch gut leben könnte.

Wir wollten nach Seattle, und so ging es dann mit der Fähre von Victoria aus durch eine Inselwelt, begleitet von Delfinen. In Seattle, auch die Stadt der Boing-Werke, hatte ich dann zwischendurch Geschäftstermine bei der Firma Weyerhaeuser. Nach zwei Tagen waren auch diese vorbei, und wir besuchten Richtung Norden den Olympic-Nationalpark, feucht mit riesig großen Mammutbäumen. Unterwegs gab es die Westlerntaufe mit einem Essen von Westaustern des Atlantiks.

Von Seattle aus flogen wir, natürlich mit einer dreistrahligen Boeing, über Chicago Richtung Schweiz zurück. Nach dem Start, wir hatten gerade den Rest, der vom Vulkan St.-Helena abgebrochene Spitze bewundert, gab es im Flugzeug einen großen Knall. Alle Anwesenden waren erschreckt, mein Nachbar nebenan las die Zeitung verkehrt herum und meine Frau musste ich auch überzeugen, dass alles gut geht. Der Pilot kam in unserer Nähe und inspizierte lange das linke Triebwerk, das nach späterer Ansage ausgefallen, also explodiert war. Bleiben sie ruhig, wir gehen runter auf 5000-Meter- und kommen somit ein wenig später in Chicago an. In Chicago erwartete uns links und rechts der Piste die Feuerwehr, weshalb? Meine Frau meinte; „Ich setze mich nie mehr in ein Flugzeug". Ein Cognac beruhigte die Situation, mit dem Schiff fuhr sie schon lange nicht mehr.

Meine Arbeit im Büro wurde nicht weniger. Der Chef hatte in Duisdorf, einem Vorort von Bonn, gebaut und einen Trakt fürs Büro angehängt. Ich arbeitete weiter als Bürochef, hundert Prozent selbstständig. Das Leiten des Büros, die Arbeiten auch immer in seiner praktischen Durchführung prüfen und dazu Oberbauleiter aller Baustellen zu sein, brauchte viel Kraft, aber arbeiten war ich von jung an gewohnt. Dazu kamen die interessanten Aufgaben: Aufträge quer durch das allgemeine Aufgabengebiet eines Landschaftsarchitekten.

Lea hatte ihre Aufgabe mit den drei Kindern, so ohne jegliche Verwandtschaft in der Nähe war das schon hart. Dazu kam öfters auch eine abendliche Verspätung von mir, speziell wenn ich von weit weg liegenden Projekten noch zurückfahren musste. Sie erinnert sich noch gut an die Zeit, als sie mit den drei Kindern, zum Teil im Kinderwagen, über die Hochbrücke zu Fuß zum Bonner Markt pilgerte und ich sie dann dort für den Rückweg abholte. In bestimmten Situationen half die Schwiegermutter aus der Schweiz, trotz Geschäft. Sie kam nach Bonn, oder ich brachte Kind oder Kinder bis nach Baden-Baden an die Autobahnraststätte, wo sie dann vom Schwiegervater übernommen wurden. Interessant waren die Pässe der Kinder mit Babybild, die dann jahrelang gültig waren. Lea musste übrigens eine Aufenthaltsgenehmigung haben, und diese war nach einem Jahr dann fünf Jahre gültig.

Die Gültigkeit war erst mehrere Tage abgelaufen, als wir von den Weihnachtsferien in der Schweiz mit dem Auto, den Kindern, an einem kleinen Zoll Richtung Donaueschingen ankamen und der Zöllner uns nicht weiterfahren lassen wollte. Es war Abend, weil wir mit den Kindern immer nachts fuhren. Erst nach langem Hin und Herr und der Zusage, dass Lea sich sofort bei der Ankunft um die Aufenthaltsgenehmigung kümmert, konnten wir weiterfahren.

1963–1973

Wir hatten uns für Ferien ohne Kinder entschieden und vom Nachbarn überreden lassen, mal eine Schiffsreise zu unternehmen. Gesagt, getan, war die Schiffsreise von Venedig nach Rhodos abgemacht. Auf der Fahrt in die Schweiz konnten wir Roger und Isabelle bei den Schwiegereltern in Winterthur lassen. Andre nahmen wir mit nach Italien, nach Lodi bei Mailand, zu seiner Gotte, (Patentante). Wir ließen dort auch das Auto und fuhren mit dem Zug nach Venedig. Beinahe wären wir nicht angekommen, denn der Zug fuhr den Brenner hoch. Die noch falsch angebrachten Richtungsschilder am Zug, hatten uns in die falsche Richtung geführt. Durch Glück, aber abgehetzt, erreichten wir noch das Schiff, und es begann die Fahrt Richtung Griechenland.

Die Fahrt ging durch den Kanal von Korinth direkt nach Rhodos. Aber bereits auf der Höhe von Piräus begann eine sehr unruhige Fahrt, die Lea stark zu schaffen machte. Sie sah kaum noch die Kabine, und für sie war Schifffahren nicht so lustig. Das Schaukelgefühl behielt sie auch während des Aufenthalts und noch manche Monate später. Rhodos 1963 war noch in den Anfängen des Tourismus, auch ein kleiner Strand genügte. Ein besonderes Ereignis war das Schmetterlingstal. Die Insel liegt nicht weit von der Türkei, Ausflugstouren, einen Tag, beweisen die Nähe. Kein Wunder, hat die Türkei schon seit Längerem besondere Gelüste auf das Gebiet.

Nach dem Auflesen der Kinder ging es abends zurück nach Bonn. Wir bevorzugten die Ruhe im Auto, alle waren am Schlafen, auch für den Zoll hatten wir diesmal gültige Papiere.

Außer der Arbeit gab es nun neu ein großes Thema in der Familie. Gehen wir, wie ich es Lea mal versprochen hatte, nach Bonn, inzwischen waren es acht Jahre, zurück in die Schweiz, oder bleiben wir hier? Bonn sollte mal ein Sprungbrett sein für spätere Aufgaben, und nun bin ich Bürochef, arbeite wie ein Selbstständiger mit Aussichten, mal das Büro zu übernehmen. Sollte ich das alles aufgeben? Auch hatten wir einen großen Freundeskreis, und mit Leas Friseurin haben wir heute noch Kontakt.

Die Diskussion über einen Wechsel ergab eine gute Ausgangslage. Wir, Lea und ich, hatten vereinbart, den jetzigen Stand und die Aussichten in der Firma sowie die damit verbundene Arbeit als Basis für ein Inserat in der Schweiz zu verwenden. Das Verbleiben in Bonn sollte vom Ergebnis des Inserats abhängig sein. Es war ganz schön mutig, aber verschlechtern wollte ich mich nicht.

Es kam alles gut, ich hatte eine neue Stelle, wie gefordert, in Baden, 25 Kilometer weg von Zürich. Die Schweiz war im Umbruch, der Anteil der Industrie, speziell der mittelständischen Betriebe, wuchs stark. Viele der bisherigen Saisonarbeiter, die vom April bis Oktober Aufnahmerecht hatten, bekamen die Genehmigung für den Nachzug der Familien. Es entstand eine Explosion in der Vermehrung der Einwohner. Die Erhöhung der Einwohnerzahl zog auch eine Verbesserung der Infrastruktur nach sich, das heißt, es brauchte neue Schulen, neue Sportanlagen, neue öffentliche Gebäude, Straßen etc.

Auch bei den Planern, viele alte Ausführungsbetriebe hatten noch ein eigenes Planungsbüro, gab es durch das Entstehen von selbstständigen Planungsbüros große Änderungen. Ja, wie war das früher, der einzige Baumeister oder die Baufirma in der Gegend plante allein oder mit einem Zeichner das Haus oder den Schweinestall selbst.

Die gärtnerischen Ausführungsbetriebe hatten meistens Führungsleute, die aus den Lehranstalten für Meister hervorgingen. Ein Technikum oder eine Hochschule für Landschaftsarchitekten fehlte. Wer sich als Landschaftsarchitekt ausbilden ließ, musste ins Ausland, speziell nach Deutschland.

Mein neuer Partner hatte sich kurz vor meiner Bewerbung aus einer Situation, wie vorher beschrieben, selbstständig gemacht. Er suchte also jemanden mit dem Schwerpunkt "Planen" und was dazu gehört.

Lea war erfreut von der neuen Situation. Für die Kinder war es am besten, Kindergarten und Schule an dem neuen Ort anzufangen, wo man zu bleiben pflegt. Auch mein Chef, der zu jederzeit über meine Situation informiert war, freute sich über die neue Aufgabe von mir. Aber Umzug, bedeutet viel Arbeit, besonders wenn es ins Ausland geht. Die Zeit bis Juli 1964 sollte uns da helfen. Noch heute haben wir die Liste vom Waschlappen bis zur Waschmaschine mit Stückzahl, alles musste gezählt und aufgeführt sein.

Die Aufbruchszeit in Westdeutschland nach dem Krieg führte zu viel überhasteter und provisorischer Bauerei. Es gibt heute noch in den Städten viele solche Provisorien, aus denen später nie ein fachlich geplantes Bauwerk geworden ist. Und das ist jetzt lange her. In Ostdeutschland hatte man in den Städten und Dörfern innerorts 50 Jahre nichts gemacht, dadurch auch keine großen Fehler im Bauen wie in Westdeutschland, was zurückblickend, wir als Planer sofort bei unserer ersten Ankunft in Dresden begrüßten.

Das Planen für den Umzug in die Schweiz begann mit der Suche nach einer Wohnung. Von Bonn aus entschieden wir uns für eine viereinhalb Zimmerwohnung in einem zweistöckigen Laubenganghaus mit Attikawohnung. Die Wohnung war in Untersiggenthal, sieben Kilometer von Baden, der Stadt von BBC, heute ABB, entfernt. Es war eine ländliche Gegend im Siggenthal, wo die Flüsse Aare, Reuss und Limmat, außer dem Rhein die drei größten Flüsse, im sogenannten Wasserschloss, zusammenfließen. Wir waren ungefähr 20-Kilometer von Zürich und 15-Kilometer vom Rhein entfernt. Der Schwarzwald lag auch nahe, besonders bei Hochnebel für Ausfahrten auf 1000- Meter Höhe, so war man über dem Nebelmeer.

Der Schwiegervater, Stadtmensch, meinte zwar zu seiner Lea: Mädchen, wo ziehst du da hin? Baden war eine Kurstadt mit Bad, hatte eine mittelalterliche Altstadt, Ladenzentrum in der Vorstadt und die Firma BBC, heute ABB. Die Großfirma, damals mit 60000 Mitarbeitern, hatte als Basisgeschäft seiner fast 130-jährigen Firmengeschichte die Elektrifizierung. Mittags, 1964 war die Mittagspause noch eineinhalb Stunden, zog zum Essen ein riesiger Fahrradschwarm durch die Stadt in die Außenbezirke, wo sie auch wohnten. Untersiggenthal gehörte auch dazu.

Im Juli 1964 war es dann so weit. Meine Arbeit war nach neun Jahren beendet, auch die schöne Zeit in Bonn. Wir reisten in die Schweiz mit Treffen des Möbelwagens am Zoll in Basel. Warum ich für die Zollabfertigung die Rechnung vom Fernsehapparat vorzuweisen hatte, weiß ich heute noch nicht.

Wir waren nun mit Sack und Pack und der Familie wieder in der Schweiz, und ein neuer Lebensabschnitt sollte für alle beginnen. Für die neuen Nachbarn war ich ein neuer Mitarbeiter von BBC, wer dachte da an einen Landschaftsarchitekten, wo doch alle Leute bei der BBC arbeiteten.

Unsere neue Wohnung war eingerichtet, Andre ging bald in den Kindergarten und ich begann meine neue Arbeit, mit einer besonderen Arbeits- und Aufenthaltsgenehmigung. Diese erhielt ich aufgrund der Ausbildungssituation in der Schweiz. Es gab zu dieser Zeit noch keine Ausbildung als Landschaftsarchitekt. So arbeiteten auch viele Ingenieure bei BBC mit besonderer Ausbildung, wegen Ausbildungsmangel, aus dem Ausland.

Mein Partner hatte beruflich die bis dahin mögliche Ausbildung. Er arbeitete vorher im Büro eines größeren Landschaftsbaubetriebs. Die Aufgabenverteilung im Büro ergab sich so von selbst.

Das Büro in Baden wurde schnell größer, so wie auch der Bekanntenkreis. Ein Mitarbeiter des Büros aus Deutschland hatte schnell eine Schweizer Freundin, dazu noch aus einer alten Badener Familie. Diese wiederum hatte sehr viele Badener Bekannte, und so waren wir schnell eingelebt. Für Lea als Schweizerin war es sowieso viel Gewohntes, und ich hatte ja auch schon früher meine Erfahrungen gemacht.

Aber auch nach dem Einleben war Leas Nervenkostüm nicht das Beste. Sie war noch in Bonn beim Arzt, sogar bei einem berühmten, dem Arzt von Stalingrad, in Behandlung. Diese Behandlung mit Valium und Librium war, wie wir jetzt wissen, nicht die beste Lösung. Unser Doktor im Siggenthal verschrieb ihr eine Kur in Gais, im Appenzeller Land. Der leitende Arzt nahm sie gut auf, die Tablettenabsetzung begann und das Tourenprogramm bei jedem Wetter auch. Man lebte damals noch im Zimmer im Dorf und hatte morgens vor dem Frühsport schon drei Kilometer gehen hinter sich. Es gab verschiedene Gruppen, in denen man je nach Leistungsstand eingeteilt wurde. Einen Monat lang ging es kreuz und quer, vom Hügel zum Tal und wieder zum Hügel. Für Lea war es hart, aber sie musste dadurch. Ein zweites Jahr, auch wieder im Juni, wo es oft regnete, wurde verschrieben. Der Chefarzt nahm sich besonders Lea an, und sie wurde auch privat öfters zum Kaffee eingeladen. Schlussendlich hatte sie es geschafft, die letzte Tour begann morgens um 04:00-Uhr, es ging auf den Säntis, 2502-Meter hoch. Der Chefarzt hatte besondere Freude und Lea hatte die Sauna und die Bewegung entdeckt. Viele Touren durch die Schweiz und dem Schwarzwald folgten.

Auch ich hatte erst einmal noch meine alten Handballkollegen von Winterthur. Ich spielte noch eine Saison, und dann war der Weg doch zu weit. Der Grund war auch eine neue Sportart. Unser Nachbar in der Attikawohnung, auch Ingenieure bei BBC, war durch seine in Wiedikon geborene Frau dort in der Skiriege. Die Skiriege war eine selbstständige Untersektion des Turnvereins, den es ja in jeder Gemeinde gab. Der Weg war ein wenig kürzer, und da ich ja schon früh als Kind Interesse am Skifahren hatte, erinnerte ich mich an Winterberg und bald war ich ein neues Mitglied in der Skiriege Wiedikon.

Im Büro war die Arbeitsverteilung schnell gemacht. Ich kümmerte mich um die Planung und dessen Umsetzung. Schwerpunkte waren öffentliche Aufträge, darunter sehr viel neue Friedhöfe, da die alten Friedhöfe, meistens Kirchhöfe um die Kirchen, zu klein geworden waren. Öffentliche Aufträge heißt aber auch Öffentlichkeitsarbeit. Ein Projekt wurde meistens von einem nebenamtlichen Gemeinderat behandelt und genehmigt, wurde dann öffentlich der Bevölkerung vorgestellt und von der Bevölkerung abgestimmt. Es konnte schon da, nach der Planung, Niederlagen oder eine Überarbeitung geben. Bei Friedhöfen gab es das selten, da wollte jeder einen sicheren Platz haben. Später wurde das Projekt dann von einer extra gewählten Baukommission bis zur Abnahme und Schlussabrechnung begleitet. Oft waren auch Besichtigungen bestehender Anlagen mit den Organen der Gemeinde, ein wichtiger Punkt zu Beginn für die Verständigung: Über was reden wir? So war der Samstag und der Abend, wenn ich nicht zuhause war, oft durch Anlässe besetzt.

Außer der Arbeit war für mich der Sport ein immer mit einzuplanendes Muss, das ernst genommen wurde und als Ausgleich und schönste Nebensache der Welt für mich wichtig war. Die Skiriege war dafür gerade richtig. Im Sommer Bergwanderungen, Klettertouren, dann das wöchentliche Fitnessprogramm in der Turnhalle Dölschi in Wiedikon. Dazu kam das Winterprogramm mit etlichen Skitouren, von verschiedenen Tourenleitern geleitet, Jugendrennen, Clubrennen, Hütten ein- und ausräumente, Dölschiturnen und montags das Turnen für jedermann im Hallenbad. Alles wurde organisiert von der Skiriege. Mit der Zeit hatten auch die Kinder ihre Freude am Skifahren, Lea weniger, sie hatte dann ihre Ruhe zuhause.

Lea war im jugendlichen Alter oft am Sonntagmorgen mit dem Skiexpress von Winterthur nach Toggenburg ins Skigebiet unterwegs. Die Eltern wollten das so, aber sie hatte kein Interesse. Dies fiel besonders auf, nachdem die vom Vater zwischen den Skiern montierte Tafel Schokolade wieder wohlbehalten zuhause ankam.

Mit der Zeit machten auch alle drei Kinder besonders beim Skifahren mit. Sie nahmen wegen guter Leistungen bei Kursen an Wettbewerben teil, alle gewannen Preise, Roger war zweimal Gesamtsieger des Zürcher Skiverbands.

Ich selbst hatte bei einem Nebelrennen einen schweren Skiunfall. Das Glück stand mir zur Seite. Entgegen der Arztprognose an Lea, ihr Mann wird gelähmt sein, habe ich trotz der zwei gequetschten und gebrochenen Wirbel, wahrscheinlich wegen der guten Rückenmuskulatur, Glück gehabt. Mich begleitete dann ein zehn Kilo schweres Gipskorsett von der Schulter bis zur Hüfte. Nach der Operation war ich drei Wochen später wieder auf der Baustelle, und wie ich dann auch selbst Auto fuhr, ich weiß es nicht mehr, alles ging gut. Heute noch, im hohen Alter, hilft mir wegen sonst aufkommender Schmerzen, ein ständiges Programm für die Stärkung der Rückenmuskulatur.

Wie das so in einem Verein ist, Mitglieder für bestimmte Aufgaben werden immer gesucht. Und weil der Trainer bei der Skigymnastik mal fehlte, musste jemand das kurzerhand übernehmen, und das war ich. Dabei blieb es dann auch, und so leitete ich trotz des Büros und der familiären Aufgaben lange Zeit das Fitnesstraining. Einfach sich dahinstellen und laut dirigieren,wäre ja schön. Aber die Aufgaben waren mit viel mehr Arbeit verbunden, und das so nebenbei. Man musste fitter sein, also teilweise abends bis zum nächsten Dorf alle Querstraßen hoch und runterlaufen. Hoch heißt, wir lebten im Siggenthal, wo es an einer Seite immer bergauf ging. Ein-bis – zweimal in der Woche lief ich am Abend, es war oft dunkel, zum Nachbardorf hin und zurück. Samstags war die Tour auf den Vitaparcours geplant. Nach zwei Runden mit jeweils ca. 15-Übungen, ging es wieder fünf Kilometer heimwärts.

Alle Segmente mussten zuhause eingeübt und die entsprechende Musik dazu ausgesucht werden.

Es war die Zeit der Tonbänder, und so hieß es, bei einem Anlass frühzeitig alles aufbauen, eintrainieren und alle freundlich begrüßen. Das Skifahren wurde immer mehr zum Familiensport. Wir waren im Winter fast jedes Wochenende unterwegs und so einfach eine Gruppe zu führen geht auch nicht. Also machten wir vom Verein aus einen Leiterkurs als Jugend- und Sportleiter, acht Tage lang in Arosa, im November, wo die Hotels leer und dann eben billiger sind. Die Kurse wurden nämlich vom Bund, sowie später auch Lager und sonstige Veranstaltungen, alles unter Jugend und Sport–finanziert.

Es brachte es so mit sich, dass ich im Herbst bzw.- Winter das Turnen für jedermann, das Fitnesstraining für Skifahrer im Hallenbad, jeden Montagabend leitete. Lea brachte mir zu gegebener Zeit eine Kleinigkeit zum Essen ins Büro und später ging es zum Hallenbad nach Zürich. Es war die Gymnastikhalle, genau über dem Fünfzigmeterbecken, wo sich ca.150 Leute links und rechts von mir verteilten. Ich stand mittendrin auf einer ringsherum einsehbaren Empore. Selbst Zürich hatte zu dieser Zeit noch keine eingebaute Lautsprecheranlage, sodass ich immer erst meine Lautsprecheranlage aufbauen musste.

Neben dem Vereinsanlässen waren jedes Jahr in den Skiferien der Schule, auch die Skiferien der Familie angesagt. Anfangs im Bündnerland und dann, wechselten wir früh ins Wallis. Gesamthaft waren wir 45 Jahre lang hintereinander am gleichen Ort, im gleichen Chalet Daheim, 1700 Meter hoch, in Bellwald, im Oberwallis. Wir feierten dann auch, bedingt durch meinen Geburtstag im Februar, viele Feste dort. Unsere Freunde von England, bei denen Lea in der Familie war, waren regelmäßige Gäste.

Ich machte manche Skitour mit, Lea war froh, wenn unser Tourenleiter Walti war, da war sie beruhigt. Wir fuhren noch auf

Gletscher, zum Beispiel dem Sustenhorn, die es heute nicht mehr gibt. Eine Tour von Davos zum Piz Grialetsch am Wochenende, werde ich immer in Erinnerung behalten. Geplant war am Samstag bis zur SAC – Hütte aufzusteigen, um dort in der Piz Grialetsch-Hütte zu übernachten. Am morgen früh war der Gipfelaufstieg, 3131-Meter hoch, und die Talabfahrt war am Nordhang vorgesehen.

Es war Palmsonntag, und in der Woche war es vorher schon sehr warm, eine nicht so gute Ausgangslage. Ob die Nordabfahrt sicher ist, der Hüttenwart kann da auch keine Auskunft geben. Wir kamen herunter vom Gipfel, und eine SAC- Gruppe von Schaffhausen stieg hinauf. Sie waren vorher nicht in der Hütte, sondern kamen vom Piz Kesch. Wir machten Rast unterhalb des Gipfels und fuhren entlang dem Grat zur Nordeinfahrt, dort sahen wir keine Skispuren. Auch unser Tourenleiter Walti entschied, wir fahren nicht die Nordabfahrt hinunter. Wir müssen über den Grad einen Umweg machen und später zur Talsohle der Nordabfahrt wieder aufsteigen. Vor unserem Weiterfahren ins Tal warteten wir, da die Piste zum Herunterfahren noch ein wenig zu hart war. Es dauerte nicht lange, bis zwei Skifahrer von der Gruppe SAC- Schaffhausen bei uns mit dem Hinweis: „großes Lawinenunglück in der Nordabfahrt," vorbeifuhren.

Unser Tourenleiter blieb ruhig, wir konnten von unserer Ausgangsposition nicht helfen. Es dauerte nicht lange und die Hubschrauber donnerten über uns hinweg. Nach der Abfahrt und dem Gegenanstieg kamen wir zum großen Lawinenkegel am Fuße der Nordabfahrt. Haushoch lag alles, was sich so auf drei bis vier Meter Stärke in dem ca. ein Kilometer breiten und zwei Kilometer langen Hang gelöst hatte. Durch die Wärme hatte sich eine sogenannte Schmierschicht, entstanden durch den Druck der Skifahrer, gelöst. Wir wurden von der Polizei empfangen und gefragt, warum wir nicht die Nordabfahrt gefahren sind. Was soll man sagen, am besten nichts. Wir fuhren weiter zu unserem Ausgangsrestaurant und riefen zuhause an. Lea hatte das schon am Radio gehört, Handys gab es da noch nicht.

Bei diesem Unglück kamen neun Skifahrer ums Leben. Es ging einem nahe, wir waren sehr nah dran. Noch heute, ich traf Walti in Zermatt, wo ich anlässlich meines 90. Geburtstages in der Schweiz auf dem Matterhorngletscher, auf 4000-Meter Höhe mit ihm nochmals Ski fahren wollte, habe ich mich bei ihm bedankt. Wir hatten schöne Tage, und viele Erinnerungen vergangener Skitage und anderer Anlässe, wurden wieder ausgetauscht.

Die Vereine, welche auch immer, waren Grundlage für eine gute Ausbildung. Ohne verschiedene Kletterkurse im Sommer, wäre ich nie über den Glärnischgrad zum Vrenelisgärtli geklettert. Heute sind viele Einzelgänger ohne gründliche Vorbildung in den Bergen und sonst wo unterwegs, und die Todeszahlen durch Abstürze, trotz viel besserer Ausrüstung, häufen sich. Das Risiko wird ausgehöhlt.

Das Büro entwickelte sich immer mehr. Interessant war, dass sich fast alle Mitarbeiter während meiner Arbeit in Baden, später in der Schweiz selbstständig gemacht haben. Ein Mitarbeiter, auch von den später Selbstständigen, schenkte mir bei seinem Weggang ein Architekturbuch mit der sinngemäßen Widmung: Es war mit ihnen eine schwere Zeit, aber ich habe für meine berufliche Zukunft viel gelernt, danke für alles. Wir waren, meine Mitarbeiter und ich, oft in Bezug auf Erfahrung ungleiche Paare am Zeichnungstisch.

Die Landschaftsarchitekten in der Schweiz waren organisiert im BSLA, dem Bund Schweizer Landschaftsarchitekten. Dieser organisierte auch Fachreisen, und so ging es auch mal mit den Frauen für einige Tage nach Paris. Es war die Zeit der neuen Randgebiete der Städte, dessen Architektur uns durch französische Landschaftsarchitekten erläutert wurde. Auch neue Parks sowie der Schlosspark von Versailles, geplant von Andre

Le Notres, waren im Programm. Zu den Fachreisen gehörten auch London, Portugal und China.

Die Reisen von der Schweiz nach Deutschland waren weniger geworden. Anlässe wie runde Geburtstage gab es immer wieder. Besondere Diskussionen gab es immer am Stammtisch am Sonntagmorgen nach der Kirche. Es ging immer um die kleine Schweiz. Komisch, dass in Deutschland, wie auch in anderen Ländern, die Schweiz, immer nur mit der Landwirtschaft und dem Tourismus verglichen wird. Dabei war und ist das Land in Bezug auf Technologie eines der höchst entwickelten Länder der Welt. Auch sollte man die Pharmaindustrie nicht vergessen. Ich erinnere mich noch an einen Geschäftsflug nach Japan, wo der neben mir sitzende Schweizer Kleinunternehmer nach Japan reiste, um dort die in seiner 50-köpfigen Firma hergestellten Formen für die Herstellung von Glühdrähten der Glühbirnen, zu verkaufen.

Grundlage der vielen, hochqualifizierten Klein -und Großfirmen in der Schweiz, sind auch die weltbekannten Lehranstalten und Universitäten des Landes. Selbst die BBC, heute ABB, hat eine eigene Techniker -und Ingenieurausbildung.
Auch eine eigene Berufsschule für die Ausbildung der Lehrlinge, die im Vergleich mit Deutschland nicht drei, sondern vier Jahre dauert, gehört dazu. In den Weltmeisterschaften der Berufe beweisen die Schweizer Lehrlinge das gute Niveau der Ausbildung und bezeugen es durch immer wieder erste Plätze, auch 2022 wieder.

Zeugen diese Schweizer Qualität waren und sind heute noch die vielen Grenzgänger entlang dem Hochrhein, beginnend in Basel bis zum Bodensee und in westlicher Richtung bis in das Elsass. Die Anzahl der Grenzgänger lag 2020 bei 343000 Personen, 1990 waren es noch 140000. Ich habe Familien im Schwarzwald kennengelernt, wo bereits mehrere Generationen in der Schweiz als Grenzgänger gearbeitet haben. Nicht umsonst gilt die Schweiz als eine der produktivsten und stabilsten Volkswirtschaften der Welt und liegt mit dem Bruttoinlandsprodukt pro Kopf meistens an erster oder zweiter Stelle.

Bei der Diskussion am Stammtisch in Dortmund anlässlich der gelegentlichen Besuche, ging es auch um die Erhaltung der Arbeitskraft und Identifikation der 1950- und 1960-ziger-Jahre, die besonders auch im Ruhrgebiet meiner Meinung nach verloren schien. Eine Umstrukturierung wurde verpennt. Man war zufrieden mit dem, was man hatte, und dafür sorgten die jahrzehntelangen hohen Zuschüsse für die Kohlewirtschaft und alles, was damit verbunden war. Man sonnte sich beim Staat und in der Wirtschaft zu lange mit den blühenden Nachkriegsjahren. Freude hatte man an meinen Ansichten als ehemaliger Dortmunder und jetzt Schweizer Bürger natürlich nicht, aber es war, wenn man zurückblickt, der Beginn der heutigen Situation der allgemeinen Volkswirtschaft, besonders auch der Industrie in Deutschland.

Wir als Büro hatten auch mit Konjunkturumbrüchen der allgemeinen Volkswirtschaft zu kämpfen, eine breite Aufstellung war nötig. Wir hatten in erster Linie öffentliche Aufträge, mit den verschiedensten Aufgaben zwischen Friedhöfen und Sportanlagen, sowie öffentliche- und private Bauten. Die insgesamt ca. 30 Friedhöfe waren in der Größe sehr verschieden. Der interessanteste war der Friedhof Windisch, früher als Kirchhof um die Kirche angelegt. Die Kirche war wegen ihrer Lage fast vom ganzen Siggenthal und anderen Gemeinden aus sichtbar.

Auf den Flächen der Erweiterung stießen wir schon nach den ersten Baggerarbeiten auf verdächtige Fundamente. Die Arbeit wurde gestoppt und spätere Grabungen ergaben eine römische Reihenhaussiedlung mit einem am Ende liegenden Römerbad. Es gab ein Jahr Arbeitspause auf dieser Baustelle, und das Bad wurde später in die Planung einbezogen und wird durch ein Dach geschützt. Die Anlage kann besichtigt werden.

Ganz anders, aber auch interessant, war die Planung der Sportanlage Brugg. Im Gesamtkonzept war auch eine 400-Meter-Bahn geplant, aber für den Stadtrat war diese nur als Aschenbahn bezahlbar. Dies entsprach nicht unbedingt den Wünschen der Sportler, man sprach von Zürich mit der ersten Tartanbahn der Schweiz. Grundsätzlich besteht der Baustoff aus Polyurethanen und verkleinertem Kunststoffgranulat. Es war die Zeit der Wende im Belag von Sportflächen. So hatten auch Spezialsportplatzfirmen Interesse, mal so einen Belag in der Gemeinde Brugg bauen zu können. Bekannt war zu dieser Zeit ein Gummibelag aus alten Reifen und Bitumen als Bindemittel. Dieses Material federte sehr stark, baute in der Oberfläche ohne Schutz aber stark ab. Es galt, die Oberfläche zu schützen. Wir fanden preislich eine Lösung dank Entgegenkommen einer Firma, die ein Projekt in dieser Art zugleich auch als Werbeprojekt brauchte. Wir kamen kostenmäßig dem Preis für einen Aschebelag sehr nahe, und der Stadtrat entschied sich für diese neue Variante. Maschinen für den Anbau gab es noch keine, dass Polyurethane wurde mit Schabern ca. vier Millimeter stark, möglichst gleichmäßig auf der Bahn verteilt. Per verteiltem Wurf mit einer Schaufel wurde dann das Kunststoffgranulat auf den flüssigen Polyurethane Kunststoff verteilt. Nach Trocknung saugte man das übrige Granulat ab.

Diese Bahn hat bis zur Sanierung im Jahr 2006, etwa 40- Jahre lang, bis auf einige Reparaturen, gehalten. Ich durfte diese Arbeit erneut planen. Natürlich bekam die 400-Meter -Bahn und die übrigen Plätze einen wasserdurchlässigen blauen Kunststoff – Belag, 12 Millimeterstark und mit der Maschine eingebaut.

In der Gemeinde Nussbaumen bei Baden wohnte mein Partner, ich vier Kilometer weiter. Mit anderen Interessenten zusammen kam die Idee zur Gründung eines Tennisclubs auf. Dem Land war von der Gemeinde das Baurecht zugesprochen worden. Der Tennisklub, TC Obersiggenthal, wurde gegründet, und der Baurechtsbescheid wurde durch die Gemeindeversammlung genehmigt. Doch der Entscheid wurde durch ein Referendum, organisiert durch die historischen Vereine, angefochten.

Das Referendum kam zustande und man stand da, was machen wir nun? Es war möglich, durch Bürgen das Land zu kaufen, und das geschah auch so. Durch den Landbesitz gab es auch Geld von der Bank, und unser Büro erarbeitete an der Planung, immer unter dem Vorsatz, Geld zu sparen. Wir planten die fünf Plätze und das Gebäude auf einer ebenen Fläche ohne große Erdbewegung. Eine Vertiefung der Plätze war wegen damit verbundenen hohen Kosten, ausgeschlossen. Doch eine Hiobsbotschaft, die Erdarbeiten werden durch eine am Ort ansässige Firma, die auch Bagger verkauft, weitgehend finanziert, änderte unsere Planung.

Wir legten die Plätze 1,50 Meter tief bis auf die vorhandene, durchlässige Kiesschicht und erreichten so eine natürliche Drainage. Ein Entwässerungssystem war so nicht nötig, und wir sparten auch noch Geld. Zusätzlich hatten wir Windschutz, da die Plätze auf offenem Feld sehr anfällig für Wind waren. Zur finanziellen Entlastung wurden alle durch Vereinsmitglieder möglichen Arbeiten, ca. 7000-Stunden, durch Eigenleistungen ausgeführt. Der Tennisclub war zwischendurch, auch durch das Geld der Bürgen, der am meisten verschuldete Verein der Schweiz. Heute ist alles normal und der Verein kommt seinen Verpflichtungen auch in der Kinder- und Jugendbetreuung stets nach. Von dem Referendum redet niemand mehr.

1974–1989

Mein neuntes Jahr in Baden, wir waren wegen immer mehr Mitarbeiter insgesamt dreimal umgezogen, ging gegen das zehnte Jahr als Bürochef und als sogenannter Teilhaber. Familiär waren in beiden Familien Kinder, die mal unseren Beruf studieren wollten. Wir wären viele Chefs gewesen, und ich machte mir Gedanken über meine zukünftige Entwicklung.

Die Skiferien, meistens Anfang Februar, begannen, und im Geheimen erwog ich eine Änderung meiner bisherigen Arbeit. Ich wollte mich kurzfristig, wir hatten keinen Vertrag, zum 1. März-1974 allein, selbstständig machen. Für Lea war das eine Überraschung: Und, die Familie mit drei Kindern? Aber ich war in meinem Leben immer ein Optimist, und so etwas Neues stachelte mich auch an. Natürlich hatte ich dafür keine Geldbasis, aber mit Geld allein ist man kein Geschäftsmann. So bastelte ich schon in den Ferien an einem Firmenlogo. Ein Büro zu mieten, das war gar nicht drin, ich arbeitete zuhause und richtete dort ein Büroplatz ein. Also einfach sollte die Änderung vor sich gehen, erst einmal wenn nötig freie Mitarbeiter einstellen, nur keine großen Schulden sich aufladen.

Wir waren zurück aus den Ferien, und die Mitteilung meiner Entscheidung war für meinen Partner natürlich eine große Überraschung. Wir einigten uns mit der Zusage, wichtige Dinge die ersten Monate im alten Geschäft noch zu erledigen, da gab es auch noch etwas Geld.

Das neue Büro, Planungsbüro Bernd Wengmann, war ab dem 1. März-1974 geboren. Alle Bekannten, Mitarbeiter, Unternehmer und Auftraggeber waren natürlich überrascht. Meine Eltern und einige Freunde waren unsicher, in der Familie gab es bisher außer meinem Schwiegervater keine Selbstständigen. Er war es auch, der mir nach Absage aller Banken mit einem Übergangskredit als Startkapital half. Es klappte alles, ich machte mich erst einmal in einem Kinderzimmer breit und bastelte an neuen Sitzgelegenheiten für eine Herstellungsfirma. Die ersten Aufträge kamen, und so auch die ersten Wettbewerbe, die für einen Neuanfang bei Erfolg eine gute Basis sind.

Aber es gab auch noch andere Arbeit. Im Vorjahr hatte ich noch mit zwei anderen Elternpaaren die neue Pfadfindergruppe Kirchdorf, in Erinnerung auch an meine Mitgliedschaf zuvor, für die Jungen gegründet. Parallel dazu gab es im Dorf den Blauring, eine katholische Mädchengruppe. Gründen ist gut, aber wohin? Pfadfinder sind zwar viel im Freien, aber ein Aufenthaltsraum, Material und Spielraum sind notwendig. Kirchdorf hatte früher die einzige Kirche zwischen Baden und der Aare-Mündung in den Rhein. Dazu gehörten, eine Zehnten-Scheune, die Pfarrscheune und das Pfarrhaus. Dies, in einem schönen Garten gelegen, hatte auch wunderschöne Gewölbekeller. Aber unsere Anfrage nach Quartier scheiterte dort. Neu war der Kindergarten neben der Schule mit darunter liegenden Luftschutzkellern. Diese waren ideal, lagen doch die Ballspielplätze der Schule daneben und der Wald als Übungsgebiet war auch nicht weit weg.

Wir hatten bei der Gemeinde Erfolg, aber mit Auflagen. Alle Bauten und das Inventar mussten innerhalb von 24 Stunden für den Notfall ausgeräumt werden können. Luftschutzkeller sind reine Betonflächen und der Schall ist gewaltig. Es galt, mit geringem Budget, von der Kirchengemeinde gab es 3000 Schweizer Franken, den Lärm in den nackten Räumen zu verringern. Dank meinen Beziehungen zu einzelnen Großhändlern, konnten wir mittels verschraubbaren Elementen am Boden und an den Wänden Abhilfe schaffen. Unter den Decken wurden farbige Eierkisten geklebt.

So entwickelten sich die einzelnen Gruppen, auch die Führerschaft war kein Problem, das erste Ferienlager in Saignelégier, im Schweizer Jura, war abgemacht. Aber für die Führung des

Lagers war ein Leiter mit einem Jugend -und Sport-Leiterausweis nötig. Ich hatte diesen Ausweis für die Leitung von verschiedenen Lagern mit Jugendgruppen aus der Skiriege. Die noch jungen Pfadiführer hatten noch nicht die Möglichkeit, diesen Leiterausweis zu machen. Die Freude war dann groß, als ich mich, ich war gerade vier Monate selbstständig, als Leiter des Lagers zur Verfügung stellte. Vierzehn Tage bei mehrheitlich schlechtem Wetter und ständigem Rauch vom Feuer um den Kopf, waren mal wieder eine totale Änderung vom normalen Wohnrhythmus. Alles verlief gut, und der Sonntagsbesuch einiger Eltern bescherte uns eine Menge Schokoladenköpfe. Auch die Farbe passte gut zu unserem Aussehen.

Scheinbar waren das noch andere Zeiten als heute. Eine Sitzung im Elternrat der Pfadfinder beschäftigte uns mit der Klage eines Elternpaares. Diese waren mit einem Anlass beim Pfingstlager nicht einverstanden. Der Grund war, dass ein Pfadi nackt von einem Zelt zum nächsten Zelt sprang und dann wieder verschwunden war.

Unsere Kinder waren auch bei den Pfadis, sie waren dort gut beschäftig, und jeweils gab es die Pfingst- und Sommerlager. Erst später fuhren wir in den Herbstferien zusammen nach Kroatien ins frühere Jugoslawien. Da gab es noch nicht den heutigen Trend der Herbstferien, alle Hotels waren geschlossen. Wir lebten auf der Insel Losinj in einem Einfamilienhaus eines Professors aus Belgrad, dessen Frau in der Schweiz als Krankenschwester arbeitete und das Inserat aufgab. Gegessen haben wir abends bei einer Familie in der guten Stube. Die Großmutter sprach noch aus früheren Zeiten gut italienisch und konnte sich so mit Lea gut unterhalten.

Auch waren wir direkt an der Küste in Omis. Interessant waren hier die Gäste. Sie waren meistens in Pensionen und kamen aus Ostdeutschland. Man sah es den Leuten an, dass sie zu den Privilegierten hörten. Trotzdem waren sie erpicht auf Nylonhemden,

Nylonstrümpfe und andere Waren, wie Liegestühle. Diese brachten Ferienbesucher aus Öesterreich den Gästen aus Ostdeutschland mit, es war scheinbar schon Tradition.

Die Aufgaben für den Skiclub blieben trotz Selbstständigkeit. Eine Abwechslung vom täglichen Alltag war verbunden mit einer vollkommen anderen Aufgabe. Da half auch unsere Tessa, ein altenglischer Hirtenhund, ein Bobtail mit. Sie kam direkt aus England, Lea hatte sie dort im Flugzeug von Liverpool aus abgeholt. Sie war schon der Star im Flugzeug, obwohl nur der Kopf aus der Reisetasche sichtbar war. Mit Tessa ging ich spazieren, wenn es im Geschäft auch mal nicht so hundertprozentig rund lief. Wir gingen zum Weiler Steinenbühl, einem Restaurant auf dem Hochplateau von Untersiggenthal. Wir tranken dort ein Bier und kehrten aufgeräumt wieder ins Büro zurück. Tessas Wolle, eine der besten der Welt, war auch begehrt. Die Wolle gab es vom wöchentlichen Durchbürsten und reichte für fünf Skipullover mit irischen Mustern, gestrickt von der Schwiegermutter. Zuletzt haben wir mit der Restwolle in einem Pflegeheim noch einen Teppich knüpfen lassen. Die Wolle schickten wir ins Tösstal. Dort wurde sie gereinigt und gekartet und dann zu den Tibetanern, in der Schweiz seit 1960, zum Spinnen weitergeleitet. Wir mussten nur noch die Fadenstärke angeben.

Die Arbeit im Büro war zufriedenstellend, und wir hatten das Glück, neben unserer Wohnung noch eine Zweieinhalb-Zimmer Wohnung zu mieten. Somit war auch das Büro für sich. Ich arbeitete noch mit freien Mitarbeitern, die Möbel von Ikea mussten reichen. Wir mussten mit dem Geld sparsam umgehen.

Opa Wengmann wurde älter, und die Vereinbarung mit den Cousinen endete mit 96 Jahren, als er dann noch für einige Monate in einem Pflegeheim gepflegt werden musste. Er war körperlich nie der Dünnste und Leichteste. Das Gewicht machte ihm zu schaffen. Er vergaß auch sein Leben lang nicht, abends nach dem Nachtessen seinen Wacholder zu trinken. Diese Flasche war auch im Reisegepäck zu den Schwestern, aber diese hatten keine Freude an dem Mitbringsel. Sie sagten zu meinem Vater, das geht nicht. Es war dann so, dass er seinen Wacholder abends vom Vater aus der Westentasche erhalten hat.

Im Jahr 1974 im März hatte ich mich selbstständig gemacht und, hatte so mein eigens Büro. Wichtig für die Entwicklung des Büros sind Planungserfolge durch Wettbewerbe. Wenn ich in meinen Erläuterungen „wir" sage, dann bin ich nicht allein. Dazu gehörten zu diesem Zeitpunkt freie Mitarbeiter wie: Architekten ETA, Architekten, Hochbauzeichner, eine Sekretärin und Landschaftsarchitekten, die selbstständig, aber doch zu wenig Arbeit hatten. Das Risiko war abschätzbar, für eigene Angestellte musste man die Entwicklung abwarten.

Der neue Friedhof Papperich in Neuenhof mit Abdankungshalle und Werksgebäude war ausgeschrieben für Landschaftsarchitekten, die sich einen Partner als Architekten selbst aussuchen konnten. Mit meinem früheren Kollegen vom Handball aus Winterthur und dessen Team errangen wir nach Überarbeitung den ersten Preis.

Wir waren dann auch eingeladen zum Wettbewerb, für den neuen Friedhof mit Gebäude in Unterentfelden, und erzielten auch dort den ersten Preis.

Eine wichtige Planung war das Eisi-Parkhaus, erste Etappe in Brugg. Ich plante zusammen mit Dr. Gr., einem Brugger Ingenieur. Neu waren die keilförmigen, ins Parkhaus hinunterreichenden Baumgruben für die oberflächige Baumbegrünung, die trotzdem die Anzahl der Parkplätze nicht einschränkten.

Aufgrund der Planung in Brugg, wurden wir auch für den Wettbewerb, neues unterirdisches Parkhaus Bremgarten, eingeladen. Dieses Parkhaus für ca. 400 Autos war eine Auflage des Kantons für den Bau der Umfahrung von Bremgarten. Wenn schon eine neue Umfahrung, dann sollten auch die Autos in der Altstadt ohne Garage, später im Parkhaus versorgt werden. Für den Wettbewerb wurden zehn Teams eingeladen.

Zusammen mit Dr. Gr. und Fachingenieuren gewannen wir eindeutig den ersten Preis. Der Grund war, dass wir die Einzigen waren, die die Ein- und Ausfahrt vom Parkhaus von der Nebenstraße aus geplant hatten. Dadurch blieb der städtebaulich wichtige Vorplatz vor dem Stadttor verkehrsfrei, und auch für die Bremgarten Bahn gab es keine Veränderung. Als äußeres Zeichen wurde ein sieben mal sieben Meter großer Pyramidenbrunnen in der Axe vom oberen Stadttor erstellt.

Landschaftsarchitekten haben ein breites Spektrum zu bearbeiten. Wesentliche Teile davon sind Parkanlagen, Friedhöfe, Spiel- und Sportanlagen, Schulen und Kindergärten, Altersheime, größere Privatgärten und vieles mehr.

Wir hatten auch größere Wohnsiedlungsprojekte in der Arbeit. Hier arbeitete ich über Jahrzehnte mit dem Architekturbüro KR. zusammen. Die Zusammenarbeit war bereits zu Beginn der Planung wichtig, um gegenseitige Vorschläge, Architektur und Landschaftsarchitektur untereinander zu berücksichtigen. Erst einmal gebaut, kann manch guter Rat zu spät sein. Wichtig war auch die Situation der Bauten in guter Lage, all das sind Argumente für einen späteren, möglichst guten Wiederverkauf.

Unter den Planungen befand sich auch unser späteres Haus. Die Gesamtüberbauung mit Stockwerkeigentum und einer Einfamilienhaussiedlung, wurde in der Mitte unterteilt durch die Tiefgarage und der darauf stehenden Grünanlage mit Spielplatz. Unsere Siedlung nannte sich Teppichsiedlung, weil alle Häuser aneinander ohne Abstände, in drei Reihen, insgesamt 17-Häuser, auf ca. 3500 m² Land gebaut waren. Die Erdgeschosse hatten einen Innenhof mit Schlafzimmer und Nebenräumen, oben war das große Wohnzimmer mit Studio, Küche und einer teilweise gedeckten,großen Terrasse. Die Reihen waren in der Höhe so abgesetzt, dass jedes Haus freie Sicht in die Landschaft hatte. Unser Haus war das Eckhaus in der vorderen Reihe mit zusätzlich großem Garten, weil die Baulinie, ein zusätzliches Haus nicht zuließ. Ein Gewächshaus und Schwimmbad hatten auch noch Platz. Vom Wohnraum hatten wir einen Ausblick in die Landschaft von 180 Grad. Ein separater Eingang für das Büro, trennte Wohnen und Büro.

Ein wesentlicher Schritt in der Entwicklung unseres Büros war ein Anruf eines deutschen Bürgermeisters aus der Region Hochrhein. Er hatte ein Problem, das ihn anlässlich einer öffentlichen Gemeinderatssitzung durch einen wiederum mir bekannten Bauführer, übermittelt wurde. Der Bauführer war Grenzgänger und arbeitete bei einem Döttinger Architekten. Zusammen hatten wir an dem Neubau einer Schule mit neuen Außen- und Sportanlagen zu tun. Dem Bürgermeister wurde eine Fehlplanung der Turnhalle mit Sportanlagen vorgeworfen. Es war bekannt, dass neue Sportanlagen am Hochrhein, es geht um die Rasenplätze, nach zwei Jahren Betrieb nicht mehr bespielbar waren. Der neue Sportplatz um die Turnhalle, der Grenzgänger war Präsident des Sportvereins, sollte nach der gleichen DIN-Norm gebaut werden. Entscheidend für bespielbaren Rasen sind die Böden, und die sind zwischen Norddeutschland und dem Hochrhein doch sehr verschieden. Im Norden haben wir Sandböden und hier im Süden Mutterboden mit 40 Prozent Tongehalt, Gift für Rasen.

Der Bauführer hatte natürlich unser System erkannt, was zu der Einsprache führte.

DIN-Normen sind gut, aber oft verhindern sie auch gute, neue Ideen. Deutschland brauchte, trotz vieler Einwände, viel zu lange für die Anpassungen.

Ich war mit Mitgliedern der Skiriege in Davos, als mich ein Anruf vom Bürgermeister erreichte. Er war interessiert an der

Besichtigung einer schon älteren Sportanlage mit Rasenplätzen. Brugg, mit Haupt -und Nebenplätzen, Stadion mit 400-Meter Bahn und Garderobengebäude, habe ich vor zehn Jahren geplant und die letzten Jahre nie mehr gesehen. Es waren keine Reklamationen gekommen, also musste die Anlage in Ordnung sein. Der Bürgermeister war so überrascht, dass er mich noch am Platz zur nächsten Gemeinderatssitzung einlud. An dieser Sitzung erläuterte ich unser System, der Bürgermeister nannte es das Schweizer System. In der vielteiligen Gemeinde gibt es aber noch ein Sportverein, der neue Plätze bauen wollte. Aus diesem Anlass hatten sie schon Lava eingekauft für einen Aschenplatz. Diesen herstellen?

Die Gemeinderäte hatten einen Ausflug nach Amerika geplant, und so war dringend eine Entscheidung fällig. Nach Auskunft in Freiburg, ob unser System auch bezuschusst wird, das wurde es, wurde ich mit der Maßnahme der Planung von beiden Anlagen beauftragt. Für unser Büro hatte damit der Einstieg in Planungen jenseits des Rheins begonnen.

Die 1982 im Mai stattgefundene Chinareise, organisiert vom BSLA, Bund Schweizer Landschaftsarchitekten, war für diese Zeit ein einzigartiger Höhepunkt. Wir waren nach den Juristen die zweite Fachgruppe, die in Verbindung mit der Universität Zürich und Nanking in China zustande kam. Von Zürich ging es nach Peking, an die chinesische Mauer mit dem Zug, und dann nach Nanking, wo wir offiziell für einige Tage vom Vizedirektor der Universität begleitet wurden. Viele Bilder sind geblieben, aber anstelle von 99 Prozent Fahrrädern in Nanking ist dort heute das Auto in gleicher Stärke dominant. Unsere Dolmetscherin in Peking konnte im Studium ihre Sprache nicht auswählen und wurde von der Leitung für die deutsche Sprache bestimmt. Viele Bilder, speziell auf dem Land, ähneln sich auch heute noch. Ein Bild haben wir jedoch noch in bester Erinnerung. Mindestens 50 Arbeiter zogen am Seil einer schweren Straßenwalze, die ca. einen Durchmesser von zwei Meter hatte und 2,5 Meter breit war. Oder, dass bei einer Ankunft zu einer landwirtschaftlichen Kolchose nach dem Aussteigen alle Dreschflegel fallengelassen wurden und die Arbeiter ins Gebäude flüchteten. Sie hatten noch nie Personen mit einem anderen Aussehen gesehen. Die Arbeiter wurden aufgeklärt, kamen zurück und berührten uns. Wir besuchten die Städte Wuschi und Sushi, die einen Reichtum an alten chinesischen Gärten hatten. In Shanghai war das höchste Haus zu jener Zeit ein dreistöckiges Haus aus der Kolonialzeit. Alles war flach, eingeschossig, ob Wohnungen oder Fabrikgebäude. Am Hafen sah ich plötzlich Lea umringt von nur schwarzen Köpfen. Alle wollten prüfen, ob ihr gelerntes Englisch an der Universität auch sprachlich zu verstehen war. Unser Begleiter, Vizedirektor der Universität Nanking, war durch unsere Reise das erste Mal in den Nachbarstädten. Er hatte beim Zugfahren eine gute Gelegenheit, die Situationen in China zu erklären. Aufpassen musste man immer, denn der zweite Begleiter unserer Gruppe war der politische Aufpasser.

Neue Unterkünfte, außer das Mövenpick in Peking, gab es nicht. In den Hotels ging um 9:00 -Uhr abends das Licht aus, auch die Lifte waren abgestellt. In China geht man schlussendlich früh ins Bett und steht früh wieder auf. Frühsport ist angesagt, und die Vögel im Käfig wollen auch an die frische Luft geführt werden. Das Fotografieren von ganz neuen Eindrücken sagt mit 1000 Dias alles. Auch die alten Büchereien, in denen man in den zweiten Stock nur mit Genehmigung durfte, waren hochinteressant. Ein zusammengefaltetes Papier mit dem chinesischen Alphabet krönt jetzt unsere Bilderauswahl im Haus. Landschaftlich von einmaliger Schönheit war Guilin, dessen bewachsene Bergwelt wir mit dem Schiff bereisten, natürlich mit Essen dreimal am Tag, das nicht immer zu identifizieren war. Ein Kollege aus dem Tessin hatte immer seinen Handkoffer dabei, um wenigstens beim Frühstück mit einer Marmeladenauswahl sicher zu sein, was er isst. Besonders hart waren die Festessen mit Behörden, bei denen auch viel Alkohol aus der weißen Flasche getrunken wurde. Kanton, der frühere Name, die vorletzte Station unserer Reise, war in

Bezug auf Marktangebot und Essen sehr extrem. Der Markt, am Anfang waren es noch die Kräuter und Gewürze, steigerte sich im Verkauf von Schildkröten, Affen und zuletzt noch auf den Zaunspitzen aufgereihten Hundeköpfen, alles zum Essen. Die Frauen unserer Gruppe hatten vom Ansehen so genug und bestellten zum Lunch nur Reis. Denn auf einem großen Teller auf dem Tisch lag sichtlich erkennbar ein Gürteltier, die Leiter hatten natürlich ihre Freude an unserem Erstaunen. Die Frauen bekamen nur ihren Reis, dekoriert mit einem Eiweißcocktail. Sie bestellten sogar eine zweite Portion. Aber, sagt der Reisebegleiter nach dem Essen, das war kein Reis mit Ei. Oben abgedeckt war der Reis mit in Eiweiß gebratenen Raupenspitzen. Über die Reaktion weiß ich nur noch so viel, dass abends keine Frau etwas gegessen hat.

In Hongkong, im alten Hongkong, angekommen, stürzten sich alle auf das italienische Sonderangebot im Hotel. Aber das plötzliche Fett im Essen hatte Folgen, und man verzichtete mehrheitlich auf das Nachtessen.

Am nächsten Morgen klopfte es an unsere Zimmertür. Haben wir Verschlafen? Nein, draußen stand der Kellner mit dem Servierwagen, dekoriert mit dem Frühstück und zwei in Silberpapier eingepackten, gelben Rosen. Wir hatten Silberhochzeit; und woher wusste das jemand aus der Gruppe? Wir wurden von der Gruppe empfangen und für den schönen Tag mit angestecktem Rosen dekoriert. So waren wir, selbst auf dem Peak, Aussichtsberg, gut als besonderes Paar erkennbar. Natürlich gab es abends einen gestifteten Apéro, und da sich noch ein Paar mit der Silberhochzeit meldete, war der Wein für das Essen auch spendiert. So waren auch die Jüngeren dabei, die eigentlich mal wieder richtig ausgehen wollten.

In der Schweiz und in Deutschland teilten sich langsam die Planungsaufgaben, das heißt, wir hatten durch Weitersagen von Bürgermeister zu Bürgermeister in Deutschland, speziell entlang des Hochrheins, einen großen Erfolg.

In Weilheim folgten auf die Planung der Sportanlagen ein neuer Friedhof mit einem Zweckgebäude, bestehend aus Werkteil, Aufbahrungsraum, Aufenthaltsraum und Toiletten. Der Friedhof lag direkt unter der Kirche am Hang und ergänzte den vorhandenen Friedhof um die Kirche.

Schwerpunkt war ein Landschaftsplan zwecks Abklärung und Ausweisung neuer Baugebiete. Es galt, den wunderschönen Hang, bestehend aus einer Streuobstwiese, direkt am Dorfeingang zu erhalten und das Baugebiet Richtung Osten auf ebenem Gebiet vorzuschlagen. Ein späterer Bebauungsplan über das Gebiet ergänzte die Arbeit und die Streuobstwiese wurde nicht bebaut.

Weilheim, der heutige Hauptort hat sich 1975 aus fünf Gemeinden gebildet. Dazu kommen kleine Ortsteile, Weiler, alles hängt zusammen aus mehreren Tälern. So kann man sich vorstellen, dass es für unser Büro immer Arbeit gab, arbeiteten wir doch mit dem Bürgermeister drei Amtsperioden, fast 24 Jahre lang, zusammen. So auch in Nöggenschwiel, wo eine Gesamtplanung Dorfstraße und Nebenräume erstellt wurde. Heute ist es das große Rosendorf im Schwarzwald mit ca. 20000 Rosen, ein großer Anziehungspunkt in der Gesamtgemeinde. Im gleichen Dorf galt es abzuklären, einen Fußballplatz mit möglichst wenig Geld unter Beteiligung des Vereins zu bauen. Wir hatten gerade ein Patent in München vom Europäischen Patentamt genehmigt bekommen, das den Bau von Sportanlagen mit auserlesener, unbearbeiteter Baumrinde vorsah. Für den Verein war der Vorteil die vielfache Eigenleistung, ob beim Bau des Entwässerungssystems oder dem Einbau der Rinde. Es gab noch einen Einspruch beim Patentamt, ausgerechnet vom Deutschen Zentralverband des Gartenbaus, dessen Landschaftsbaubetriebe später diese Plätze in Deutschland hergestellt haben. Auch in Ottoschwanden, wo ich die Jugendjahre während des Krieges zum Teil verbrachte, baute der Fußballverein Freiamt einen Rindenplatz. Wer hätte das gedacht, auf diesem beruflichen Weg, ca. 40 Jahre später, wieder dort tätig zu sein. Auch in der Schweiz und sogar in Japan wurden Ricoten-Beläge eingebaut. Der Einspruch, ich war dabei in München, wurde vom Europäischen Patentamt abgelehnt.

Ein großes Projekt stand in der Schweiz in Rheinsulz im Kanton Aargau an. Die Rheintalstraße K 130 sollte von der Bergseite auf die Talseite verlegt werden. Als Projekt, im Vorentwurf von einem Ingenieurbüro erstellt, wurde die Hochlage der neuen Trasse parallel zur Bahn vorgeschlagen. Da diese Hochlage einen massiven Böschungsverlauf und dadurch eine starke optische Einengung der Rheinaue ergeben hätte, haben wir einen Straßenverlauf auf die Talseite vorgeschlagen, der dann auch ausgeführt wurde. In der Ebene, zwischen Rhein und neuem Straßenverlauf waren ein alter Rheinarm und Landwirtschaftsflächen. Wir konnten dann erreichen, dass alle Landwirtschaftsflächen aufgehoben und die Flächen als Ergänzung des Biotops der Rheinaue verwendet wurden. So entstanden zusätzlich Flächen für Reptilien, wie dem Laubfrosch. Gespeist wurden die Flächen von Hangwasser, das bereits unter der Eisenbahn, und dann auch unter der neuen Straße, weitergeführt wurde. Es entstand ein Absatz für den Reptilienschutz, zugleich auch für die Wanderung durch Unterführungen zwischen Bergseite und dem Biotop, das heißt unter der Eisenbahn und neuen Straße hindurch. Sogar der Biber siedelte sich später wieder an, sodass dieses Projekt für den Verkehr und die Natur ein voller Erfolg war.

Der Vater von Lea wurde 80-Jahre alt, und zu diesem Anlass hatten die zwei Töchter eine besondere Idee. Während seiner Tätigkeit als Bäcker und Konditormeister, hatte er in Winterthur auch viele Lehrlinge. Die Kinder kannten natürlich alle, weil viele auch in Kost und Logie im Haus gewohnt haben. Sie hatten den Vorsatz, diese teils auch schon älteren Herrn aufzustöbern und zu dem Geburtstagsanlass einzuladen. Der Anlass sollte in unserem Garten stattfinden, wo wir immer Platz für ein größeres Zelt bei besonderen Anlässen hatten. Das Fest war ein voller Erfolg, mit den sogenannte Alt-Lehrlingen.

Wir wohnten in Untersiggenthal, waren inzwischen Bürger von Untersiggenthal und ein besonderes Fest stand an, es war die 1150-Jahr-Feier. Untersiggenthal bestand früher aus zwei Dorfteilen, Ober- und Untersiggingen, bestehend aus kleineren Betrieben der Landwirtschaft mit Restaurants. Inzwischen sind diese Dorfteile durch die Dorfstraße zusammengewachsen. Entlang dieser sollte auch das Festgeschehen abgehalten werden. Getragen werden sollte das Fest durch das Mitmachen aller eingetragenen Vereine. Dieses Mitmachen bestand im Wesentlichen durch Ausgabe von Essen und Trinken und vielleicht mal eine besondere Darbietung. Alles wurde organisiert von einem vom Gemeinderat eingesetzten Organisationskomitee. Dessen Vorsitzender klopfte eines Tages an unsere Bürotür und bat mich, beim Dorffest als Chef Kultur und Dekoration mitzumachen.

Nein sagen kann man als Firma kaum, und so hatte ich einen neuen, zusätzlichen Shop. Mein übernächster Nachbar, ein selbstständiger Ingenieur der Statik wollte mit mir die Idee besprechen, durch Gründung eines Quartiervereins Bedingungen zu schaffen, um auch am Fest teilnehmen zu können. Unser Quartier Niederwies war nicht groß, aber zunächst musste mal eine Idee reifen, denn wie die meisten Vereine nur so mitmachen, wollte ich nicht. Wenn schon, dann richtig. Die Idee reifte: Musik und Essen im besonderen Gewand, das heißt nur gute Livemusik, Bar, das Essen und die Ausstattung vom Feinsten. Das Ganze musste natürlich von einem Verein ausgehen, und so haben wir mal die erste Runde mit unserem Teppichsiedlungsausschuss diskutiert. Die Idee fand Anklang, und so bereiteten wir eine Quartierversammlung vor. Das Haupttraktandum war, die Gründung des Quartiervereins Niederwies und die Wahl eines Vorstandes. Nach der Wahl eines Vorstandes sollte ein Budget für das Fest in Höhe von CHF – 40000,00 genehmigt werden. Dieses Geld war vorgesehen für die damals führende Tanzkapelle Tornado, fünf Personen von Baden, für zwei Wochenende, immer freitags und samstags. Zwei Sonntagmorgen Brunch mit Budda Zürich und einer aargauischen Dixieland Band. Jeweils am Mittwoch und Sonntagabend war ein Alleinunterhalter aus dem Schwarzwald vorgesehen. Das Essen sollte speziell auserlesen sein, zu verwirklichen durch eine früher in unserer Siedlung wohnende Wirtin. Durch ihr Restaurant war sie eine gut bekannte Wirtin in der ganzen Schweiz. Restaurant und Küche waren aufzubauen im Hof des freistehenden alten Bauernhauses und späteren Dorfmuseums am Ende der Dorfstraße im alten Ortsteil „Obersiggingen". Für die Bar sollte der alte Kuhstall verwendet werden. Wir waren also am Ende der Straße. Mein Ideen- und Verwirklichungspartner hatte für den Bau Holz von einem Hausabbruch zur Verfügung. Alles außer die Bar und Küche musste von Grund auf neu aufgebaut werden. Ziel für ca. 250 Personen. Als Auflage für ein Mitmachen kam noch der Bau zwei Themenwagen für den Umzug dazu.

Der Tag der Versammlung rückte näher, und wie ein Wunder wurde die Idee gutgeheißen: der Quartierverein war gegründet. Es gab einen Vorstand, indem wir zwei Auslöser des Ganzen aber nicht mitmachen wollten. Das Geld wurde genehmigt, aber was wäre bei einem Scheitern gewesen, einem Minus in der Kasse? Wir waren wie immer Zwei mit vollem Optimismus und jeweils am Abend und Samstag begann der Aufbau des Festplatzes. Es gab eine einfache Plastikabdeckung, die aber mit durchhängenden Schattenleinen von der hiesigen Staudengärtnerei kaschiert wurde. Auch die Tanzbühne durfte nicht fehlen. Die Bar, der alte Kuhstall, wurde ausgemistet, und aus dem früheren Milchverarbeitungsraum entstand die Küche. Für die Innenausstattung gab es Möbel vom Restaurant, natürlich Stühle und keine Festbänke ohne Lehne. Auch das Geschirr war nicht aus Pappe.

Mein Büro hatte zwischendurch auch zu tun mit dem Schreiben von Speisekarten, Plakaten und vieles mehr. Parallel zum Aufbau unserer Nobelbeiz kam die Arbeit für die Ausschmückung der Dorfstraße hinzu. Die Idee bestand aus aufgehängten, großen Laternen mitten über die Straße mit Bildern aus der Geschichte von Untersiggenthal. Ein mir bekannter Künstler entwarf die

Bilder, vergrößert mussten sie dann noch ausgemalt werden, was mein Schwiegervater übernahm. Bereits ein Jahr vor dem Fest wurden Fässer mit entsprechend starken Senkrechtstangen mit wildem Hopfen bepflanzt, an denen später die Laternen aufgehängt wurden. Große Anstrengungen bedurfte noch die zusätzliche Bestrahlung wichtiger Akzente, da die eigentliche Straßenbeleuchtung ausgeschaltet wurde.

Bei so einem persönlichen Aufwand für ein Fest, das mit mehreren Aufgaben verbunden war, war die Eigenständigkeit der Mitarbeiter für die weitere Arbeit im Büro natürlich sehr wichtig.

Natürlich waren wir so als neugegründeter Quartierverein und mit dem, was wir vorhatten, nicht gerade die Bestangesehenen unter den Vereinen. Konkurrenz für die, die es eher ruhiger angingen ließen, war im Gespräch. Auch in unserem neuen Verein regte sich der Vorstand. Die Füße wurden immer kälter, man sah den Aufwand und die möglichen Summen. Wenn das nicht klappen sollte? Wenn wir zwei Organisatoren zu dieser Zeit gesagt hätten, wir übernehmen das Minus in der Kasse, den Gewinn dürfen wir aber auch behalten, der Vorstand hätte zugestimmt.

Das Fest begann und es überraschte uns riesig, ein Tag vor Festbeginn sollte in unserer Niederwiesbeiz, das offizielle Essen des Gemeinderats für geladene Gäste stattfinden. Peng, scheinbar waren wir dafür gut. Wir hatten zwar billig gebaut, aber es sah alles nach dem Feinsten aus. Wo gibt es bei einem solchen Anlass Servietten und Porzellanteller? Und besonderes Essen, vorgefertigt in der Hotelküche? Profimusik und in der Bar Profidamen?

Der erste Samstag des Fests: Ich war zum Abrechnen der Letzte und zählte Einnahmen in Höhe von CHF 18000. Es lief, wir waren voll besetzt. Die Tornados brachten Schwung in die Bude, das Essen wurde geschätzt und bei uns brannte das Licht meistens am längsten. Auch der Vorstand hatte seine Sorgen vergessen und konnte wieder gut schlafen. Unsere Bude kam bei der Bevölkerung an.

Parallel zu den Wirtsanlässen mussten wir für den historischen Umzug an zwei Wochenenden, die Wagen aufbauen. Ich sehe mich heute noch in unserem Garten, die Modelle für die Tieflader einer bekannten Tiefbaufirma herstellen. Für die Aufbauer, unsere Frauen und Männer des Quartiers, war es so einfacher. Auf einem Wagen stellten wir die Helvetier da, er wurde gezogen von Kühen. Auf dem zweiten Wagen war eine Schmiede, diese schmiedete ein Andenken als Erinnerung der im Quartier gefunden Kette aus der Bronzezeit.

Die Bewohner unseres Quartiers waren während des Fests sehr beschäftigt. Ein Wochenplan zu den Anlässen zeigte auf, wann jeder seine Arbeit vollbringen muss: Abwaschen und was auch immer. Aufteilen mussten sich auch die sogenannten Chefs.

Nach dem Fest waren alle erleichtert. Wir hatten über CHF-80000 an sieben Anlässen eingenommen. Das Fest war gelungen und unser Fazit hat gezeigt: Wer nichts wagt, der gewinnt nicht. Wir hatten nach der Abrechnung ca. CHF 25000 übrig. Geld, das wir teilweise auch spendeten, zum Beispiel an das Haus für Mutter und Kind und für die Gemeinde, die das Geld einem Verein, der Minus abgerechnet hatte, übergab.

Mit einem schönen Batzen Geld machten wir, einen Quartierausflug mit zwei Bussen. Wir besuchten das Panorama in Winterthur, hatten Apero mit Käsekuchen in den Weinbergen von Hallau. Am Abend gab es noch ein Festessen in Oberengstringen, einem Lokal unserer Wirtin. Zur Freude waren auch Darbietungen geboten. Auch sorgten wir für einen guten Start in der Vereinskasse des neu gegründeten Quartiervereins Niederwies.

Zwischendurch war ich dann zehn Jahre lang Präsident des Quartiervereins. Mein Ziel war es, Kultur unter das Volk zu bringen.

Unsere Generalversammlung nutzten wir, um andere Gegenden rund um die Gemeinde durch Führungen kennen-zulernen. Wir fuhren auch jeden ersten Advent in eine andere Stadt mit Adventsbeleuchtung und erweiterten unser Wissen jeweils durch eine Führung. Wer weiß schon, dass Schaffhausens Altstadt die meisten Erker auf der Welt hat. Dazu kamen die kleineren Festivitäten, auch ein Quartier-Apéro am Neujahrmorgen wurde eingeführt.

Das Büro in unserem Haus wurde aufgrund vermehrter Aufträge zu klein. Wir kauften in unserer Überbauung eine Viereinhalbzimmerwohnung im ersten Stock. So war dann Platz für mich und der Sekretärin in unserem Haus, inklusive dem Besprechungszimmer. Wir waren zwischen zehn und zwölf Mitarbeiter, zwei davon waren Grenzgänger, die dann auch speziell mit deutschen Projekten zu tun hatten.

Eines dieser Projekte war eine vorgesehene Sportanlage mit Fußball, Tennisplätzen, Tennishalle und weiteren Freizeitangeboten in der Gemeinde Höchenschwand, ein Luftkurort im Schwarzwald auf gut 1000 – Meter Höhe, der nahe zur Schweiz lag. Für die Anlage war eine wunderbare Landnische angrenzend an zwei Seiten des Waldes, ausgesucht worden. Die Gemeinde hatte für dieses Projekt schon mehrere Male einen Bebauungsvorschlag dem Landratsamt in Waldshut vorgelegt, aber nie eine Genehmigung erhalten. Der Chef Oberbaurat E., mit dem ich schon mehrmals zu tun hatte, rief den Bürgermeister an, er sollte sich zwecks Lösungsfindung doch mal mit mir in Verbindung setzen.

Der Haken für eine optimale Lösung war die Tennishalle. Das ist so ein Klotz von 40-x 40-Metern. Dieser Klotz stand bei den vorherigen Eingaben, bedingt durch die vorgeschriebenen 30-Meter Waldabstand, inmitten des Grundstücks, also zum Ansehen, bebauungstechnisch und für Zufahrten etc., nicht vorstellbar.

Ich machte einen anderen Vorschlag. Der Waldstreifen entlang des Wiesenfelds, es war Staatsforst, war als Forst durch Bänke am Rand und durch sich ergebende Wege und Spielflächen kein Forst mehr. Da sich auch sehr viele Leute dort aufhielten war auch bei umstürzenden Bäumen keine Sicherheit mehr gegeben. Mit meinem Vorschlag, aus dem verkommenden Staatsforst eine 30-Meter breite Erholungszone zu machen, ging ich zum Naturschutzbeauftragten des Kreises und fand Gehör. So war es möglich, die Tennishalle an den bisherigen Waldrand zu platzieren. Eine zusätzliche Besprechung mit dem Staatsforst in St.-Blasien hielt Stand für eine neue Planung. Auch vom Oberbaurat bekam ich das Okay für diese Lösung, mit der Aufforderung, den Bebauungsplan für die Besprechung im Gemeinderat mit vielen Einzelangaben wasserdicht zu machen. Im Gemeinderat waren alle inklusiv des Bürgermeisters überrascht von unserer Lösung. Der Plan wurde genehmigt, und so konnte nach mehrjähriger Planung für den Bebauungsplan endlich als Erster der Fußballclub profitieren und unter unserer Planung und Leitung die neue Anlage bauen.

Inzwischen waren wir auch in der Gemeinde Dogern, gegenüber dem Kernkraftwerk Leibstadt, tätig. Die Wasserdampffahne war den Bürgern ein Dorn im Auge, aber für die Aufträge an einen Schweizer Büro spielte das keine Rolle. Mit dem Bürgermeister arbeitete ich auch fast drei Amtsperioden, also ca. 22 – Jahre zusammen. Vertrauen ist höchstes Gebot. Er wurde mit einer Gold – und Silbermedaille, mit dem von der Regierung in Stuttgart ausgeloteten Wettbewerb „Unser Dorf soll schöner werden," – gekrönt. Es gibt auch Vetternwirtschaft, aber die Bürgermeister wollen als Aushängeschild gute Projekte. So planten wir außer der großen Sportanlage, den neuen Friedhof mit Gebäude für Aufbahrung, Werkteil und großer gedeckter Halle mit offenem Dach für die letzte Einsegnung. Für das Gebäude entschieden wir uns für helle Wände und Decken und eine helle Ausstattung. Selbst der Sargwagen wurde von schwarz mit weißer Farbe gestrichen. Grundlage bei allen ca. dreißig Friedhofsplanungen war, Trauer zu ermöglichen, aber Trauer nicht zu erzwingen.

Zu den vielen kleineren Planungen, kam die Sorge um die im Tal geplante Autobahn entlang des Hochrheins. Die Gemeinde konnte sich mit dem Vorschlag, einen wesentlichen Flächenanteil in ebener Fläche für die Autobahn herzugeben, nicht einverstanden erklären. Es entstand eine Gegenbewegung in der Bevölkerung. Man wollte nicht einfach das nötige Projekt ablehnen, sondern einen Gegenvorschlag überlegen. Unser Büro bekam den Auftrag, zu eruieren, ob dies überhaupt möglich war. Seitens der Regierung war zwischendurch der Vorschlag durchgesickert, anstatt im Tal, am Berghang, das heißt mit tiefen Einschnitten und künstlichen Bauwerken, die Trasse zu verlegen. Im Querschnitt gesehen war es der Rhein, die Rheinaue, der flächige Teil mit Verbindungsstraße und das Dorf. Anschließend war das Hanggelände bis zur weiteren, oberen Ebene.

Es war ein langer Abschnitt zwischen Albbruck und Waldshut-Tiengen, den ich erst einmal in tagelanger Besichtigung zu Fuß ablief. Unser Fazit war, dass die obere Ebene, ausgenommen die Brücken, direkt im Anschluss an das Hanggelände, am wenigsten Eingriff bot, für die intensive Landwirtschaft im Baumschatten liegt und so zweit- oder drittklassig ist.

Bis heute ist nichts passiert, aber die Gemeinde wehrte sich nicht einfach so, sondern erarbeitete einen Vorschlag, der bei einer Weiterbearbeitung sicherlich zu beachten ist.

Gern aufgenommen wurden unsere Weihnachtskonzerte in unserem Haus. Das Obergeschoss, im Winkel 15-Meter Glas, bescherte uns einen wunderbaren Blick zum Gebensdorfer Horn, Brugg, und weiter bis zu einer auf Anhöhe stehenden Kirche in Rein. Treppenhaus, Wohnraum, Studio und Küche waren offen. Die Bodenflächen waren aus Tonplatten. Als Putz waren die senkrechten Wände aus einem groben Stallputz. Diesen konnte nur ein mir bekannter, älterer Italiener gleichmäßig auftragen. Offene Flächen und der Putz sorgten für einen guten Klang, den unsere Gäste sehr schätzten. Gespielt hat unser

Schwager, der Mann von Leas Schwester. Er war Professor am Konservatorium für klassische Gitarre und von Haus aus Spanier. Sie spielten meistens als Trio und begeisterten das Publikum. Auch mal bei gemeinsamen Ferien in Spanien, begeisterte Antonio mit seinen Freunden und der gemeinsamen Musik.

Es gibt im Beruf oft Aufträge, die einem erst einmal fremd vorkommen, wie das Planen einer Flugplatzpiste für Privatflugzeuge. Es war ein bestehender Flugplatz mit einer Rasenpiste, der aber bei Schlechtwettereinflüssen nicht zu verwenden war. Wir planten nach dem Sportplatzprinzipien und mussten auch wegen der starken Schubwirkung beim Landen, im Bodenbereich für Stabilität durch Netze sorgen. Es ist ein Auftrag, der erst einmal zu bedenken ist. Geht die Technik oder nicht? Nur dank großer, vor allem auch praktischer Erfahrung, kann so ein Auftrag professionell und sicher geplant und ausgeführt werden.

Untersiggenthal wurde bevölkerungsmäßig, auch wegen der Nähe zu Baden, immer größer. Die vorhandenen Schulen und Turnhallen reichten nicht mehr aus. Zu dem ersten Schulhaus von ca. 1900 und den zwischendurch gebauten zwei neuen Schulgebäuden mit Turnhalle, sollten nochmals zwei querstehende Schulhäuser und eine Doppelturnhalle gebaut werden. Wichtig in der Außenplanung für uns war der optische Zusammenhang dieser Gebäude. Eine mit Sitznischen, einreihige Baumreihe aus weißen Kastanien, die keine Früchte tragen, bewerkstelligte dies. Weiter waren Hartplätze zu planen, eine 110-Meter-Laufbahn, Sportplätze und eine als Parkour gestaltete Turngeräteanlage. Der optische Zusammenhang der ganzen Anlage wurde durch die Pflanzung von 50 rotblühenden Kastanien erreicht. Kleingrün gab es nur zwischen den neuen Schultakten, dessen Räume als Trocken- und Feuchtbiotop gestaltet wurden. Bereits zu dieser Zeit wurde alles Regenwasser von den Platz- und Dachflächen in die Grünräume geführt. Wichtig ist bei der Planung, speziell bei Schulanlagen, der Verzicht auf Kleingrün. Bäume und starke Hecken wie Hainbuchen sind sicher vor dem Zertrampeln und dem Abwart.

Drei Jahre nach Leas 50.-Geburtstag, kreierte sich ein besonderes Datum für ein neues Geburtstagsfest. Es war der 8.-8.-88, der uns veranlasste, trotz Montagabend, 50 Personen im Garten bei Musik aus dem Schwarzwald einzuladen. Da alle Nachbarn auch dabei waren, war Lärm oder das Nachsitzen kein Thema.

Überhaupt haben sich alle Parteien in unserer Siedlung wohlgefühlt. Dies auch durch von vornherein baulich gestalteten Abgrenzungen, Nachbar zu Nachbar. Es war immer mein Anliegen, auch bei Vorträgen in Fachkreisen, das Nebeneinanderwohnen von vornherein baulich zu lösen. Spätere Abgrenzungen mit Fertigteilen aus dem Baumarkt, zerstören das Gesamtbild der Anlage.

In Höchenschwand, Schwarzwald, war nach der Lösung und Genehmigung der Anlage für den Sport ein neues Problem aufgetaucht. Der bestehende Friedhof um die Kirche war zu klein geworden. Die letzten Bestattungen waren schon eng am Kircheneingang. Der Bürgermeister rief mich an und bat mich um meine Meinung zu seinem Vorschlag. Dieser hatte es nun in sich, sollte doch nach seinen Wünschen der neue Friedhof auf der anderen Seite der Kirche, aber direkt unter den Kurgebäuden, die höher lagen, gebaut werden. Sie hätten schon alle möglichen Flächen in der Gemeinde abgesucht, aber für einen neuen Friedhof keinen anderen Platz gefunden. Zumindest sah er erst einmal ein, dass in einem Höhenkurort zuerst der Gast Priorität besitzt, und der vorgeschlagene Platz, wegen der Einsicht auf das ganze Friedhofsareal, doch nicht geeignet schien.

Der Bürgermeister gab mir dann den Auftrag, entsprechendes Land zu suchen. Ausgestattet mit den Katasterplänen, habe ich dann an mehreren Wochenenden mit Frau und Hund nach Gelände für einen neuen Friedhof, der auch zwangsmäßig ein neues Gebäude erhalten muss, gesucht. Wir waren nicht vorbelastet, kannten die Besitzer der Grundstücke nicht, waren nicht informiert über Leitungen, Pisten im Winter und was es alles so geben kann.

Wir fanden parallel zu einem Wintersparzierweg mit Blick zu den Schweizer Alpen das ideale Grundstück am südlichen Rand von Höchenschwand. Wenn man von Waldshut nach Höchenschwand auf der B-500 fährt, kommt man an diesem, außerhalb der Gemeinde liegenden Punkt vorbei, der der neue Friedhof ist. Es war Jahrhunderte nach der Pest im Mittelalter wegen der Seuchengefahr Brauch, die Friedhöfe weit außerhalb der Gemeinde anzulegen. Aber die Zeiten sind vorbei. Heute soll ein Friedhof, wenn möglich, offen für Jedermann sein, ein Kommunikationspunkt. Bei der Auswahl des Grundstücks stimmten diese Kriterien. Ich wusste bereits, dass man vom Dorf als Spazierweg mitten durch den Friedhof und weiterlaufen konnte. Dass das Gebäude mit Abdankungshalle, Werkhof und öffentlichen Toiletten ausgestattet war, diese auch für den Kurgast oder Wanderer. Das Gleiche galt für den Parkplatz.

Die Auswahl des Grundstücks und die wichtigen Kriterien für den Bau wurden dem Gemeinderat vorgestellt. Es gab Applaus mit folgenden Bemerkungen:, Die Skipiste für den Langlauf können wir ein wenig verschieben und warum sind wir nicht selbst auf diese Idee gekommen?

Das neue Gelände für den Friedhof lag außerhalb der Bauzone, und wir bekamen den Auftrag, einen Bebauungsplan für das Areal zu erstellen. Dieser wurde schnell genehmigt. Der Friedhof, mit Abdankungshalle, Werkhof, öffentlichem Parkplatz und Verbindungswegen konnte gebaut werden. Der Gemeinderat beschloss, für das Gebäude einen Wettbewerb unter Architekten auszuschreiben. Wir waren für die Ausarbeitung der Wettbewerbsunterlagen beauftragt. Es wurden insgesamt fünf Architekten zu dem Wettbewerb eingeladen. Eine Jury, wir waren Prüfer der Eingaben, entschied sich für ein Projekt, das aber in der Bevölkerung wegen der sehr modernen Architektur keine Unterstützung fand. Das Projekt mit dem zweiten Preis wurde schlussendlich für die Ausführung bestimmt. Wir hatten wegen der großen Erfahrung bei Friedhofsgebäuden eine begleitende Funktion.

Durch die Funktionen, Lage des Friedhofs, Lage des Gebäudes, Wegverbindungen, Parkplatzsituation, waren von uns als Planer des Bebauungsplanes schon wichtige Funktionen bestimmt, sodass eigentlich die Planung des Friedhofs für uns immer gegeben war. Es war dann aber anders und nicht mehr schön, als der Gemeinderat auch für den Friedhof einen Wettbewerb verlangte. Scheinbar war der Druck von einheimischen Kollegen groß. Was solls. Wir haben den Wettbewerb dann auch gewonnen und es war wieder alles normal. Die Gemeinde hat jetzt einen neuen Friedhof und kann den ehemaligen Kirchhof mit der Zeit wieder seiner ursprünglichen Funktion zuführen.

Es waren die Arbeiten im Schwarzwald, bis an den Bodensee und im Westen bis Freiburg, die an einem Sonntagmorgen das Telefon klingeln ließen. Ja, hier ist Ni. aus Japan, ich habe ihre Telefonnummer von Frau K. vom Regierungspräsidium in Stuttgart bekommen. Ich stehe hier am Bahnhof Waldshut und habe die Bitte, dass sie mir einige Anlagen ihrer Arbeit zeigen. Wir wollen in Japan bei Chiba, speziell für Personen aus Tokio, ein großes Sport- und Erholungszentrum bauen. Gesagt, getan, ich fuhr nach Waldshut und Herr Ni. erklärte mir die vorgesehenen Absichten in Japan, er selbst hatte in Deutschland Architektur und Sprache studiert. Er hatte ein eigenes Büro als Vermittler von Ideen, Materialien, sowie Planern wie mich.

Es dauerte nicht lange, bis die erste Delegation vom Direktor angefangen bis zu Universitätsprofessoren, Finanzgebern, Ärzten kam, um Anlagen in Deutschland und der Schweiz zu besichtigen. Speziell Magglingen, dem Schweizer Ausbildungsstandort für Sportlehrer und Spitzensportler, fand Interesse, auch wegen den Gebäuden mit der einzigen 200-Meter Hallenbahn und den Freianlagen aufgrund den ersten intakten Finnenbahnen. In Japan standen für eine neue Anlage in der Nähe der Hauptstadt Chiba, etwa 50-Kilometer von Tokio entfernt, 300 Hektar ehemaliges Reisland, sehr hügelig, zur Verfügung. Vorgesehen waren Gebäude mit Hallenbad, 200-Meter-Hallenbahn,

Gymnastikhallen, Hallenschwimmbad, Fitnessanlagen, Restaurants und ein Ärztezentrum. Die Außenanlagen sollten aus zwei Golfplätzen, einem großen Schwimmbad, eine 400-Meter-Bahn mit Außenfitnessgeräten, Tennisplätzen, Finnenbahnen, etc. bestehen. Dazu ein Hotel, mehrere Besuchshäuser und Parkplätze. Das Ziel war, Sportinteressierte aus Tokio, die erst mehrere Tage einen Check-up unter ärztlicher Kontrolle durchführten, für die Anlage zu gewinnen.

Aufgrund der Besichtigung und meiner sportlichen Philosophie wurde ich dann nach Japan, zu einer allgemeinen und fachlichen Aussprache eingeladen. Im Flugzeug machte ich zuerst noch Bekanntschaft mit Joseph Beuys. Immerhin bestand seine künstlerische Arbeit auch aus Baumpflanzungen in größtem Stil, 1000-Bäumeprogramm, was meinen Beruf ja auch Nahe stand. Durch die Nähe der Zollkontrolle und des Ausgangs, war ich durch die in Scharen aufgetretene Presse, fast auch auf jedem Fernsehkanal zu sehen. Es war, wenn man so will, ein guter Aus- und Einstieg in Japan. Herr Ni. holte mich am Flughafen ab, und er erklärte mir, dass es nach kurzem Frischmachen mit dem Direktor und Hochbauarchitekten ein Willkommensessen gibt.

Ich übergab brav meine Gastgeschenke. Das typische Schweizer Messer durfte auch nicht fehlen. Eine gewisse Vorbereitung mittels Bücher über Gebräuche, wie Begrüßungen, allgemeines Benehmen, die wichtigsten Worte, ist natürlich nötig. Den Direktor und den Architekten kannte ich bereits vom Besuch in Deutschland und der Schweiz. Beim Essen begann meine Leidensphase. Es gab zuerst, wie Pralinen aussehende kleine Sushi, dazu Sake, den japanischen Reiswein oder auch Schnaps, wegen seines 15- bis 20-prozentigen Alkoholgehaltes. Anschließend wurde der Fisch in seiner ganzen Größe serviert, garniert mit Rosen aus Möhren und Rettich. Die rohen Filets des kurz vorher getöteten Fischs lagen schön sortiert unter den Flossen. Natürlich gab es keinen Widerspruch. Augen zu und durch bei viel Sake.

Am Morgen begann die über fünf Tage dauernde Unterredung. Ich sah mich gegenüber von fünf bis sieben Personen. Insgesamt war es das ganze Vorbereitungsteam, das sich zu den Konferenzen immer wieder austauschte. Es wurden auch oft, aber von anderen Mitarbeitern, zur Überprüfung meiner Beständigkeit in den Aussagen, die gleichen Fragen gestellt. Der Dolmetscher, Herr Nishikawa war zum Glück vom Fach, war immer neben mir und übersetze alles. Die Fragen waren sachbezogen, aber auch stark persönlich. Wie ich zum Beruf gekommen bin, so ein bisschen über meinen beruflichen Werdegang und die persönlichen Ambitionen dazu. Wie kann man einem normalen Menschen Sport und auch Freude dazu vermitteln und vieles mehr. Die Sitzungen begannen morgens, es gab dann im zweiten Stock zum Mittag eine Nudelsuppe und nach ein paar Dehnungsübungen ging es bis 18:00-Uhr abends weiter. Schluss war dann aber noch nicht, es gab Nachtessen, meistens in einem Nachtclub oder Varietébetrieb. Dabei waren immer auch die letzten Mitarbeiter, Feierabend war gegen 23:00 -Uhr, damit diese noch ihre Züge nach Hause erreichten.

Ein besonderer Abend, natürlich nach dem Meeting, war in einer riesigen Variétéhalle mit Programm für 4000-Besucher. Eine versenkbare Wasserorgel, wechselte das Programm mit einem riesigen Orchester, dazu eine Schau über alle Köpfe. Die Halle benutzen meistens alleinstehende Männer, man kann bis zu 2000-Frauen zur Verfügung stellen. Da wir, außer dem Direktor mit seiner Sekretärin, allein waren, bekam jeder Mann eine Frau als Begleiterin zur Seite. Nach einer gewissen Zeit fand ein Austausch statt, man sollte sich nicht zu sehr aneinander gewöhnen, und das Geld muss rollen.

Nach fünf Tagen war das Meeting beendet, und man beauftragte mich, das heißt unser Büro. Mit der Prüfung der Gesamtplanung unter Berücksichtigung ökologischer Gesichtspunkte und der Einplanung einer zehn Kilometer langen Finnenbahn. Als Gastgeschenk durfte ich für meine Frau eine Perlenkette aussuchen – und für die Freundin auch, die hatte ich nicht, und so gab es eben nur eine Kette. Ich bekam zusätzlich eine Seiko Uhr und abends ein wunderschönes Abschiedsessen in einer winzig kleinen Stube mit Außengrill, wo alles was „fliegt" gegrillt wurde. Begleitet beim Essen wurden wir, jeder für sich, von einer persönlichen Geisha, ein besonderes Erlebnis.

Außer unser Büro waren im Planungsteam die japanischen Architekten und Ingenieure, der Oberbauleiter und Dr. Co. aus Amerika, der den Zwölfminuten-Lauftest für die Raumfahrer entwickelt hat, vertreten. Der Zwölfminutentest ist ein anerkannter Test zur Überprüfung der Ausdauer, gemessen an der zurückgelegten Distanz in dieser Zeit. Es lag nahe, dass bei der Verpflichtung einer so bekannten Persönlichkeit das Interesse an der neuen Anlage gesteigert werden würde.

Es wurde geplant und gebaut und mehrere Besuche waren auch zur Zeit der Kirschenblüte, die ich nie vergessen werde. Die Japaner sind ein gastfreundliches Land, und so hatte man mir mal ein Hotel während der Kirschblüte direkt am Kaiserpalast reserviert. Für die Japaner ist es ein großes Fest, alle Plätze rund um den Kaiserpalast sind voll von Ausflüglern, ob Familie, Betriebsangestellte und wer auch immer. Es werden Planen ausgelegt, und man erlebt so mit einem Festpicknick diese schöne Zeit.

Zwischendurch hatten Architekt und Oberbauleiter bei einem Besuch in der Schweiz ihre Kinder mitgebracht. Vier Wochen lang, eine lange Zeit, waren sie bei uns auf Besuch. Wir lernten wieder die Zeichensprache und die Kinder Heidis Welt. Interessant waren die Gepflogenheiten, kein Kind, obwohl fast zehn Jahre alt, zog sich vor dem anderen aus. Mein Dolmetscher erklärte mir die Situation, besonders bei den besseren Familien. Die Mutter, wenn auch nur im Unterrock mal zu sehen, wäre ausgeschlossen.

Bei den Besuchen in Japan musste ich für die Bauleiter immer Schweizer Käsefondue kochen. Wir bekamen den besten Gruyére

Käse, alles, außer Muskat, dafür brachten sie Walnüsse mit. Kirschschnaps war auch zu haben, und der Liter war für sechs Personen gerade ausreichend. Ja, sie trinken ganz gerne so kurze Getränke.

Bei den Besuchen war das Essen immer ein besonderes Problem. Morgens im Hotel schon neben einem Japaner, der gerade rohen Fisch ist, zu sitzen, ist nicht gerade stimmend für das eigene Essen. Wir konnten, da ein Mitarbeiter von mir mal einen Kreislaufkollaps hatte, zu viel Eiweiß, den rohen Fisch absetzen und durch gebackenen Fisch ersetzen.

Der Bau der Finnenbahn, eine waldbodenähnliche Fläche, also federnd und den Körper schonend, war ein Problem. Rinde gibt es in Japan von verschiedenen Bäumen nur wenig. Die immergrünen Bäume wie Cryptomeria, haben kaum Rinde und Bambus geht schon gar nicht. Also musste der Belag aus natürlicher, jedoch bestimmter Rinde und Fraktion, aus Europa eingeführt werden. Aus Herbertingen, oberhalb dem Bodensee, einem Werk mit Bahnanschluss, wurden 24 Waggons mit Föhren- und Lärchenrinde mit der Eisenbahn und dem Schiff über Russland bis zum Hafen Chiba transportiert. Von dort per Lkw direkt zum Bestimmungsort. Finnenbahnen dürfen keine Staunässe haben, und so wurde der Belag, ca. zwölf Zentimeter stark, auf eine Entwässerungsschicht mit materialtrennender Fließmatte eingebaut.

Sport soll auch Freude ausdrücken, genau das erkannte man an einem Läufer auf der Finnenbahn im späteren Prospekt der Gesamtanlage. Unsere Ausführungen zur Philosophie hatten also gewirkt.

Wenn man auf Reisen ist, kann man etwas erleben. So hatten wir Gelegenheit, die Expo-1985 in Tsukuba kennenzulernen. Hier waren die Japaner Meister in der Darstellung. Wir waren in der Schau von Mitsubishi, wo wir mittels eines Gefährts in den Weltraum vorstießen, es war fantastisch. Im Ausgangsbereich waren dann einfach und simpel die Hauptprodukte wie Auto, Waschmaschine, Fernsehen ets. einfach als Einzelprodukt zu sehen, und das wars.

Im deutschen Pavillon wurde von der Margarine bis zum Fisch aus der Nordsee, alles im Detail gezeigt. Es war wie ein riesiges Warenhaus, vollgestopft mit deutschen Artikeln aber ohne Werbeeffekt.

So wie wir die Gelegenheit nutzen, auch das Land ein wenig kennenzulernen, machten es auch die Japaner. Ein Anruf von meinem Dolmetscher machte klar, dass eine kleine Delegation auch mal gründlicher, ohne Fachbesichtigungen, die Schweiz kennenlernen möchte. So machten wir das Programm vom Berner Oberland bis nach Appenzell. Wir waren einige Tage unterwegs und frühmorgens begann das Frühstück erst nach einem kleinen Lauf quer durch die Gemeinde. So war es in Brienz, als man durch das Rennen Läden mit viel Schnitzereien gesehen hatte. Einen großen Greifvogel musste ich beim nächsten Besuch mitbringen. In Appenzell kam man nicht umhin, Trachten für die Kinder zu kaufen. So haben wir eher mehr Zeit für das Einkaufen als für Besichtigungen gebraucht. Zum Schluss durfte auch die St.-Galler-Spitze nicht fehlen. Der Gepäckanteil an Souvenirs war ausgebucht, und die Delegation mit dem Direktor zog weiter nach Deutschland, Reiseführer war mein Dolmetscher.

Die Einweihung nahte, sie war natürlich im April während der Kirschblütenzeit. Das Anreisen war ein wenig umständlich und lang, wir mussten über Peking fliegen. Auch mussten wir neu einchecken und vergaßen dabei den Spezialkoffer mit Leas Tracht für die Einweihung. Gott sei Dank stand beim Suchen der Koffer immer noch am gleichen Platz, und die Tracht war gesichert. Gut angekommen, wir wohnten im Gästehaus, waren die Vorbereitungen angesagt. Dr. – Co. und ich sollten später für die Besucher Vorträge halten, zwei Tage lang, pro Tag ca.

vier bis sechs Kurzvorträge. Der Dolmetscher hatte viel zu tun, um unsere jeweiligen Kurzvorträge aufeinander abzustimmen. In der Zwischenzeit wurden die mitgereisten Frauen zu einem Einkaufsbummel nach Chiba eingeladen, ausgestattet mit einem Gutschein für jede Person von ca.1000 -Franken.

Zuerst einmal war vor der eigentlichen Einweihung am Abend ein Empfang für alle am Projekt Beteiligten. Wir wurden per Menschenspalier von den Mitarbeitern empfangen, und ich konnte auch mein Geschenk, einen großen schwarzen Bergkristall aus Turmalin, dem Direktor überreichen. Dieser war als Sohn von Reisbauern geboren und hatte nun so ein großes Projekt verwirklicht.

Zur großen Einweihung waren 600 Personen eingeladen. Ich sehe heute noch das Bild vor mir, alles Männer bis auf eine Dame, die erfolgreichste Geschäftsfrau Japans. Das Präsidium und wir Mitbeteiligten waren natürlich in Sportbekleidung ausgestattet worden. Ausnahmen bildeten unsere zwei Frauen, sie saßen in der ersten Reihe mit ihrer Berner- und Aargauer Tracht. Sie waren die Hingucker während der Einweihung und später auf allen Fernsehkanälen zu sehen. Ein sogenannter Marathonlauf, natürlich auf den neuen Anlagen, gab anschließend das Startzeichen für unsere Vorträge in der Gymnastik- und Fitnesshalle. Für Interesse sorgten Sportler, die es waren oder noch werden wollten. Sie kamen aus Tokio oder der Umgebung und wurden mit Bussen hin und her transportiert. Vor dem Besichtigen der Anlagen waren jeweils die Vorträge von Dr. -Co. über Fitness und, den Zwölfminutentest. Ich sprach über die Außenanlagen, Sportphilosophie, dem Sinn von Sport und wie man Freude daran haben kann. Dazu kamen Interviews im Fernsehen und jeder Teilnehmer wollte mit einem reden. Alles wurde von unserem Dolmetscher gut, dass er Architekt war, übersetzt.

Nach drei Tagen war alles geschafft. Es waren ca. 3500 Besucher da, die uns dann auf einem Wagen stehend mit Applaus auf der Ehrenrunde der 400-Meter-Bahn verabschiedeten.

Damit war eines meiner interessantesten Projekte, auch in Verbindung mit den Menschen aus Japan, abgeschlossen. Mit meinem Dolmetscher, Herrn Ni., habe ich auch heute noch nach 35 Jahren Kontakt.

Wier hatten ein wenig Urlaub verdient und machten noch eine Reise zu den Perlentauchern, nach Kyoto und bis nach Hiroshima. Es war eine wunderbare Reise mit dem Shinkansen -Express, der auf der Rückfahrt von Hiroshima nach Tokio, 1000 -Kilometer, vier Stunden benötigte. Man erreichte dies durch eine eigene Spur, die grundsätzlich bei Hindernissen wie einem Bahnhof ein Stock höher verläuft, also durchgehend verkehrs- und hindernisfrei fährt.

Am Flughafen von Tokio wurden wir verabschiedet mit einem kleinen Buffet, womit wir nicht gerechnet hatten. So sind die Japaner, gastfreundlich bis zuletzt.

Wenn man an so interessante Aufträge wie in Japan, aber auch in Deutschland und der Schweiz denkt und zufrieden erledigt hat, denkt man genauso mit Dank auch an seine Mitarbeiter. Speziell im Ausland arbeiten ist anders. Sie mussten oft hart arbeiten: sie waren aber immer dazu bereit. Die Generation der Mitarbeiter hatte aber noch Eltern, die selbst durch schlechte Zeiten mussten. Die Kinder wurden entsprechend erzogen, anders als in den Nachfolgegenerationen.

Besonders bemerkte man das auch bei den Studierenden. An den Universitäten wurde fast jegliche Praxis vor dem Studium gestrichen. Zu unserer Zeit war noch eine zweijährige Lehrzeit im später gewählten Studienfach nötig. Ich habe mich später oft mit den Professoren über diese Misere beklagt. Man bekam höchstens die Antwort: Lassen sie doch den Studierenden erst mal die Fantasie, lernen können sie dann in den Betrieben. Ich wäre bei diesem Vorschlag sofort dabei. Wenn man nach dem Studium eine zweijährige, kontrollierte Assistenzzeit einführen würde, warum das nur zum Beispiel bei den Ärzten?

Nach den sechzig Jahren meiner Berufszeit, davon neun Jahre mit Partner und 35 Jahre allein selbstständig, erlaube ich mir, einen Überblick über die Studienabgänger zu haben.

In der Schweiz, als einziges Land auf der Welt, gibt es eine Berufslehre als Landschaftsbauzeichner und Landschaftsbauzeichnerin. Dies in Verbindung mit einem Fachabitur oder mit Matura, das wäre die beste Voraussetzung für ein Studium.

In Bad Säckingen war eine Abteilung der Regierung von Stuttgart und dem Regierungspräsidium Freiburg. Sie waren entlang dem Hochrhein unter anderem auch für den Flächennutzungsplan zuständig. Dieser Plan war schon in jahrelanger Bearbeitung und scheiterte bisher am Standort für ein großes Sporthotel in Be., Schwarzwald. Die Gemeinde besteht aus vielen kleinen Siedlungen, die sich auf ca. 900 Metern Höhe flächenmäßig sehr stark verteilen. Man wusste in der Gemeinde genau, was man nicht wollte. Man wollte in dieser schönen Landschaft keine mächtigen Gebäude, die zu dominant die kleinteilige Landschaft verändern würde. Solche Beispiele waren dem Gemeinderat wohl aus anderen Schwarzwaldgemeinden bekannt. Um vielleicht eine Lösung zu finden, beauftragte mich das Landratsamt Waldshut. Bernau hat ein strukturiertes Landschaftsbild: Es geht rauf und runter, von einem Tal ins andere Tal, und ist, auch von vielen Seiten vom Berg her einsehbar. Meine Frau, unser Hund Tessa, ein altenglischer Hirtenhund, und ich, hatten zwei volle Wochenende zu tun, um den Ort kennenzulernen und eine Entscheidung zu fällen.

Schlussendlich gibt es auch viele Kriterien einzuhalten. Ein großes Touristenhotel kann man nicht irgendwo hinbauen. Wir fanden einen Platz, auch in Skiliftnähe, der uns ideal für am Hang angepasste, terrassenmäßig ausgebaute Bauten, erschien.

Schon mit der Auftragsvergabe hatten wir auch ein Modell abgemacht, was uns aus Entscheidungshilfe, wenn man schon so lange dafür gebraucht hat, wichtig zu sein schien. Pläne und Modell wurden verladen und am Zoll angekommen fragte mich der Zöllner: „Haben Sie was zu verzollen?" Ich hatte nicht an eine Anmeldung gedacht, aber es ging gut. Der Zöllner nahm es wörtlich, als ich auf die Frage, was ist das, einfach antworte, das ist nur ein Modell. Ja, dann ist es gut, und ich war schnell weg.

Es wurde eine große Sitzung einberufen: alle wichtigen Ämter aus Stuttgart und Freiburg, Waldshut und der Gemeinderat waren vertreten. Gesehen hatte unseren Entscheid noch niemand, meine kurzen Erläuterungen genügten für ein Aufatmen. So konnte nach Jahren endlich der gesamte Flächennutzungsplan Hochrhein zwecks Genehmigung der Regierung in Stuttgart vorgelegt werden.

Wir hatten im Büro mit Zeichenartikeln eine Entwicklung: von der Ziehfeder über den Graphos hin zu den Rotringstiften, bis dann die ersten Computerprogramme angeboten wurden. Was da am Anfang, ca. 1988, auf dem Markt angeboten wurde, war für den Preis, der zu zahlen war, unrealistisch. Ein Deutscher Anbieter hatte das CAD – Programm eine von einigen Studenten erstellte Software für DM 200000, in der Schweiz angeboten. Unverschämt! Wir fingen mal klein an, und das war auch teuer. Ein Rechner mit sechs Megabyte, ein Bildschirm und als Software das Architekturprogramm: Der Preis war CHF-60000. In Anbetracht der weiteren Entwicklung war das viel Geld. Aber aufzuhalten war diese Entwicklung nicht mehr, und speziell durch die späteren Aufgaben in der Stadt – und Dorfentwicklung hatten wir dann einen Mitarbeiter, der sich nur noch um die CAD-Systeme kümmerte.

Als ob wir es gewusst hätten, hatten wir über die Weihnachts-und -Neujahrsfeiertage 1987-1988 eine Reise nach Russland gebucht. Wir waren zusammen eine Gruppe von 18 Personen, geführt von einem Schweizer Studenten. Bereits im Flugzeug lernten wir uns gegenseitig kennen, da alle Sitze klapperten und es in Etappen warm und kalt wurde. Vor uns saß ein Ehepaar, Jürgen und Helga. mit den Töchtern aus dem Tessin. Wir lernten uns während der Reise näher kennen und haben ein wenig bei der Verkuppelung der Töchter mit dem Reiseführer nachgehakt. Schlussendlich waren wir auch bei ihrer Hochzeit. Jürgen war auch selbstständig und nutzte so die Zeit zum Reisen, meistens über die Feiertage. Wir kennen uns durch gemeinsame Reisen in aller Welt noch heute und treffen uns immer wieder bei verschiedenen Anlässen.

In Russland war alles noch beim Alten: wir waren zuerst in Moskau. Alles leicht verschneit, eine schöne Kulisse. Wer fährt schon nach dem Schlittenlied mit Ross und Wagen durch den Stadtpark von Moskau? Rein von der Information durch die russischen Stadtführerinnen merkten wir, dass wir im Osten sind. Stur wie Oskar, kein Lächeln, die Aufgabe erfüllen und Schluss. Schon damals war das große Kaufhaus auch während der Feiertage leergekauft: es gab nichts. Im Hotel wurden uns von den Putzfrauen Kaviar für Nylonstrümpfe angeboten.

Wir fuhren dann mit dem Zug nach Petersburg. Bei der Fahrt nachts durch die verschneite Landschaft mit dem Erscheinen einer Lampe und einigen Datschas war nicht zum Schlafen.

In Petersburg hatten wir eine freundliche Stadtführerin, von Haus aus Lehrerin. Sie zeigte uns auch die bekannte Oper des Zaren, vermerkte im Bus aber vorher, das heute an Neujahr keine Vorstellung wäre, wir aber innen das Modell anschauen können. Das Programm, der 1. 1., zeigte jedoch an, das heute gespielt wird,und auch die Kasse war offen. Zurück im Bus erzählten wir unsere Feststellung. Wir wollten doch am Abend in die Oper. Schlussendlich gab es 15 Karten zum Preis von ca. CHF-4,00, die Restkarten mussten wir abends auf dem Schwarzmarkt besorgen. Unsere Reiseleiterin war das nicht so recht. Wir sollten das nicht so an die große Glocke hängen. Denn normalerweise gibt es die Karten nur über das offizielle, russische Reisebüro, und jede Karte kostet 50,00–60,00 Dollar.

Wir kannten nun schon den Busfahrer und überredeten ihn, uns abends vom Hotel aus zur Oper zu transportieren. Alles klappte, alle hatten Freude. Lea und ich saßen in der Zarenloge, gespielt wurde La Boheme.

Interessant war Silvester. Lange Tische mit Wodkaflaschen auf dem Tisch, man ahnte nichts Böses. Bekannt war, dass viele Finnen mit der Fähre die Gelegenheit nutzten, mal wieder billig Alkohol zu genießen. Sie bleiben dann über das Wochenende und jetzt über Neujahr. Scheinbar gibt es die Gepflogenheit, mit Sekt und Champagner um Mitternacht wild herum-zu-spritzen, so wie bei der Siegesfeier eines Autorennens. Unsere Frauen waren noch nie so schnell unter dem Tisch, wenn überhaupt, das war die einzige Chance, der Herumspritzerei zu entgehen. Das Essen allgemein kann man sich sparen, aber man muss davon essen, wenn man nicht verhungern will. Höhepunkt war mal so ein Essen unterwegs, Schweinsleber mit ganzen Kartoffeln, sah schon sehr unappetitlich aus, etwas für den Hundeteller. Auf der Rückreise, wir fuhren tagsüber nach Moskau zurück, wurden die letzten Kaviardosen am Bahnsteig angeboten. Eine Dose Kaviar war für CHF-10,00 zu haben. Wir schenken davon zwei unserer sehr netten Reiseleiterin, und sie war voller Freude beim Abschied. Unterwegs im Zug wollte der Kellner noch ein kleines Geschäft mit uns machen. Es fehlte die silberne Einfassung eines Teeglases. Wahrscheinlich macht er das bei jeder Gruppe, fragte ja auch nicht nach und feuerte den Ofen mit Briketts.

Am Flughafen ging es zurück nach Zürich. Am Zoll mussten wir an einer ostdeutschen Reisegruppe vorbei, die in Reih und Glied auf ein am Zoll hängengebliebenes Reisemitglied wartete. Wir konnten noch beobachten, wie dieses Mitglied mit ca.15 Dosen Kaviar über den Zoll wollte und dabei erwischt wurde. Ob diese Reisegruppe schon an den Mauerfall am 9. November, ein knappes Jahr später, gedacht hatte?

1990–2008

1989 und 1990 waren Jahre politischer Änderungen, die das Büro und mich persönlich vor Umschichtungen und großen Herausforderungen im Beruf stellten.

Die Mauer, Grenze zwischen West- und Ostdeutschland, war im November 1990 gefallen. Es wurde mit aller Macht an der Wiedervereinigung gearbeitet. Diese fand aufgrund des Einigungsvertrages vom August 1990, am 3. Oktober 1990 statt. In dem Einigungsvertrag wurden auch die neuen Bundesländer festgelegt, darunter Sachsen. In allen neuen Bundesländern fanden im Oktober 1990 Wahlen statt. Es wurden die ersten Ministerpräsidenten nach der DDR – Zeit gewählt. Wegen der in jeder Beziehung neuen Situation in Ostdeutschland, halfen die westdeutschen Bundesländer mit Personal und Technologie aus. Für Sachsen war Baden-Württemberg und Bayern zuständig.

Schon sehr früh im Jahr 1990 bekam ich eines Tages einen Anruf vom Ministerium in Dresden. Es war vom Land Baden-Württemberg, der frühere Abteilungsleiter der Abteilung Städtebau und Dorfentwicklung in Bad Säckingen, mit dem ich am Hochrhein zu tun hatte. Er war nun für den Aufbau dieser Abteilung in Dresden zuständig und wurde mit seiner ganzen Mannschaft dorthin versetzt. Bad Säckingen wurde aufgegeben. Am Telefon bekam ich die große Anfrage: Sie müssen nach Dresden kommen, die Bürgermeister der Gemeinden rennen mir die Tür ein wegen Planer zur Herstellung der Flächennutzungspläne, (in der Schweiz Zonenpläne). Diese Pläne bilden die Grundlage jeglicher Entwicklung in den nächsten 20 Jahren. Sie sind im planerischen Bereich die erste dringend notwendige Planung überhaupt. Ohne diese Planverabschiedung hängen alle neuen Ideen und Investitionen, alles in der Luft. Die Gemeinden sind als Planungsträger für ihre städtebauliche Entwicklung und damit auch für die Aufstellung der Bauleitpläne wie dem

Flächennutzungsplan zuständig und verantwortlich. Die Regierung hatte hierfür und für andere dringende Maßnahmen das erste Geld für den ehemaligen DDR-Staat zur Verfügung gestellt.

Meine Antwort ließ auf sich warten, war es doch die Dritte, Herausforderung, gleich wie in Bonn als Bundesstadt, in der Schweiz und jetzt in Dresden. Nach dem dritten Anruf sagte ich einen Kurzbesuch zu, um mir die Situation mal anzuschauen. Ich war noch nie vorher im Osten, auch als Kind nicht. Meine Mutter war nicht so ein Fan von den Sachsen, das hörte ich mal später, nach dem Bekanntsein meiner dortigen Bürozweigstelle.

Um 1990 nach Dresden zu kommen, war schwierig. Es gab keine direkte Flugverbindung von Zürich aus. Man flog mit Zwischenstopp über Stuttgart, München, Frankfurt, Köln, Hamburg, Berlin, also recht kompliziert.

Im Ministerium Dresden angekommen, warteten dort ca.15 Bürgermeister auf meinen Besuch. Das Ministerium hatte gehandelt und sah das als einfachste Lösung. Für mich eigentlich nicht, denn ich wollte mir erst einmal alles ansehen, aber die Überrumpelung war gelungen. Ich flog nach Hause mit viel Gepäck und der Aussage an meine Frau: Wir fangen das dritte Mal in einem Staat an und diesmal in Dresden. Beim nächsten Besuch, einige Tage später, wurden Verträge abgeschlossen. Eine Bitte, mir ein Büro zur Verfügung zu stellen, wurde erfüllt. Der Bürgermeister von Langebrück hatte die Räume der alten Meliorationsgesellschaft frei, und somit war das Problem mal gelöst.

Im Schweizer Büro war Aufbruchstimmung. Von den damaligen zehn Mitarbeitern sollten mindestens fünf Mitarbeiter für Dresden arbeiten. Dies ließ sich zu der Zeit auch verwirklichen, da neue Aufträge aus Westdeutschland sofort mit der Wiedervereinigung zurückgingen. Das Geld wurde erst einmal für den Osten gebraucht. Ich kaufte noch ein Auto und entsprechendes Büro- und Vermessungsmaterial, und die ersten drei Mitarbeiter wurden nach Dresden geschickt, Sie waren 18 Stunden unterwegs. Die Fahrverhältnisse mit dem Auto waren so schlecht, dass alle weiteren Reisen per Flugzeug stattfanden.

Angekommen, hörten die Sorgen nicht auf. Alle, meistens alten Hotels waren besetzt von Banken, Versicherungen, etc. In Langebrück, ein selbstständiger Ort, ca. zwölf Kilometer von Dresden entfernt, direkt an der Dresdener Heide anliegend, gab es höchstens noch Privatzimmer. Wir hatten Glück, in einer früheren Jugendstilvilla einer ehemaligen Radeberger Teppichherstellerfamilie, Platz zu finden. Das Gelände mit Villa war vorher im Eigentum der Deutschen Jugend, also eine Parteiunterkunft. Dafür wurde im schönen Park noch eine zweigeschossige Unterkunft mit Einzelzimmer für zwölf Personen gebaut. Zusammen gab es für alle eine drei Meter hohe Dusche und eine Toilette.

Wir hatten mal eine Bleibe, und für die Betten, die Matratzen waren noch nie ausgetauscht worden, besorgten wir erst einmal wegen dem Durchliegen Brettunterlagen. Ich hatte in der Villa noch Platz, tauschte aber jedes Mal mein Bettzeug auf ein Sofa, wo es nicht gerade optimal, aber besser im Durchhängen war.

Wir waren also im Osten von Dresden in der Nähe vom Flughafen, der Dresdener Heide, und einem Bahnanschluss gelandet. Diese Bahnverbindung Richtung Breslau hatte nach dessen Fertigstellung für Langebrück eine wichtige Bedeutung. Die Leute von Dresden im Elbtal, mit schlechter Luft, bevorzugten am Wochenende Langebrück, das durch die Bahn schnell erreichbar war. Langebrück lag 90-Meter hoch, baute viele Hotels und war dann Luftkurort. Auch der König besuchte oft Langebrück, war doch die Dresdner Heide Jagdgebiet und auch der Saustall war in der Nähe, heute noch.

Natürlich war auch die gesamte Umgebung total neu für uns. Wir sahen neue Bauformen in den Dörfern mit Drei -und Vierseithöfen. Die einzelnen Gebäude waren nicht mehr intakt, neu gebaut wurde wenig, und das war gut so. Die Bewohner der Häuser hatten planerisch keine Fehler gemacht, wenn auch die LPG, das sind landwirtschaftliche Genossenschaften, oft am Rand eines Dorfes eine Milchkuhanlage oder eine Schweinemästerei platziert hatten.

Zum Beispiel hatte Langebrück im alten Dorfteil eine links und rechts vom Mittelstreifen mit Bach verlaufende Dorfstraße. Hieran angeschlossen waren die sehr nah aneinander stehenden Höfe, und die Felder waren meistens in Hofbreite dahinter. Die Enteignung führte dann zu den Genossenschaften, bei denen die ehemalig selbstständigen Bauern arbeiteten.

Langebrück hatte dann separat eine Milchkuhhaltung, und daraus resultierte natürlich zu viel Mist und Jauche, was durch diese Spezialisierung dann überall, im ganzen Land, zu Problemen führte. Früher war es bei den Einzelbauern besser aufgeteilt: Der eine hatte Schafe, der andere Schweine oder Kühe, oder nur Hühner oder Gänse.

Unser Team für Dresden hatte sich gebildet aus:

HJW: ETH-Architekt: er hatte einen berühmten Vater aus Basel, der früher in Ostdeutschland Wettbewerbe gewonnen hat. Das sagte er mir mal bei einer Zwischenlandung in Leipzig, dass sein Vater mal die Gebäude des Flughafens geplant hätte. Auch war er zu dieser Zeit Präsident des Bauhaus Dessau, ein Schulgebäude für Kunst, Design und Architektur. Heute ist es ein großer Gebäudekomplex mit vielen Musterhäusern.

M.Sch.: Landschaftsarchitekt, an der Hochschule in Rapperswil studiert, ist Sohn Dresdener Eltern, die relativ früh in die Schweiz auswanderten. Der Vater war Professor an der Hochschule für Landschaftsarchitektur in Rapperswil. Von der Mutter bekamen wir den Tipp, abends auf der Neustadtseite von Dresden, an der Elbe im Restaurant am Brückenende zu Essen und dabei im Abendlicht den besten Blick auf die Altstadt wie Schloss und Semperoper, zu genießen.

H.K.: Landschaftsarchitekt, seine letzte Stelle, bevor er zu uns kam, war in Frankreich. Seine Frau ist Französin, auch Architektin. Er war später Bürochef und ist heute Amtsleiter für den Bereich „Stadt und Dorfentwicklung" beim Ministerium in Dresden.

K: Die Vorfahren waren nach Australien ausgewandert. Er kam zu uns als Landschaftsarchitekt und war später hauptsächlich für die Technik, das heißt für alle Computer, Plotter, also für die ganze Electronic zuständig.
Das Team wurde ergänzt durch Hochbauzeichner und später auch einheimischen Architekten und Bauzeichnern. Auch die Sekretärin ist nicht zu vergessen. Sie war unsere Nachbarin und von Haus aus Bibliothekarin. Der Mann arbeitete beim Staat und die Kinder studierten Musik. Eine Tochter wurde Ärztin. Sie wollte gern arbeiten, und ich fragte: „Haben Sie ein Telefon?" Langebrück hatte zwar ein eigenes Netz, aber die Nummern waren ausgebucht. Wir telefonierten bisher immer bei der Post. So einigten wir uns, sie hatte Arbeit, und wir hatten eine Telefonnummer. Das Telefon wurde als fliegende Leitung von Haus zu Haus verlegt und die Nummer war bis zum Ende, fast 19 Jahre lang, unsere Büronummer.

Da ich immer abwechselnd in den Büros war, hatten die zwei Sekretärinnen eine besondere Aufgabe. Das galt auch für die Schweizer Mitarbeiter, die alle 14 Tage die Büros wechselten. Das hing auch stark mit der in der Schweiz bereits vorhandenen Technik zusammen. Zum Beispiel wurden große Bestandspläne von einem Großplotter in Bern bearbeitet.

Also, wir konnten schlafen, hatten die provisorischen Büros, eine Post zum Telefonieren, Essen gab es meistens nur am Abend. Die Arbeit begann mit der Aufnahme der Situation der Dörfer: die Bestandsaufnahme. Es gab kaum Pläne, abgerissene oder neue

Gebäude wurden in keinem Plan nach-getragen. Wir hatten viel Arbeit, bis wir mal eine Planungsgrundlage zusammenhatten. Pläne, Luftaufnahmen im Maßstab 1:2000, schwarzweiß, die ich noch in der Melioration vorgefunden hatte, helfen uns, da sie genau maßstäblich von der Stadt und dessen Umgebung waren.

In allen Dörfern mussten sich auch neue Gremien bilden. Es gab alte oder neue Bürgermeister. Die Gemeinderatsmitglieder waren mehrheitlich aus der alten CDU oder SPD. Die CDU hatte bei den ersten Wahlen in Sachsen eine eindeutige Mehrheit. Natürlich war es schwierig, nicht vorbelastete, geeignete Kandidaten zu finden. Der erste Ministerpräsident Biedenkopf war ein Kölner, und wir trafen uns mal zufällig abends nach seiner Wahlrede und nach einer Sitzung. Nur in einem Hotel gab es zu dieser Zeit noch Essen. Dass wir in einer Gemeinde eine Bürgermeisterin mit vorherigem Pediküregeschäft hatten, war auch normal. Es war allgemein schwierig, geeignete Leute zu finden oder Fragen beantwortet zu bekommen. Viele hatten immer noch die DDR im Kopf, wenn du nichts sagst, machst du auch keine Fehler. Man muss sich vorstellen, dass alle Richter aus ihrem Amt entlassen wurden. So war es teilweise auch bei anderen Berufen. Es waren die Bayern und Baden-Württembergischen Helfer jedes Berufszweiges, die beim Staat überall aushalfen. Auch bei den kleinen Gemeinden gab es die sogenannte Amtshilfe. Das waren meistens pensionierte Bürgermeister aus dem Westen, die hier mit Rat und Tat zur Seite standen, wir waren froh.

So erging es uns auch mit der Planung. Die ersten Sitzungen waren Aufklärungen über das Planungswesen und die dazugehörigen Gesetze. Von einem Flächennutzungsplan, Bebauungs- oder Grünordnungsplan, hatte man vorher nichts gehört.

Ich lernte einen Architekten kennen, der Leiter eines großen DDR-Betriebs mit einer Architekturabteilung war. Sie planten nicht in der Realität, sondern in der Fantasiewelt. Es gab nichts oder wenig zum Planen, aber in der Scheinwelt gab es immer etwas zu tun.

Anders war es in der Denkmalpflege. Ohne ans Bauen zu denken, konnten hier wichtige Vorarbeiten, Kartierungen des Bestands, für die Zukunft geleistet werden. Der Wiederaufbau oder die Sanierung haben der Stadt Dresden dank dieser Vorarbeit gut geholfen. Es konnten die ersten Gelder, weil die Planung geleistet war, zur Verfügung gestellt werden. Nur bei der Frauenkirche, die wir als großen Schuttberg vorfanden, fehlte diese Vorleistung. Hier meinte man zu dieser Zeit, dass man diese wegen Geldmangel nicht mehr aufbauen kann. Es kam jedoch anders.

Nach einigen Wochen im Osten, was fanden wir vor:

Wir kamen das erste Mal am Abend an, das Flugzeug hielt direkt vor dem Ausgang, denn nur dort brannte eine Lampe. Man erkennt, obwohl Gebäude da waren, nur Dunkelheit. Es ist viel im Verborgenen. Die Leute gehen früh zu Bett und stehen früh wieder auf. Es ist keine Impulsivität da, alle schleichen so dahin. Die wenigen Straßenlampen bringen auch nichts Helles in dieser Dunkelheit. Die äußere Dunkelheit wird nachts verstärkt durch die Gardinen und durch Vorhänge an den Fenstern. Man kann nicht hinaus, aber auch nicht hineinschauen. Tagsüber wird dies verstärkt durch hohe Einfassungen um das Grundstück, dies zumindest in den Einfamilienhausquartieren.

Nebel und Dunst, verstärkte diese Situation: vor allem, wenn einem der Nebel als Dunstglocke von der Kohlenheizung auf der Fahrt ins tieferliegende Dresden entgegenkommt. Dazu kamen die Zweitakt Trabis und andere Autos. Der Dreck vom Himmel verursachte auch große Schäden an den Natur-Sandsteinfassaden, wovon halb Dresden aufgebaut war. Zum Gemisch aus Kohle und Abgasen kamen undichte Leitungen der Gasversorgung hinzu. Zum Reparieren fehlten Ersatzteile und das Geld. Die Leitungen in unserem Quartier waren um die Jahrhundertwende verlegt worden.

Im Winter wurden die Straßen mit einem Sanddreckgemisch gestreut, das man dann überall bis in die Wohnung mitnahm.

In den Quartieren mit Gärten hatten alle Bewohner Keller und zusätzlich im Garten einen Schopf. Bei einem Dreifamilienhaus war dann der Garten überstellt mit drei verschiedenen Schopfbauten. Diese wurden benutzt für das Sammeln von wichtigen Ersatzteilen wie Holz, Eisen, Pflaster, alles, womit man einen Tausch vornehmen konnte nach dem Motto: „Vielleicht Holz für Dachziegel." Neues Material gab es wenig, und wenn, dann Eisen und das nächste Mal Holz. Meine Architektin erklärte mir später so die Planungsvorgaben, man musste sich beim Planen nach dem vorhandenen Material richten.

Die Keller, ursprünglich wegen der besseren Durchlüftung mit Dachlatten abgegrenzt, waren alle wegen dem Einsehen mit meistens luftundurchlässigem Material verschlossen, und es entstanden große Schäden durch die hohe Luftfeuchtigkeit.

Es gab auch so typische Lebensgrundsätze. Wichtig war, dass man zum Beispiel um 7:00-Uhr morgens im Betrieb war. Auch wenn man über den Hinterausgang zum Einkaufen wieder erst einmal weg war. Gewöhnt war man, nach dem Bringen der Kinder in den Hort, früh zu arbeiten, damit man möglichst um 15:00-Uhr wieder Feierabend hatte.

Obwohl die Straßen voller Schlaglöcher waren, durfte auf den wassergebundenen Gehwegen, auch vor unserem späteren Haus, nicht das Minimum an Gras, oder was auch immer, stehen. Meistens samstags, es war so ein Pflichttag, kniete eine alte Frau auf dem Gehweg, zur Ausübung ihrer Sauberkeitspflicht. Da ich ein bisschen Grün nicht gerade als Dreck betrachtete, musste ein Mahnschreiben der Gemeinde mich an meine Pflicht erinnern.

Zu unserer sehr frühen Zeit in Langebrück, gehörten noch viele Häuser der Gemeinde: das heißt dem Staat nach der Enteignung. Die Mieter hatten also ein Mietverhältnis mit der Gemeinde und meldeten dort auch Reparaturen. Auch gehörte das Auswechseln einer kaputten Glühbirne dazu, habe ich so erlebt.

Es fiel auf, das zu der starken Abschirmung nach außen auch viele Hunde, besonders Deutsche Schäferhunde, speziell bei Einfamilienhäusern, die Absicherung verstärkten.

Das Abschirmen geschah unter dem Motto: „Feind hört mit." Die Vorsicht wurde durch die späteren Stasi Veröffentlichungen bestätigt. Erlebnisse später an der Neiße, die jetzige Grenze zu Polen und Tschechien, bestätigen dies. Eine Gemeinderätin, dessen Mann einen Transportbetrieb hatte, also einer der wenigen noch Selbstständigen, wurde jahrelang am Fenster abgehört. Es fiel meistens durch Spuren im Schnee auf, aber daraus machten sich diese Leute scheinbar nichts. Man wusste ja, wer es war, hatte er doch zu DDR-Zeiten schon einen Golf GT als Auto. Meine Frage an sie, ob sie jetzt nach der Wende nichts unternehmen würde, war typisch für alle. Sie wollten sich nicht mehr damit befassen, die DDR-Zeit war für sie abgeschlossen

Wie schon erwähnt, hatten die Behörden ihre besonderen Gewohnheiten. Auch indem sie uns zu Besprechungen morgens um 07:00-Uhr einluden. Es war wohl bekannt, das westliche Firmen nicht so früh arbeiteten. Wir mussten aber dadurch, hatten wir es doch immer mit Genehmigungsbehörden zu tun. Uns schmeckte aber bereits der Kaffee,und wir waren sicher, dass nach unserem Treffen erst einmal gefrühstückt wurde.

Das war auch in den Sitzungen so. Ob bei der Behörde oder bei uns im Büro bei Sitzungen: Punkt 09:00-Uhr morgens öffnete ein Mitglied seine Blechdose mit dem Eingeklemmten darin und frühstückte erst einmal. Die Sitzung ging weiter.

Auch die Autobahnen waren in einem schlechten Zustand, teilweise nur einspurig, weil nach dem Bau der Brücken diese zweite

Bahn nicht mehr ausgebaut wurde. Man fuhr kurvenartig durch die vielen schlechten Stellen.

Auf den landwirtschaftlichen Feldern sahen wir viele großflächig rollende Regenanlagen. Diese wurden wieder zur Bewässerung gebraucht, nachdem durch die Melioration das Land vollkommen entwässert wurde. Die kleinteiligen Flächen mit kleinen Bächen, Tümpeln, Hecken, alles wurde begradigt.

Ein Gang durch Dresden bescherte uns eigentlich den Wiederaufbau der Semperoper, noch zu DDR-Zeiten 1985, und anderer historischer Gebäude, aber auch viele, leere Flächen. Dresden, die Altstadt, wurde mit Brandbomben bombardiert, die zumindest die Keller nicht gesamthaft zerstört haben. Der historische Teil mit dem Schloss, sowie auch die Frauenkirche waren Schutt und Ruine.

Wir kamen auch schnell mal nach Meißen, wo zumindest der Bäcker noch da war, und wir unseren ersten Stollen kaufen konnten. In der Stadt selbst waren die Häuser nicht bewohnt und durch Wind und Wetter eingefallen. Nur einige Häuser waren bewohnt. Die Meißner Porzellanfabrik und die Albrechtsburg waren zugänglich. Porzellan war ein wichtiges Exportgeschäft für die DDR. Auf dem Weg dorthin, war am Straßenrand ein Trabi-Cabriolet zu verkaufen. Schon in der DDR-Zeit eine Rarität, wäre heute Gold wert, aber erst einmal hatten wir andere Prioritäten zu erledigen.

Wenn wir Essen gingen, erinnerte mich die Speisekarte direkt an das Ruhrgebiet. Sauerbraten, wenn auch Dresdner, Rindsrolladen, Sülze waren typisch, dazu kamen die Einflüsse vom Osten, wie die Soljanka-Suppe.

Zu DDR-Zeiten schien auch der Schein zu trügen. Ich musste zur Universität der Stadt Freiberg, spezialisiert auf Bergbau, um einige Bücher zu kaufen, bedingt durch unsere Arbeit in den Braunkohlegebieten. Meine Frau war dabei, und wir schauten uns die schöne Stadt an. Diese war wegen der 700-Jahrfeier herausgeputzt worden, aber nur das Sichtbare von außen wurde saniert. Innen, die Höfe, die zeigte uns ein Einwohner, waren wie alle, unsaniert.

Es war alles neu, auch das Hilton in Dresden: ein Hotel, dass es zur Wende schon gab. Speziell für Wessis gab es Dresdner-Kartoffelsuppe auf der Speisekarte. Sie war auch gedacht für alle, die später am Abend, meistens nach einer Sitzung, noch eintrafen. Denn das Hilton war das zweite Hotel, wo ich später am Abend noch etwas zum Essen bekam. Zugleich war es auch für viele ein Treffpunkt.

Normale kleine Restaurants verschwanden eins nach dem anderen. Oft waren es Mietverhältnisse, die sich geändert hatten. Die besseren Lokale zum Beispiel mit Blick auf die Elbe blieben offen. Hier pflegte auch die bessere Gesellschaft der DDR zu essen. Wenn man an der Elbe entlang Richtung Pillnitz fuhr, fiel auf, dass bei vielen großen Obstplantagen, zum Beispiel wegen dem sauren Sandboden die Sauerkirschen, nicht mehr abgeerntet wurden. Hier war wahrscheinlich wegen der Rückgabe der Fläche niemand mehr für die Ernte verantwortlich. Es war ein generelles Problem, ob eine Obstplantage oder ob es Häuser waren. Plötzlich war durch die Rückgabe der Staat nicht mehr zuständig, und viele Häuser wurden dadurch, da man den Besitzer noch nicht gefunden hatte, bald nicht mehr bewohnbar. Ich kannte in der Nähe so eine zweistöckige Villa, bei der durch das Dach Wasser eindrang,und niemand kümmerte sich darum. Die Behörden sind da stur wie ein Panzer. Man konnte ja fremdes Eigentum plötzlich nicht mehr betreten, aber vorher schon.

Natürlich mussten wir auch schnell die Semperoper von innen kennenlernen. Wir zahlten für den Eintritt 1990 12,00 DM, ähnlich war es auch beim Konzert der Dresdner Philharmonie.

Zwischen Dresden und Langebrück gab es noch die russische Armee. Sie hatte noch einen von einer großen weißen Mauer umgebenen Stützpunkt. Hauptaufgabe war vielleicht noch die Wache und das ständige Anstreichen der das Gelände umgebenden Mauer. Auch Mr. Putin bewohnte in der Nähe ein Einfamilienhaus. Er war damals Offizier für Auslandspionage beim In- und Auslandgeheimdienst KGB. Ein Truppenübungsplatz nördlich von Dresden ergänzte die Anwesenheit, die aber dann schnell endete.

Eine besondere Kundennähe hatte eine zu unserer Gemeinde gehörende Bäckerei. Ein aus der DDR gewohnter Bestellservice, in dem die Samstagsbestellung jeweils am Freitag mit Einkaufstasche und Bestellzettel abzugeben war, wurde nicht geändert. Dazu sah ich sonntagsmorgens in der Gemeinde nebenan eine große Schlange von Einkaufenden beim Bäcker, der nach alter DDR-Art Brötchen verkaufte.

Vertrauen aufzubauen in den zwischenmenschlichen Beziehungen war bis auf Ausnahmen sehr schwierig. Man bemühte sich, einen Anfang zu machen, der aber nie oder selten zurückkam. Die alten Ängste waren da, und man wollte unter sich bleiben. Ein Problem der Wiedervereinigung bis heute, was auch an den alten Seilschaften hängt, die zwischenzeitlich verschwunden waren, aber schon bald wieder aufgetaucht sind.

Auch die Ansprüche, in kurzer Zeit Ostdeutschland aufzubauen, waren zu hoch. Helmut Kohl hätte damals an der noch bestehenden Mauer, besser gesagt: Wenn alle Bewohner der alten DDR mitmachen, mithelfen, Ostdeutschland wiederaufzubauen, dann wird es auch in Ostdeutschland wieder blühende Landschaften geben.

In den Sitzungen merkten wir schnell den Unterschied zwischen einer Sitzung am Hochrhein oder in Sachsen. Die Baden-Württemberger sahen einen Fehler, den man nachträglich ändern kann. In Sachsen sollte dieser Fehler nicht passiert sein. Diese Einstellung durchzog dann so eine Sitzung, obwohl wir als Schweizer noch in der besseren Situation waren.

Wir arbeiteten für viele Gemeinden zur gleichen Zeit. Das erste Ziel, das heißt die erste Phase in der Bauleitplanung war der Flächennutzungsplan. Er ist ein Instrument der räumlichen Planung, indem die beabsichtigte städtebauliche Entwicklung einer Gemeinde kartografisch und textlich, in der Regel für die nächsten 20-Jahre, dargestellt wird. Änderungen können in gewissen Abständen unter den gleichen Bedingungen und Gesetzesvorgaben vorgenommen werden. Die Pläne gelten als Basis für den verbindlichen Bebauungsplan.

Unser Vorgehen war auch durch die räumliche Distanz nicht immer einfach. So war ich in der Woche drei Tage anwesend, wo dann auch bis zu drei öffentliche Gemeinderatssitzungen verschiedener Gemeinden stattfanden.

In einer Gemeinde hatten wir einen besonderen Fall. Die Bürgermeisterin fragte mich zu Beginn, ob ich einverstanden wäre, dass ein sich so einfach angemeldetes Büro, auch einen Plan vorstellen könnte. Was soll ich sagen, ich hatte genügend Grund zu glauben, dass wir bei unserer Planung auf den richtigen Weg waren, das ganze Gemeindegebiet gleichwertig zu bearbeiten. Die Vorstellung begann, und was ich erahnte, geschah auch. Es gab interessierte Investoren, die nur an Gewerbegebieten Interesse hatten. So war es auch,und wir konnten beruhigt unseren Plan, dessen Bearbeitung in mehreren Phasen ablief, erklären. Man merkt natürlich schnell, auch in der Diskussion, welche Gemeinderäte woher kommen. Die Autowerkstätten und Autoverkaufslokale waren natürlich nicht an einem gemeinsamen Gewerbegebiet interessiert, sie wollten im Dorf bleiben. Dieser Planungspunkt war uns ein echtes Anliegen und wir konnten hier auf viele Negativbeispiele in Westdeutschland und der Schweiz hinweisen.

Auch bei einem größeren Ladenzentrum gab es heftige Diskussion wegen der Größe. Es konnte nicht groß genug sein, sodass sogar kurz vor der Planfertigstellung, bei Schnee und Eis, ein letzter Versuch bei einem Treffen in Stuttgart gewagt wurde. Die Größe, obwohl es allen bekannt war, war entsprechend der Gemeindegröße vorgeschrieben und eine Vergrößerung war schon wegen der Vorschrift nicht möglich.

Es war die Zeit der Wende in der Planbearbeitung. War der erste Plan noch von Hand gezeichnet, waren alle nachfolgenden Arbeiten mittels Computer mit dem neuen CAD-Programm bearbeitet worden. Das war sehr früh im Jahr 1990, und alle Mitarbeiter mussten geschult werden. Es war der Anfang, und die Entwicklung ging monatlich weiter. Soweit, dass wir später in der Nacht mit dem Plotter für die Abgabe an die Behörden bis zu 20-Quadratmeter Pläne pro Projekt ausdrucken konnten. Da unsere Hauptaufgaben in der flächenhaften Raumentwicklung stattfanden, ergab das auch große Pläne, meistens im Maßstab 1: 5000.

Wir Schweizer Unternehmen wollten auf keinen Fall nach deutschem Recht Anstellungen vornehmen. Da die Firmen alle als Zweigfirmen des Hauptbüros angemeldet waren, legten wir mal alles nach unseren Schweizer Anstellungsverträgen fest. Allein schon die Urlaubstage waren nach deutschen Vorschriften bedeutend höher, es ging alles gut. Wir trafen uns mit mehreren Unternehmern jeden Monat einmal. Sogar die ersten Versuche von westdeutschen Gewerkschaften wurden abgewiesen. Diese hatten eine ganze Meute auf die neuen Unternehmer losgelassen. Es gab auch in der DDR eine Gewerkschaft, aber die hatte nichts zu sagen. Die Sitzungen wurden dann schlussendlich aufgegeben mit der Gründung einer deutsch -schweizerischen Wirtschaftsvereinigung, die sich dann regelmäßig auch bei anderen Unternehmen traf.

Ein Schweizer Unternehmer und Politiker aus Graubünden, der sich dem Bobsport auch in ST.Moritz widmete, war spontaner

Berater der Bob- und Schlittenbahn Altenberg im Erzgebirge geworden. Der Wirtschaftsclub traf sich dort an einem Wochenende zu einem Meeting, und wir hatten so Gelegenheit, mal mit dem Viererbob, mit einheimischem Fahrer, die Bobbahn herunterzufahren. Ein Erlebnis, speziell in dem Kreisel, aber einmal genügte es auch. Übernachtet haben wir in einer typischen DDR-Unterkunft, in dem früher Sportler und dessen Betreuer und der Geheimdienst wohnte.

Mit der Zeit waren die Verweilzeiten von mir in Dresden länger, und ich suchte eigentlich eine Wohnung, was sehr schwer war. Ich sprach deswegen mit dem Bürgermeister, und er sagte mir, sie können ein Haus kaufen, dies wäre gerade von dem Besitzer zum Kauf angeboten worden. Wir fuhren mit meinem Mitarbeiter, er war Spezialist für Altbauten, in das um 1900 gebaute Villenquartier. Es handelte sich um eine dreistöckige Villa aus dem Jahr 1902.

In dem Haus wohnten zuletzt sechs Familien, in jedem Stock zwei. Die Wohnungen waren über ein separates Treppenhaus zugänglich. Wir untersuchten das Dach und den Keller, alles war trocken, ideal. Durch die vielen Bewohner waren die Stockwerke nicht mehr in früherem Zustand, das heißt, Zwischenwände, zugemauerte Fenster, auf wunderbarem Parkett liegendes Linoleum, Einbau von zusätzlichen Toiletten und Badezimmern waren als Änderungen vorhanden. Dazu kamen außen an den Fenstern herabhängende Jalousien, sie waren ursprünglich mal ausstellbar.

Das Haus hatte einmal eine Zentralheizung, die durch das Heizen mit Briketts in einfachen Kachelöfen ersetzt wurde. Auch waren die Wasserleitungen noch aus Zink, und es gab viele neue Elektroanschlüsse. Die Keller, ursprünglich mit Holzgitter getrennt, waren alle verschlossen. Es durfte niemand die Geheimnisse kennen, die dort aufbewahrt wurden. Auch der Garten war überstellt mit vielen Lagershops für gesammeltes Material jeglicher Art, man kann es ja mal brauchen, oder zum Tauschen ist es auch geeignet.

Der neue Eigentümer hat das Haus aus dem früheren Staatsbesitz geerbt. Es war ein Oberstudienrat aus dem Osten, der aber jetzt in Hamburg wohnte. Das Untergeschoss, sonst war das Haus wie ein Wunder leer, war von einer älteren Dame und dessen angenommene Tochter bewohnt. Sie war mit dem langen Flüchtlingsstrom von Berlin nach Dresden zu Fuß mit dem Kinderwagen gekommen, nachdem sie die Bombardierung von Berlin überstanden hatte. Mit bei ihr hatte sie ein angenommenes Kind als Findelkind, das sie in den Trümmerfeldern ohne noch lebende Angehörige gefunden hatte. Da sie das erste Mal nicht aufgenommen und zurückgeschickt wurde, machte sie diesen Weg zweimal und landete dann schlussendlich in Langebrück. Der jetzige Besitzer, der Herr Oberstudienrat, heiratete dann später die Tochter und nahm ihren „Von-Namen" an, man wollte ja was sein.

Für mich war die Sache klar. Immer wie bisher die nächsten Jahre verbringen, das geht nicht. Und ein Haus, wo man wohnte, das Büro hatte und noch ein Geschoss vermieten konnte, war doch ideal. Ich sah das fertige Haus nach den Umbauten vor mir. Mit den großen Zimmern, den Glastüren und Stuckdecken, den farbigen Fenstern im Treppenhaus und den wunderbaren Balkonen aus Holz. Auch der Garten würde nach dem Abräumen der Shops wieder mit dem alten Boskoop- Apfelbaum in der Mitte wieder zu dem, was er mal war.

Aber, ich kam nach Hause und sagte mal so, ich habe ein Haus gekauft. Großes Erstaunen und nach der Betrachtung der Bilder waren meine Betrachter nicht gerade davon überzeugt. Beim nächsten Besuch in Dresden flog Lea mit und auch das Überzeugen des Zustandes nach einer Revision war sehr schwierig.

Schlussendlich waren wir uns doch einig, das Haus zu kaufen. Wir lernten den nicht gerade aufgestellten Besitzer kennen, der von vornherein seine Dominanz zu dokumentieren versuchte. Den Preis wolle er allein bestimmen, und die ältere Dame im Haus müsste Wohnrecht bis ans Lebensende haben. Ich konnte die Finanzierung klären, und der Vertrag wurde bald bei einem Notar in Radebeul abgeschlossen.

Von wegen bald einziehen. Das Landratsamt konnte den Besitzerwechsel nicht eintragen, weil noch zwei Goldmarkhypotheken mit kleineren Summen eingetragen waren. Man hatte seitens der Regierung anlässlich des Kurses für den Geldumtausch vergessen, auch für alte Hypotheken den Wechselkurs festzulegen.

Es dauerte sehr lange. Das Büro war inzwischen per Miete im Haus, und ich kaufte nach langer Zeit mal wieder Briketts ein, um das Büro auch heizen zu können. Dies erledigte jeden Morgen um 06:00-Uhr die Putzfrau, sodass es bei Bürobeginn warm war.

Ich erkundigte mich immer wieder nach der Rechtslage, und scheinbar war es so, dass niemand richtig dafür verantwortlich war. Mit noch einem Kollegen nahmen wir die Sache selbst in die Hand und erreichten schlussendlich über einen Minister aus Baden-Württemberg einen Beschluss.
Die Hypotheken konnten nun zum Kurs wie Festgeld umgerechnet werden. Wir konnten also die Verträge abschließen, meine Frau und ich waren neue Eigentümer und die Renovierung begann.

Alles, was nicht ins Haus gehörte, füllte Lastwagen. Es gab neue Etagenheizungen. neue Wasser- und Elektroleitungen, einen richtigen Kanalisations- und Wasseranschluss.

Innen war der wunderbare Parkettboden im Hochparterre durch den Einbau einer Küche mit Linoleumboden an einer Stelle schwarz. Er hatte keine Luft mehr bekommen, und die gestaute Feuchtigkeit hatte ihre Wirkung. Ansonsten war die Wohnung ein Bijou, mit Großparkett, einen Erker mit durch Gurte versenkbaren Fenstern, Balkone in Holzkonstruktion in Verlängerung des

Wohnraums, alles Doppelfenster und die Türen aus geschliffenem Glas. Stuckdecken in jedem Zimmer, Küche und das Kinderzimmer hatten Holzbohlen, und von der Küche und vom Wohnzimmer konnte man in den Garten. Geheizt wurde durch eine Gasetagenheizung. Die Wohnung im Hochparterre wurde später, an einen Schichtleiter einer amerikanischen Chipfabrik vermietet.

In der Wohnung im ersten Stock hatten wir unser Wohn -und Schlafzimmer, ein Besuchs -und Besprechungszimmer, zugleich mein Büro, eine ausgebaute Küche mit Wasch -und Abwaschmaschine, sowie Bad mit Toilette. Zugleich diente die Gasetagenheizung auch für das Büro.

Im zweiten Stock war das Büro, wo wir außer der Heizung und der Büroeinrichtung eher wenig investieren mussten. Als Andenken ist ein alter DDR-Kanonenofen, verblendet mit Kacheln, stehengeblieben.

Alles wurde erreicht durch das wunderbare Treppenhaus mit bunten Glasfenstern, auf dessen Wiederherstellung die Denkmalpflege besonders achtete.

Auch der Garten erhielt wieder gemäß Jugendstil verwendete Materialien, und eine große Magnolie setzt den Schwerpunkt vor dem Haus.

Schlussendlich war alles fertig, ein großer Aufwand war auch mit ein wenig Geld verbunden. Aber bei einem Jugendstielhaus von 1902, unter Denkmalschutz gestellt. gab es Auflagen zu erfüllen, die uns später in den fast 20 Jahren in Dresden, viel Freude bereiteten. Dies gilt besonders für meine Frau Lea. Sie hat das Haus nur ungern verlassen.

Die Arbeiten in der Schweiz gingen auch weiter, und es pendelte sich langsam ein Rhythmus von 14 Tagen für den Wechsel ein, für mich, Lea und Tessa, unserem Hund.

Ein interessantes Projekt war der Römerhof in unserer Büronachbarschaft. Der Name sagt schon alles. Durch die Herstellung eines provisorischen Entwässerungskanals, wurden Spuren einer Römersiedlung freigelegt, was für die Spurensuche eine Bausperre von einem Jahr nach sich zog.

Man fand die Fundamente, bestehend aus Flusssteinen, tief unten verlief der Fluss, die Limmat, von zwei wahrscheinlich landwirtschaftlichen Gebäuden. Der Höhepunkt der Ausgrabung, bei dem ich dabei sein konnte, war jedoch eine alte Küche. Wahrscheinlich war die Ursache der Flucht Feuer, man fand nämlich Geld vor und nach Christus, also ca. 2000 Jahre alt. Der Küchentopf aus Metall, wahrscheinlich Blech, war zusammengedrückt und in Schichten aufgelöst. Man hatte das Gefühl, das damalige Essen noch zu schmecken, denn es waren wirklich auch Essensrechte noch aufspürbar.

Das war ein Erlebnis, das man nicht alle Tage hat, und ich sehe heute noch die Situation vor mir, auch der eigenartige Geschmack ist geblieben.

Kurz vor seinem 90. Geburtstag starb mein Vater. Wir konnten mit der Bekannt – und Verwandtschaft nach der Beerdigung dort zusammensitzen, wo eigentlich die Geburtstagsfeier geplant war. Die zwei Geschwister von Vater, Christine und Lisbeth, wurden 101 und 99 Jahre alt. Meine Mutter verstarb später im guten achtziger Alter.

Der Vater von Lea hatte Leukämie und wurde 83 Jahre alt. Die Mutter war auch im Alter noch rüstig, besuchte mit den zwei Töchtern mit 87 Jahren zu Weihnachten New York und einige Mal im Jahr ist sie mit nach Dresden gefahren. Wir besuchten auch zusammen, morgens früh, die Eröffnung der Verkleidung des Reichstags von Christo, 1995, am 17. Juni in Berlin. Sie wurde 93 Jahre alt. Ja, der Herrgott hat es mit unseren Familien gut gemeint.

Die 90.ziger Jahre waren mit Arbeiten in den zwei Büros voll ausgelastet. Aber Ferien, wenn auch immer, gab es erst ab dem zweiten Weihnachtstag, so über die Feiertage mit ein wenig Verlängerung. Wir haben immer Ferien gemacht, auf die Pension, wie viele unserer Freunde, mit ungewissem Ausgang, wollten wir nicht warten.

Mit Jürgen und Helga, unseren Freunden aus dem Tessin, die wir in Russland kennengelernt haben, unternahmen wir Reisen zu viert nach Thailand, Sri Lanka, Indien, Mexiko, Chile und Argentinien. Von dieser Reise bin ich wegen der großen Abwechselung noch heute fasziniert.

Ab Zürich ist es das letzte Flugzeug, schwer beladen, das spät nach Buenos Aires fliegt. Es flog immer über Baden und war wegen der geringen Höhe, in Baden und Umgebung immer gut zu hören. Wir flogen also direkt nach Argentinien in die Tangostadt Buenos Aires und erlebten dort wirklich auf einem Dorfplatz am Rand der Stadt „Tango pur". Es waren meistens ältere Paare, die uns aber perfekt den Tango vorführten. Natürlich gab es auch die rein touristischen Schautänze, war aber nicht unser Fall.

Das Essen mit der Spezialität „argentinisches Steak", durfte natürlich nicht fehlen. Wegen der nicht gängigen Leseart der Speisekarte, hatten wir auch einmal Pech, als wir „Inneres" serviert bekamen. Wir gingen anschließend, es ist fast nicht zu glauben, zu „McDonald".

Von der Hauptstadt flogen wir zur Halbinsel Valdés mit den Pinguin- und Seelöwenkolonien. Auch liefen uns Gürteltiere über den Weg und Killerwale (Orcas) machten nach bestimmten Regeln Jagd auf die Seelöwen.

Die Überquerung, der ca. 600-Kilometer langen Pampers, meistens über Schotterstraßen, war zum Sitzen im Kleinbus nicht gerade angenehm. Wir fuhren entlang einer wilden Landschaft mit Kleingebirge, Graslandschaften und Flussläufen, sowie wilden Lupinen Richtung Bariloche am Fuße der Anden. Unterwegs besuchten wir einen bekannten Regenwald mit Steinhaus wie im Jura, bevor wir auf einen Shop stießen, der wirklich nicht aus einem Cowboyfilm, sondern echt war. Die großen Ebenen waren im Besitz von Schaffarmer. Sie sind so groß, dass man kein Anfang und Ende sieht. Der in freier Wildbahn stehende Shop, hatte natürlich für alle Menschen und Cowboys große Bedeutung. Hier gab es die nötigen Dinge zum Leben, aber auch die nötige Cowboyausstattung und Ersatzteile.

Ein Zug, dessen Gleise in der Nähe waren, fährt von der Hauptstadt bis Bariloche, ungewiss ist aber, wann er ankommt.

Bariloche, das Symbol der Stadt war ein Schweizer Bernhardinerhund. Die Stadt hat viel Natursteinbauten, sie war einem Schweizer Bergdorf sehr ähnlich. Naturparks umgeben die Stadt und im Winter ladet das Skifahren ein. Unser Betreuer, dessen Großvater mal von Hamburg nach Argentinien auswanderte, mit einem für Norddeutsche typischen Namen, und auch die Größe passte, führte uns durch die Gegend. Seine Frau machte mit anderen Kunden Ausritte in die Nationalparks. Pferde sind in Argentinien wohlbekannt. Ein Markenzeichen sind die vielen Schokoladenläden, auch typisch schweizerisch. Mit Verkaufspaketen, sogenannte Schokoladenhäuschen, schlenderten die Besucher, darunter viel Studenten auf ihrer Abschlussfeier, die Errungenschaften.

Unsere Reise ging in mehreren Etappen weiter über die Anden nach Chile: die große Richtung war Puerto Montt am Pazifik. Dies geschah in mehreren Etappen. Nach der Bootsfahrt wurden wir und das Gepäck auf einen alten Mercedes-Lastwagen mit Motorblock noch neben dem Fahrer, verladen. Wir fuhren ein Stück hoch und überquerten den zweiten See mit anschließender Passkontrolle. Von hier aus ging es mit einem gleich alten Mercedes weiter hoch, bevor wir am Gipfel des Berges Chile erreichten. Unsere Reiseleiterin, ein wenig kompakt, auf dem

Motor sitzend, verkündete dies auch wortgewaltig. Waren wir doch scheinbar; in einem für uns besseren Land angekommen.

Kurz nach der Grenze war Gepäckkontrolle auf einem naturnahen Holztisch. Geöffnet wurde jeder einzelnen Koffer, gesucht wurden Früchte wegen der Einführung irgendwelcher Viecher. Es gab was zu essen und dann ging es weiter herunter mit Bus, Schiff und wieder Bus entlang mächtiger Wasserschluchten und schneeweißen Vulkanen Richtung Puerto Mont.

Schon unterwegs bemerkten wir viele Lastwagen, die mit Holzstämmen beladen waren. Als Jürgen und ich am anderen Tag früh den Hafen von Puerto Mont besuchten, bestätigte sich unser Verdacht. Das Holz wurde noch im Hafen klein geschreddert und das große japanische Schiff hatte viel Platz für die spätere Verwendung in der Papierindustrie.

Von Puerto Mont ging es mit dem Flugzeug längst über die Anden, entlang von endlos vielen großen und kleinen Inseln entlang dem Pazifik, entlang von bis zu 50 Kilometer langen Gletschern und dem Torres del Paine, dem markantesten Berg Chiles, nach Punto Arenas

Diese Stadt war Ziel vieler europäischer Auswanderer. Die teilweise mitgebrachten Arbeitsgeräte sind heute in einem Freilandmuseum ausgestellt. Aber empfangen wurden wir in perfekter deutscher Sprache. Unser Reiseleiter für die nächsten Tage war deutscher Abstimmung, und sein Vater war ein hochrangiger General in der Führungsriege der deutschen Wehrmacht im Zweiten Weltkrieg. Bestätigt wurde uns die schon immer dagewesene Verbindung auf dem Friedhof, als wir unter anderem auch ein Ehrengrab gefallener chinesischer Soldaten aus dem Zweiten Weltkrieg sahen.

Friedhöfe sind das Abbild eines Landes und voller Aussagen. Ich hoffe, dass andere Personen auf den von mir geplanten 35 Friedhöfen dies auch erleben. Der Friedhof in Punta Arenas zeigte natürlich, wie viele Auswanderer sehr jung gestorben sind. Die Stadt ist wunderbar zu erleben. Von einem Hügel sieht man wunderbar die farbigen Dächer. Es muss also nicht immer alles rot, grau oder schwarz sein.

Entlang, einer noch ebenen Landschaft, ging es auf Schotterstraßen, wir hatten auch den typischen Reifenplatten, Richtung dem Nationalpark Torres del Paine. Ein neues Schiff für Touristenausfahrten wurde gerade auf dem Grey Lake, einem Gletschersee mit vielen, großen Eisabbrüchen, abgesetzt. Es muss ein tagelanger, mit Hindernissen vollgepackter Transport, auf den schmalen Straßen gewesen sein. Im Nationalpark, es gab ein Hotel mit Übernachtung, machten wir Touren, um die Landschaft, Tier- und Pflanzenwelt, kennen zulernen. An Guanakos, Alpakas, Lamas kommt man nicht vorbei. Und, wenn man Glück hat, sieht man einen Puma. Die Flamingos sahen wir in einem nahezu ausgetrockneten Salzsee.

Wir konnten nun auch von Nahem den interessantesten und in der Kletterwelt wegen seiner Erstbesteigung umstrittensten Berg Torres del Paine, sehen. Man sieht es dem Berg an, dass er schwer zu besteigen ist. Die Route und besonders auch das Wetter ist unstabil und sorgt stündlich für Überraschungen. Es schneit jede Nacht in den Anden. Für den Erhalt der Gletscherwelt braucht es einen Meter Schnee, für einen Zentimeter Gletschereis.

Wir fuhren zurück, da unsere Reise weiter nach Argentinien führte. Hier, mitten in einer fast unbebauten Gegend, sollte der Zoll sein. Eine kleine Hütte und eine Schranke markierten die Grenze zwischen Chile und Argentinien. Pünktlich wartete dort schon unsere Reiseleiterin für Argentinien und unser nächstes Ziel war El Calafate, Ausgangspunkt für den Besuch des Perito-Moreno-Gletschers.

Zunächst war aber die Fahrt dorthin sehr interessant. Wir sahen Condors, den zweitgrößten Vogel der Welt mit einer

Flügelspannweite von 3,20 Meter, über uns fliegen. Der größte Vogel der Welt ist der Wanderalbatros mit einer Flügelspannweite von 3,5 Meter, den wir auf der Südinsel in Neuseeland fliegen sahen.

Schafe hatten wir schon in der Pampas viel gesehen, aber dass wir zufällig einer Schafrasur beiwohnen konnten, war er zufällig. Da geht es ab wie bei der Post, im Akkord wird in der Halle geschnitten, eine Luft zum Zerschneiden.

Vom Hotel in El Calafate wollten wir wissen, ob es denn hier eine Bar gebe, wo man wirklich mal echte Cowboys sehen könnte. Natürlich, da in der Bar Sowieso. Wir warteten, und es wurde immer später, bis die Herren dann wirklich noch erschienen, auch mit ihren, außen angebundenen Pferden.

Von El Calafate aus ging es dann den nächsten Tag auf einer Bootstour mit viel Eis auf dem Wasser, zum Uppsala-Gletscher und weiter zum Spegazzini Gletscher. Wir legten an und marschierten durch den Wald zum Gletscherende, wo der Gletscher noch ziemlich flach war. Ein Japaner neben mir war eingehüllt in dicker Daunenjacke, Gesichtsmaske als Kälteschutz und mit Handschuhen. Der muss mächtig geschwitzt haben, denn die Temperaturen waren normal.

Höhepunkt war dann am nächsten Tag der Perito Moreno-Gletscher mit seinen hohen Eiswänden, 250 km2 groß und fünf Kilometer breit. Was Besonderes sind die durch das Vorrücken des Eises verursachten Eisabbrüche. Hier kann es alle paar Jahre mal vorkommen, dass so ein Eisabbruch den normalen Abfluss des Wassers zum Lago Argentino versperrt. Es kommt dann auf der Landseite zu großen Überschwemmungen.

Wir fuhren zum Flughafen Rio Gallego an der Südatlantikseite, um nach Ushuaia, der südlichsten Stadt der Welt und Ausgangspunkt für die Expedition zum Südpol, zu fliegen. Wir flogen entlang der Bergkette, drehten über der Stadt und landeten auf einer auf dem Meer, scheinbar schwer anzufliegenden Rollbahn. Es gibt viele Touren auf dem Wasser und zu Land.

Interessant war ein Tal mit größerem Bachlauf, dessen Biberpopulation bereits zehn große Stauseen verursacht und den Baumwuchs leergefressen hat. Gewachsen hat dort eine Scheinbuche als Monogewächs. Speziell zum Essen gab es Spinnen- und Königskrabben, die dort heimisch sind.

Eine Bootsfahrt zu der Vogel- und Wassertierwelt sah selbst der Kapitän als kleines Wunder. An der Südflanke einer kleinen Insel hatte sich ein Seeelefant niedergelassen. Er war hier untypisch und vorher nie gesehen worden. Um dieses Ereignis zu genießen, und der Kapitän vor allem auch, umrundeten wir die Insel mehrere Male. Interessant waren im Hafen auch die Expedition, für die Vorbereitungsarbeiten getroffen wurden oder sie warteten auf gutes Wetter in Cap Horn.

Mit Ushuaia hatten wir die Reise Chile-Argentinien abgeschlossen. Es ging zurück nach Buenos Aires und dann nach Zürich. Ich habe schon viel gesehen von der Welt, aber diese Reise würde ich vielleicht mit einigen Neuigkeiten, noch einmal machen.

Unser berufliches Aufgabengebiet erweiterte sich weiter Richtung Osten, in Orten und Städten entlang der Neiße, die nach dem Krieg als neue Grenze zwischen Deutschland, Polen und Tschechien festgelegt wurde. Das Gebiet umfasst die Lausitz, die sich in Nieder- und Oberlausitz aufteilt. Die Niederlausitz erstreckt sich von der größten Stadt Cottbus, über den Spreewald, mit dem Ort Lübben, bis in den Süden von Brandenburg, südlich von Berlin. Die Oberlausitz ist der südliche Teil der Lausitz und beginnt vom Bekanntsein her beim Fürst-Pückler-Park in Bad Muskau, bis weiter westlich nach Hoyerswerda und Kamens, als größere Orte. Der Park ist ein Landschaftspark mit dem neu erbauten Schloss, der mittels Brücke früher mit dem östlichen Teil der Neiße, heute polnischer Teil, verbunden war.

Heute gibt es eine neue Brücke, natürlich mit Zoll und dem auf polnischer Seite liegenden Polenmarkt, ein großer Anziehungspunkt, wo es alles gibt. Wir beobachteten den Andrang auf der Brücke, weil uns die Grenzpolizei geraten hatte, mit unserem Hund wegen der Ansteckungsgefahr doch lieber den Park als den Markt zu besuchen. Sie, die Polizistin hatte recht, die Leute schleppten Körbe voll Pilze, Stehlampen, Tierbabys, alles was es gibt, und der Park war, noch ohne neuem Schloss, eine Augenweide.

Erster Ort mit dem Auftrag für die Flächennutzungsplanung in der Oberlausitz war Kreba – Neudorf, dessen Bürgermeisterin mir im Ministerium in Dresden vorgestellt wurde. Der Ort liegt in der Heide- und Teichlandschaft, im heutigen UNESCO-Biosphärenreservat, in einem Gebiet der 1000 Gewässer, mehrheitlich naturnah, die heute auf malerische Art die Landschaft prägen. Bereits vor 500 Jahren begann man mit der Fischzucht, speziell Karpfen. Schon auf die herrschaftliche Tafel gehörte bei bestimmten Anlässen der Karpfen. Die Bewirtschaftung liegt in den Händen der Teichwirtschaftsbetriebe, privat oder staatlich. Diese Betriebe sind das Rückgrat für den Erhalt dieser wunderbaren Landschaft. Kreba-Neudorf zählte auch zu den Ortschaften, die aufgrund der Vorplanungen als Dorfentwicklungsgemeinde ausgewählt wurde. Der von uns dann erstellte Dorfentwicklungsplan mit Bericht und gewissen Vorschriften über Gebäudereparaturen oder Ergänzungen an Gebäude, Landschaften, Straßen und Plätzen, waren Vorlage für die Eingabe zwecks Erhalts von Subventionen. Die Betreuung und die Planung geschahen durch unser Büro. Wir waren der sogenannte Dorfarchitekt für die Gemeinde. Es waren dann zehn Gemeinden in der Heide- und Teichlandschaft, die wir betreuten.

Die Sorben, eine westslawische, ethische Minderheit, mit eigener Flagge und Hymne sowie Ortsschilder auf Sorbisch, sind in der ganzen Lausitz vertreten. Richtung Berlin sind die Niedersorben. Sie sind evangelisch, und in der Oberlausitz sind die sächsischen Obersorben. Sorben und Volksfrömmigkeit sind eng miteinander verbunden. Jede Minderheit, siehe in der Schweiz Teile Graubündens mit eigener Sprache, hat es schwer, die Tradition aufrecht zu erhalten.

Schwerpunkte sind die österlichen Reiterprozessionen, insgesamt zehn Prozessionen mit ca. 1600 Pferden. Eine Prozession, deren Aufsitzer mehrheitlich Männer, mit Gehrock, Zylinder und Gesangbuch, geht über Feldwege zum Beispiel von Bautzen im Süden nach Radibor im Norden, wo wir auch gearbeitet haben und ein Bayer für eine DM das dortige Schloss kaufte. Die Reiter werden an ihren Zielorten verpflegt und zum Schluss gibt es dann noch den gemeinsamen Kirchgang.

In der Gemeinde Nochten in der Oberlausitz befindet sich das einzige Braunkohlewerk, im sogenannten Tagebau. Die Braunkohle liegt dort auf einer Tiefe von 85 bis 100 -Meter und ist 11 bis 15 Meter stark. Die anstehende Braunkohle in der Tiefe bedeutet eine Umschichtung der Bodenmassen, die etwa acht bis neunmal höher sind, als der spätere Kohlenertrag. Wir haben dort den Flächennutzungsplan bearbeitet und in dessen Verbindung die ersten Möglichkeiten für eine Nachfolgebewirtschaftung, die sogenannte Bergbaufolgelandschaft erarbeitet.

Weiter südlich in der Oberlausitz-Obersorben, liegt Bautzen an der Spree. Wenn man von Dresden her, von der Autobahn das tieferliegende Bautzen sah, störten zwei riesige Wohn- und Geschäftshäuser, zu DDR-Zeiten gebaut, das gesamte Stadtbild brutal verschandet. Aber die Plattenbauten waren überall in und scheinbar hatte man keinen anderen Platz. Man konnte in der neuen Planung erreichen, dass die zwei Wohn- und Geschäftsblöcke abgerissen wurden und nun Bautzen wieder das alte gewohnte Stadtbild abgibt.

Politisch ist immer noch das ehemalige, gefürchtete Staatsgefängnis ein Schandfleck. Hier saßen echte Verbrecher und politisch Verfolgte bis 1990 ein, bis Bürgerrechtler sich um die Freilassung der politisch Verfolgten kümmerten.

Weiter südlich kommen wir in das Land der Weberdörfer, heute als Waldhufendörfer und Umgebindehäuser bekannt. Es wurde Leinen gewebt und ein wichtiger Leinenexporteur war die Stadt Zittau im Dreiländereck Deutschland, Polen und der Tschechei. Zittau liegt nach dem Zweiten Weltkrieg in der südöstlichsten Ecke von Deutschland. In einer Museumskirche, die teilweise ein offenes Dach hatte, waren wir mit dem dortigen Spezialbodenbelag, unter denkmalpflegerischen Gesichtspunkten, beschäftigt. Zittau ist heute wieder ein wichtiger Wirtschaftsstandort. Dies auch für den Textilhandel in der Oberlausitz.

Görlitz war eine edle Stad, und sie ist es auch heute noch, wegen der Unversehrtheit im letzten Krieg. Hier sind keine Bomben gefallen. Die Stadt besteht aus mehreren großen Plätzen und ist umgeben von Stadthäusern in edler Ausführung. Während der DDR-Zeit, ist hier Gott sei Dank auch nichts Bauliches passiert, weil die Besitzer mehrheitlich die Stadt verlassen hatten. Im Jahr 1990 sahen wir eine leere Stadt, leere Häuser, weil während der DDR-Zeit die berühmten Plattenbauten für Wohnungen außerhalb der Stadt gebaut wurden. Heute ist die Stadt, nach einer fachlich, denkmalgerechten Sanierung, auch mit Westdeutschen und ausländischen Bürgern, wieder bewohnt.

Es war auch die Zeit der Besuche, und so war bereits 1994 eines der insgesamt 40 Studientreffen, in Dresden. Für mich und meiner Sekretärin als Organisatoren war es eine Aufgabe, alles für 35 Personen zu erledigen. Hotels gab es noch nicht viel mehr, und man wollte auch nicht das teuerste Hotel wählen. So mussten die Herrschaften auch mal in durchhängenden Betten schlafen. Für 35 Personen Opernkarten zu besorgen, war auch stressig. Ziele waren auch außerhalb die Stadt Meißen, die

Sächsische Schweiz, das Pillnitzer Schloss und natürlich die Innenstadt von Dresden.

In Pillnitz war weitgehend noch der DDR-Planungsstand. Die berühmte Kamelie im Pillnitzer Schlosspark, die jetzt 245 Jahre alt ist, hat einen Durchmesser von ca. elf Meter und ist fast neun Meter hoch. Wegen der Frostempfindlichkeit war die Kamelie im Winter mit einem fahrbaren Kamelienhaus aus Holz und Glas überdacht. Bereits 1992 wurde das Haus durch ein fahrbares Glasstahlhaus ersetzt, eine dominante Konstruktion von ca. 54-Tonnen.

Das Schloss wurde von August dem Starken für seine Geliebte gebaut, die dann aber in Stolpen auf die Burg verbannt wurde. Wir planten dort den Flächennutzungsplan und neuen Stadtplatz. Stolpen steht auf Basalt. Freistehende Basaltformationen, alle Steine sechseckig, erinnern an vergrößerte Bergkristalle.

Das Schloss in Pillnitz selbst besteht aus barocker und fernöstlicher Architektur, auch an den Außenfassaden zu sehen. Englische und, französische, Gärten und der grosse Landschaftspark machen das wunderbar an der Elbe liegende Schloss zu einem großen und direkt mit dem Schiff erreichbaren Anziehungspunkt. Pillnitz entwickelte sich speziell um das Schloss weiter, auch mit einem gepflegten Hotel mit Restaurant. Die 2000-Jahre-Feier konnten wir im Schlosshof erleben, mit Feuerwerk bis nach Dresden.

Ein Verkäufer von gefüllten Pulsnitzer Spitzen aus Schokolade und weiteren Spezialitäten, zu dessen Stand ich meine Besucher am Eingang vom Park immer führte, meinte, mir als Reiseleiter auch ein Präsent überreichen zu müssen

Entlang der Elbe war Wein von Pillnitz bis nach Meißen gepflanzt, der aber dann weitgehend der Reblaus zum Opfer fiel. Heute gibt es wieder meistens den Anbau von Riesling zwischen Pillnitz und Dresden und dann vereinzelt weiter bis nach Meißen.

In Pillnitz befindet sich auch das Haus des berühmten Komponisten Carl Maria von Weber, das heute als Museum eingerichtet ist. Die Oper Freischütz erlebten wir in der Freilichtbühne in der Sächsischen Schweiz: für die Oper das ideale Bühnenbild. Mein Semesterbesuch war überrascht, hatte ich doch mit der Museumsleiterin einen Sektapero von August des Starken, bei Webers Musik abgemacht.

Zurück nach Dresden geht es über die berühmte Loschwitzer Brücke, auch das blaue Wunder genannt. Wir fuhren weiter entlang der Elbschlösser und den Villen, Gärten des Vororts Blasewitz. Der Semesterbesuch konnte danach zur Kenntnis nehmen, dass gerade zu dieser Zeit im Jahr 1994 mit dem Wiederaufbau der Frauenkirche begonnen wurde. Dresdens Innenstadt wurde im Februar 1945, also kurz vor Kriegsende, dem Boden gleichgemacht. Wir hatten jetzt einige Jahre immer den Schutthaufen, teilweise schon mit Bäumen bewachsen, zu betrachten. Die Diskussion, ob zu belassen oder neu zu bauen wäre, war bereits zu DDR-Zeiten ein Thema. Unter dem Gesichtspunkt des Geldmangels und des Mahnmals, hat man nie an einem Wiederaufbau gedacht.

Das Aufbauen und Abräumen der alten Frauenkirche war von Beginn an eine Denkmalsarbeit, wurden doch alle noch brauchbaren Sandsteine gereinigt, beziffert und zum Teil am Elbufer gelagert. Die Spezialteile wie Brüstungen, Simse und, Kunststeine, haben in der Nähe gelagert und wurden dort später auch bearbeitet. Man musste den Abbau wegen der noch bestehenden Teile der Kirche sehr vorsichtig ausführen. Es war eine interessante Zeit, das Abräumen und den Wiederaufbau ca. neun Jahre lang mitzuerleben.

Im Jahr 2005 war die Kirche fertig und ist jetzt natürlich mit den Ergänzungsbauten rund um die Kirche, der Anziehungspunkt für einfaches Bewundern, für Gottesdienste und für Konzerte.

Die weiteren Höhepunkte in der Stadt sind natürlich das Residenzschloss, zu erreichen entlang des an den Hauswänden dargestellten Fürstenzugs. Es war Sitz der sächsischen Kurfürsten. Es wurde von den historischen Gebäuden in Dresden als Letztes fertig und beherbergt heute das Grüne Gewölbe, das Münz- und Kupferstichkabinett und die Rüstungskammer. Anders berühmt wurde das Schloss durch den Einbruch in das Grüne Gewölbe. Direkt nebenan befindet sich die katholische Kathedrale, Bischofssitz, die bereits während der DDR-Zeit wiederaufgebaut wurde.

Für unser Semestertreffen hatten wir die Opernkarten fast ein Jahr im Voraus bestellt. Trotzdem sollten wir 14 Tage vorher nur 20 der 35 Karten erhalten. Der nötige Druck von mir verschaffte einen Besuch für alle. Es war für die meisten ein erstes Erlebnis mit der Semperoper.

Zu erwähnen ist noch der neben der Oper stehende Zwinger. Eine frühere Orangerie und Gartenlandschaft, die von den Kurfürsten als Festareal genutzt wurde. Die später erstellten Randbauten für verschiedene Museen und kleinere Säle für angepasste Musik, ergänzen das Areal.

Auch die Brühlsche Terrasse mit wunderbarem Blick Richtung der Neustadt und auf die Elbe, ist eine Begehung wert. Mit Lea hatten wir am Sonntagmorgen, nach dem Besuch der Kathedrale zum Apéro immer Mühe, den Kellner klarzumachen, dass zu einem italienischen Wein auch ein paar Oliven und ein bisschen Käse, dazu gehören.

Zum Abschluss des Besuchs der Semesterkollegen und Semesterkolleg/innen gab es noch einen gemeinsamen Kaffee mit typischen Dresdner Plattenkuchen in unserer fertig renovierten „Villa des Ostens," mit Bürobesichtigung.

Ein Schwerpunkt war auch Leipzig, nördlich von Dresden gelegen, die Kultur und Industriestadt mit dem neu erbauten

BMW-Werk. Ich habe noch die Ausstellung der Wettbewerbs-arbeiten im wunderbaren Rathaus im Kopf, in der die britisch-irakische Architektin Zaha Hadid, im modernistischen, futuristischen Stil den Deutschen, alle Größen waren eingeladen, den Schneid abkaufte. Ein wilder, aber gekonnter Entwurf, gegenüber biederer Hausmannskost anderer Wettbewerbsarbeiten, prägte die Arbeit.

Unsere Aufträge mit der Stadt waren öffentliche Anlagen und später die Projektsteuerung des Stadtteilparks Reudnitz, dem ehemaligen Eilenburger Bahnhof. Die Projektsteuerung, der Name sagt es bereits, ist das Steuern in Form eines Projektmanagers während des Projektes und der Projektdurchführung. Es umfasst alle Tätigkeiten wie Termine, Kosten, Planüberwachung, etc. Alles geschieht auf der Basis des Projektplanes, als Idealverlauf.

Man muss sich eine breite Schneise von ca. 90 bis 100-Meter und 500-Meter Länge, zwischen den Randbebauungen vorstellen, die in einem Sackbahnhof endete. Die Züge pendelten hin und her zwischen Leipzig und Eilenburg, einer Stadt östlich von Leipzig. Alle Gleise sowie der Lokomotiv-schuppen mit Wendeplatte waren noch vorhanden. Der Betrieb wurde schon zu DDR-Zeiten eingestellt. Es entstand ein mit einigen Gebäuden besetzter, kleiner Gewerbepark. Die Flächen wurden nach der Wende aufgekauft, sodass später ein schwerwiegender Rückkauf, in Bezug auf das Geld, entstand.

Den Wettbewerb über die Ausgestaltung dieser fast 45000 Quadratmeter großen Fläche gewann ein Landschaftsarchitektur-büro aus Berlin. Die Ausführung geschah in Etappen, da auch immer wieder Geld für den Rückkauf der Grundstücke, insgesamt ca. 24-Millionen, benötigt wurde.

Ich war persönlich mit dieser Aufgabe über einige Jahre betraut. Der damalige Oberbürgermeister, der die Anlage einweihte, ist heute Wirtschaftsminister und Wissenschaftsminister in Thüringen.

In der Leipziger Umgebung, im Planungsgebiet Eilenburg, hatten wir eine neue Aufgabe in der agrarstrukturellen Entwicklungsplanung. Sie wird auf kleinregionaler Ebene durchgeführt und soll helfen, die Landwirtschaft in seiner Bedeutung für den ländlichen Raum zu sichern und die Flächenansprüche mit anderen für den Raum bedeutsamen Planungen, speziell der Siedlungsentwicklung, dem Tourismus, oder anderen Schwerpunkten wie eine neue Fernstraße, abzustimmen.

Leipzig entwickelte sich in der Stadt auch baulich stark zu einem Bijou. So die Mädler-Passage, eine wieder aufgebaute historische Einkaufspassage mit dem berühmten Auerbachs Keller, der als Schauplatz auch durch Goethes Drama Faust, sehr bekannt ist.

Lea nutzte oft die Gelegenheit als Mitfahrerin, um Leipzigs Innenstadt näher kennenzulernen.

Berühmt ist auch die zur Innenstadt gehörige Thomaskirche, in der Johann Sebastian Bach 1723 bis 1750 als Kantor gewirkt hat. Auch der Thomanerchor, ein Knabenchor, der bereits 1212 gegründet wurde, war Bestandteil der Thomaskirche und ist es auch heute noch.

Die Nikolaikirche wurde bekannt als zentraler Ausgangspunkt der friedlichen Revolution im Herbst 1989 mit dem späteren Mauerfall am neunten November 1989.

Der größte überdachte Kopfbahnhof von Europa ist auch in Leipzig. Interessant sind die Einkaufspromenaden in den verschiedenen Ebenen. Auch, der durch das Fernsehen sehr bekannte Zoo, bestehend seit 1878, ist ein Besuch wert.

Besonders nachhaltig ist die Leipziger Sprache. Ich habe sie 19 Jahre lang erlebt und die Fernsehsendung über den Zoo erinnert mich immer wieder an den großen Sprachunterschied zwischen Leipzig und Dresden.

In Leipzig lernten wir auch unsere späteren lieben Freunde aus Mümliswil, Schweiz, in der Nähe von Balsthal kennen. Anlass war der Auftritt des Bundesrats Delamuraz, (Bundesminister in Deutschland), der über die wirtschaftlichen Beziehungen der Schweiz und Deutschland sprach. Die Beziehung unter uns Männern vertiefte sich geschäftlich in der Gründung einer Spezialfirma für die Herstellung bestimmter, ökologischer Beläge für Wege- und Platzflächen. Da der Firmensitz in Dresden war, musste ich als Ausländer neu eine Aufenthaltsgenehmigung haben, und diese jedes Jahr erneuern. Vorher, mit unserem Büro der Schweiz als Zweigbüro, war das nicht nötig.

Zurück in Dresden, mussten wegen der ersten Gebietsreform, die Flächennutzungs- und Landschaftspläne in den Gemeinden um Dresden, aber auch in den anderen Dörfern entlang der Neißegrenze, überarbeitet werden.

Dazu kamen jetzt auch detailliertere Planungen wie der Bebauungsplan mit eingebauten Grünordnungsplan des Unterdorfs in Langebrück, unserem Bürositz. Durch die planerische Verbindung dieser meistens getrennten Planungen erreicht man für alle Pläne die rechtliche Durchsetzung. Der Grünordnungsplan allein ist rechtlich nicht bindend und wird daher öfters nicht berücksichtigt.

Das wollten wir auch im Gewerbegebiet Weixdorf vermeiden und haben in der Gesamtplanung außer den Erschließungsarbeiten auch die Bepflanzung von ca. 200 Lindenhochstämmen, vor dem Erstellen der Bauten, durchgesetzt. Den Spruch, die Pflanzung machen wir dann später, kennen wir wegen seiner fatalen Auswirkung auf Nichteinhaltung der eigentlich im Grünordnungsplan vorgeschriebenen Maßnahmen. Eine Luftaufnahme zeigt uns heute nach ca.30 Jahren, dass die durch den landschaftspflegerischen Begleitplan vorgeschriebenen Maßnahmen, wie die 20 Meter breite Pflanzung zur Autobahn, die Pflanzung der 200 Lindenbäume und die als Ausgleichsfläche entstandenen Feucht- und Trockengebiete, richtig waren.

Große Planungen wurden für die AEP-agrastrukturelle Entwicklungsplanung für Dresden Nord und Dresden Ost, getätigt. Der Anlass bei der AEP Dresden Ost war die Planung der S-177, als wichtige Entlastungsstraße vom Osten her zwischen Dresden Süd und Nord. Als größere Ortschaften waren in dem Aufgabengebiet die Stadt Radeberg, die Gemeinde Wachau und Arnsberg, wie weitere, viele kleine Dörfer eingebunden. Generell war unsere Aufgabe, die Überprüfung der neuen Straßenplanung in Verbindung mit der bestehenden Landschaft, Landwirtschaft und den Siedlungen.

Die Planung der AEP, so ist das im Business, hatte noch eine unschöne Seite. Ich musste plötzlich operiert werden, und alle sahen rot. Meine Sekretärin im Osten bangte um ihren Lohn und der Auftraggeber für die AEP meinte, dass mein längerer Ausfall durch eine so schwere Krankheit eine Übernahme durch ein anderes Büro ermöglichen könnte.

Fit sein, ist auch im Alter gut, und so war ich schnell wieder auf den Beinen. Obwohl ich noch ein halbes Jahr Chemo einzuplanen hatte, war ich nach vier Wochen wieder am Sitzungstisch, wo alle Teilnehmer große Augen machten. Wir brachten die AEP gut über die Bühne, und ich höre heute noch nachts den Plotter, der insgesamt 400 Quadratmeter Pläne drucken musste.

Das war jetzt typisch ostdeutsch oder besser gesagt noch typisch DDR. Denn zu diesen Zeiten wäre jemand, der operiert wurde und noch eine halbjährige Chemo vor sich hatte, acht Monate krank gewesen und ausgefallen. Längere Zeit krank zu sein, und dies oft fraglich, habe ich auch bei einheimischen Mitarbeitern immer wieder festgestellt.

Ein regelmäßiger Besuch war in den Dörfern mit geförderten Dorfentwicklungsmaßnahmen, als Dorfarchitekt gegeben. Bei den Terminen konnten Privatpersonen sich nach den Fördermaßnahmen erkundigten oder auch Projekte eingeben. Diese wurden von uns zunächst hinsichtlich der Förderrichtlinien überprüft, inklusive der planerischen Begleitung und Abrechnung. Die Förderungen waren am Anfang noch höher und breiter aufgestellt, zum Schluss gab es etwa 30 Prozent Zuschuss für genehmigte Maßnahmen. Das Gleiche galt auch für die Gemeinden. Es scheiterte aber oft auch an der Finanzkraft der Gemeinde. Der Eigenanteil war eine große Schwelle, und viele Projekte blieben im Aktenschrank.

Für die Gemeinden haben wir im Büro eine Gestaltungsfibel mit wichtigen Inhalten wie: typische Zäune und Mauern, Schaufenster und Markisen, Gebäudeansichten, Fassadenbegrünungen, Werbung, die Beispiele von Nutzungsänderungen bei Drei- der Vierseithöfen, Vorgärten, Warnanlagen und Antennen, Farbskala mit bevorzugten Zusammenstellungen, typische Gebäude sowie Abfallsammelplätze zusammengestellt.

Manch ein Leser wird sich langsam fragen, wie lange arbeitet der eigentlich noch? Wie bereits erwähnt, studierte unser Sohn Roger, Landschaftsarchitektur an der Hochschule in Rapperswil. Er war dann ein Jahr im Büro Schweiz und Dresden. Nach dem Jahr sollte er noch in New York sein Studium an der Moderne-Art-Schule abschließen. Das hat er auch getan, aber mit seiner späteren Frau und zuletzt war er, der das Büro mal übernehmen sollte, in Taiwan.

Wegen der vielen Verpflichtungen, besonders als Dorfarchitekt, und interessanten, neuen Planungen, war dadurch meine Arbeitszeit länger als normal. Mit 75 Jahren war dann Schluss, es warteten aber auch neue Aufgaben. Ich bereue diese zwangsförmige Verlängerung nicht, sie hat mir scheinbar für den Geist und den Körper, heute mit gut 90 Jahren, sehr gutgetan. Ich würde sagen, wer gesund ist und eine interessante Arbeit hat, sollte sich mit 65 Jahren nicht in den Opasessel setzen.

Unser Dasein in Dresden, in der Musikstadt, brachte auch wegen dem großen Angebot an kulturellen Anlässen eine wunderbare Abwechslung. Man muss das Angebot nur nutzen.

Am jährlichen, internationalen Dixieland-Festival im Mai, das auch zu DDR-Zeiten ab 1970 stattfand, nahmen wir 1991 das erste Mal teil. Was sahen wir? Die Firehouse Swiss Dixiland aus Zürich spielten auf und als Aushilfe ein Basler mit Trompete von Firehouse Six Plus 1 aus Baden. Er war überrascht, spielte die Band doch einige Male zu Anlässen in unserem Garten und auch später noch.

Während der DDR-Zeit spielten keine westlichen Bands, außer die Schweizer in Dresden, ansonsten kamen alle aus dem Osten. Das Festival, wurde immer größer, weil wegen dem mitgehenden Publikum, während der DDR-Zeit eine Besonderheit, auch viele Bands in Dresden spielen wollten. Publikumsliebling waren die Holländer, die mehr die Anwesenheit auf Straßen und Plätzen eng am Volk suchten. Grundsätzlich gibt es Konzerte im Kulturpalast, wo immer abwechselnd zwei Bands spielten, insgesamt am Abend acht Bands. Das ganze Programm geht fast eine Woche lang, mit insgesamt zwischen 30 und 40 Bands, die in vielen Lokalen und auf besonderen Plätzen spielen. Ein großer Umzug am Sonntag beendet das Festival. Karten für die Konzerte muss man sich früh anschaffen.

Im Mai und/Juni finden auch die Dresdner Musikfestspiele, immer nach einem bestimmten Motto statt.
Es ist eines der größten und renommiertesten Klassikfestivals in Europa.

Auch die Oper, das große und kleine Schauspielhaus, die Operette im neuen Gebäude, die Komödie und die ca.100 Kleinbühnen, das Filmfestival am Elbufer, die Landesbühnen mit der Felsenbühne, ergänzen das Angebot.

Ja, in Dresden, wäre der Wunsch von Lea gewesen, könnte man bleiben. Aber schon von unseren vielen Hin -und Herreisen, haben wir große Unterschiede, speziell auch bei den Temperaturen festgestellt. Später ist es durch den Ostwind sehr kalt und das Frühjahr fängt im Süden doch eher an. Auch der Herbst ist im Süden länger.

Wo kann man schon von seinem Zuhause, wie wir es hatten, schnell am Sonntagmorgen in den Schwarzwald auf 1000 Meter Höhe fahren, um bei einer Winterwanderung die Sonne zu genießen? Ich erinnere mich an manche Stunden, wo wir im zeitigen Frühjahr das Gewächshaus für einen Apero nutzten. Die Sonne war immer und heute noch mein Aufsteller, auch wenn ich als Kind, weil ich immer so blass war, beim Doktor Höhensonne bekam.

Auch unsere Skiferien im Februar, 45-mal hintereinander in Bellwald, im Wallis, waren immer zum Genießen. Das war meine Welt, um neue Kraft zu tanken, ob während der Chemo, oder mit totalem Bluterguss am rechten Bein durch einen Muskelfaserriss. Quarkwickeln halfen über Nacht, auch wenn ich kaum laufen konnte, in den Skischuhen ging das Skifahren immer.

Von der Schweiz aus waren wir auch schnell direkt in aller Welt, oder in der näheren Nachbarschaft wie Italien, Frankreich, Österreich oder dem Tessin.

Wir hatten einen Hund, Tessa, mit der wir bei einem kynologischen Verein einen Junghundekurs besuchten. Der begann neu, und die Teilnehmer waren für den Verein auch alle neu. Die Vereine schauen auch auf neue Mitglieder. Wir wollten aber nicht so in diesem typischen, Hundeverein sein, schon eher eine Plauschgruppe. Gegenüber den strengen Vereinsregeln, wollten wir es beim normalen Training belassen, denn das Vergnügen nach dem Training war uns auch wichtig. Es dauerte Jahre, bis der Verein, obwohl er viele Mitglieder gehabt hätte, das Vorhaben, eine Plauschgruppe einzuführen, ablehnte.

Wir, die Pläuschler mit den Hunden, waren wieder unter uns, eine Gruppe quer durch alle Berufe. Wir hatten auch einen

Gemeinderat bei uns, und schon konnten wir unser Training mit Beleuchtung im Winter auf dem Vorplatz zum Schützenhaus wahrnehmen. Als Trainer, wechselten wir uns zu zweit ab, und ich hatte ja sonst nichts zu tun.

Pläuschler, das sagt der Name, wollen einen gutdressierten Hund haben und anschließend das Zusammensein genießen. Dieses Zusammensein pflegten wir auch in vielen, gemeinsamen Reisen mit Anhang. So waren die Hündeler auch in Dresden und Umgebung, und ich weiß noch, dass wir uns nach einer Tagesfahrt, von Meißen herkommend, im Bus umziehen mussten, um in Radebeul bei den Landesbühnen einzukehren.

Wir machten auch von mir organisierte Touren nach Berlin und Belgien, und Rolf vom Autohaus in Kirchdorf organisierte Prag und dann mehrere Male Touren nach Pyrmont. Es ging über den großen Sankt Bernhard, entlang dem Aosta-Tal und dem höchstgelegensten Weinberg, hinunter Richtung Turin. Um Alba herum genossen wir den Barolo, ein Zehngängemenü, manchmal etwas zu viel. Piemont hat eine andere Küche als die Toskana, ein wenig schwerer und natürlich, viele Gerichte sind mit Trüffel, der hier ja heimisch ist.

Es war im Jahr 2003, als mich W. G., Ingenieur von Brugg, mit dem ich zusammen die Parkhäuser Brugg und Bremgarten plante, anrief. Du Bernd, eine sehr bedeutsame Frage: „Kann man eine ca.12 Meter breite und 12 Meter hohe Magnolie umpflanzen?" Ich soll für den Stadtrat Brugg eine Vorstudie für die Vergrößerung des Parkhauses „Eisi" auf die doppelte Anzahl Parkplätze erarbeiten. Meine Antwort war ja, hatte ich doch bei dem Projekt in Japan mit ähnlichen Fragen zu tun.

Ich hörte dann erst wieder von dem Projekt, als mir der Stadtrat in Verbindung mit einem Ingenieurbüro den Auftrag für die spätere Neugestaltung des Stadtparks Brugg, über das Parkhaus übertrug. Natürlich waren die aus den Projekten sich ergebenden

Maßnahmen miteinander abzustimmen. Die Höhe der Vegetationsschicht über die Betondecke ist ein entscheidender Faktor für eine spätere Nutzung als Stadtpark, auch mit größeren Bäumen.

Es wurde geplant, und im März 2004 wurde das Baugesuch mit dem Gedanken erstellt, das Parkhaus im Herbst 2005 zu eröffnen. Daraus wurde aber nichts, denn die Einsprechenden gaben sich mit dem Hinweis: „Die Magnolie wird umgepflanzt oder durch eine neue ersetzt", nicht zufrieden. Auch war der eingesetzte Preis viel zu niedrig. Mein früherer Hinweis, sofort in der Beschreibung und in den Kosten eine Umpflanzung vorzusehen, scheiterte in den Vorverhandlungen.

Es wurde eine Petition mit ca. 800 Unterschriften mit der Forderung eingereicht, die bestehende Magnolie sei zu erhalten. Der Stadtrat erteilte mir dann den Auftrag für ein Exposé mit Beschreibung, Zeichnungen und Kosten.

Meine Erfahrungen und auch die Bilder hatte ich von Japan. Hier waren die Bäume teilweise so hoch, dass sie auf zwei Tiefladern verladen werden mussten. In Europa gab es auch schon lange ähnliche Projekte. Es gab bereits um 1900 einige Umpflanzungen, aber längst nicht in dieser Größe.

Die Verhandlungen, außer der Petition gab es noch fünf Einzeleinsprachen, führten schlussendlich zum Erfolg. Aber man benötigte Zeit, denn die Behörden mussten alle zusätzlichen Maßnahmen nochmals zustimmen.

Alle Vorbereitungen waren dann im Frühjahr 2005 abgeschlossen, und die erste Maßnahme des Projektes war das Umpflanzen der Magnolie, leider bereits im blühenden Zustand. Ein Gewicht von ca. 100-Tonnen musste ca. 50 Meter weit vom jetzigen zum provisorischen Standort an die Nordseite des Stadthauses transportiert werden. Die Vorarbeiten für den Transport bestanden im Aufhängen aller Äste in ein riesiges Holzgerüst im

Inneren des Baumes, das Befestigen aller Äste, das heißt diese stabilisieren. Anschließend wurde der Boden um die Magnolie ca. ein Meter tief abgegraben, und es verblieb ein Erdballen von acht mal acht Meter, ein Meter hoch, befestigt mit Drahtgewebe und Ballenleinen an den Seiten.

Die eigentliche Stabilisation wurde erreicht durch vier zwei Meter breite und zwei Zentimeter starke Stahlplatten, mit seitlicher Falz. Diese wurden an vorher unter der Magnolie durchgezogenen Seilen befestigt und von zwei schweren Traktoren unter die Magnolie gezogen. Massive Stahlträger am Rand, ergaben die endgültige Stabilität für den Transport.

Der Transport, auch Zügelte, wie es die Presse nannte, war erschwert durch die Situation des Bauamts und des Pavillons Nord, denn die Magnolie musste durch diesen Engpass. Ein 150-Tonnenkran hob die Magnolie als Entlastung gegen den Bodendruck an und die zwei starken Traktoren, man nannte sie dann Max und Moritz, bewegten das schwere Stück Meter um Meter. Schlussendlich war sie dann an der seitlichen Front des Stadthauses angekommen und wurde dort bis zum endgültigen Standort ein Jahr lang gepflegt.

Das Interesse der Öffentlichkeit war riesig. Unser Büro selbst war bei einem Projekt noch nie so oft erwähnt worden, als zu dieser Magnolienumpflanzung. Von meinen Berufskollegen hörte ich gar nichts, und Gott sei Dank hatten alle die Unrecht, die nur negative Folgen erwarteten.

Das Neupflanzen, das auf der ebenen Fläche auf dem Parkhaus nun einfacher war, geschah als erste Maßnahme vor der endgültigen Neuherstellung des Stadtparks unter Einbeziehung der Randflächen. Die Grundidee des neuen Stadtparks bestand in der Rückbesinnung auf die ursprüngliche Struktur des Parkes in Verbindung mit der Villa Fröhlich, dem heutigen Stadthaus. Der besondere Platz für die Magnolie war gegeben. Sie stand auch in einem Bereich der höchsten Erdaufschüttung auf dem Garagendach. Als Wurzelschutz wurde ein zehn mal zehn Meter großer Spezialbelag eingebaut.

Mit dem Transport zum endgültigen Standort begannen die Ausführungsarbeiten für den Stadtpark, der schlussendlich im September 2006 vom Stadtammann (Bürgermeister), dem Ingenieurbüro und unserem Büro übergeben und mit einem Fest eingeweiht wurde.

Ich war schon längst im Ausland in Pension, als mich eine Zeitung bat, zum zehnjährigen Jubiläum einen Artikel über die damalige Situation zu schreiben. Auch nach 15 Jahren wurde der Magnolie wieder durch den früheren Stadammann in der Presse gedacht. Möge sie noch lange leben und vielen Menschen Freude bereiten. Welch ein Baum hat das schon erlebt?

Wir blieben aber mit unseren Arbeiten weiter in Brugg, denn das Brugger Au-Stadion, das ich genau vor 40 Jahren geplant hatte, brauchte eine Sanierung, zu der wir den Auftrag bekamen.

Für die leichtathletischen Disziplinen und Ballspiele wurden die 400-Meter-Bahn und die Plätze für Ballspiele und anderen Disziplinen, durch einen 12-Millimeter starken, blauen Polyurethanbelag ersetzt. Der Belag ist wasserdurchlässig und benötigt so unter dem Belag auch ein Drainageabflusssystem. Interessant war, wieso ein damals 1966 eingebauter, billiger Belag, bis auf einige Reparaturen, die Zeit überlebt hat. Zu den Sanierungen gehörte auch die Tribüne und für die Benutzer wurde ein zusätzliches Garderobengebäude gebaut. Die Rasenflächen im Stadion hatten sich 40 Jahre lang, durch das damals gewählte System, den Rasenaufbau auf freigelegte Kiesschichten der Aare herzustellen, als richtig erwiesen. So kann man auch beruflich Freude haben. Nicht einfach bei so einer Planung sind die Vermessungsarbeiten, wenn man bedenkt, dass eine 400-Meter-Bahn nur eine Differenz von plus/minus drei Zentimeter in der Länge abweichen darf. Das Gleiche gilt für alle Disziplinen, die nach genauen internationalen Vorschriften erstellt werden müssen und nach den Vorschriften abgenommen werden.

Das Jahr 2006, ich arbeitete nun bereits 60 Jahre lang, in letzter Zeit mit freischaffenden Mitarbeitern, war ein erfolgreiches Jahr mit schönen -und spannender Aufgaben, aber auch ein Jahr der anbahnenden Veränderungen.

Wir besuchten das jeweils im Oktober stattfindende Weinfest in Döttingen, wo wir extra mit dem Zug von Turgi aus hinfuhren. Kaum angekommen ertönte quer über die Straße der Ruf: Euch habe ich auch schon längere Zeit nicht mehr gesehen. Ich wandere aus. Ja, wir trafen die frühere Wirtin von der Chämihütte, ein über die Landesgrenzen hinaus bekanntes Gourmetlokal, die längere Zeit in unserer Bebauung Niederwies auch unsere Nachbarin war und leider bereits verstorben ist. Das war Gesprächsstoff für unser Zusammensein bei den Pontoniers zum Fischessen. Pontoniers sind Wassersportler und zu gegebener Zeit gibt es von diesen Vereinen Fischessen, ob an der Reuß, Limmat oder Are.

Natürlich waren die Aussagen von Martheli für uns hochinteressant. Sie hätte hier in der Schweiz abgeschlossen und möchte was Neues kennenlernen, und zwar in Hua Hin, in Thailand, ca. 230 Kilometer südlich von Bangkok.

Hua Hin ist im Besitz der Sommerresidenz des Königs, dessen Vorgänger schon von mehr als 200 Jahren von einer regenarmen, warmen Gegend gewusst haben muss. Hua Hin, ein früheres Fischerdorf, hat ca. 60000 Einwohner und ist heute eine vielseitige Touristenstadt. Zwölf Golfplätze, die langen Sandstrände, das gute Essen und viele andere Attraktionen, stehen den Touristen zur Verfügung.

Martheli wusste von alledem natürlich noch wenig. Sie würde im November zügeln und erst einmal von der Miete aus, alles auskundschaften.

Das war für uns ein Stichwort. Wir hatten mit Roger und Familie im Dezember in Phuket für einige Tage gemeinsame Ferien abgemacht. Bei der Gelegenheit sagte ich zu Martheli: „Könnten wir dich im Anschluss an die Ferien in Hua Hin besuchen."

Gesagt, getan. Nach schönen Ferien in Phuket, flogen wir über Bangkok nach Hua Hin. Martheli hatte vorgesorgt und Marco zeigte uns mal die Gegend und passend dazu auch einige im Bau befindliche oder vorgesehene Häuser zum Wohnen. Martheli suchte und auch wir bekamen spontan Appetit, schauen kann man ja mal. Wir lernten die Gegend und auch die langen Sandstrände kennen, und das Gute war, es war sonnig, was ich immer liebe, und im Stillen dachte ich: Das Klima hier ist sicherlich gut für Leas Lunge. Lea hatte diese von ihrer Mutter geerbt, die aber trotz Arztaussage: „Sie haben eine Lunge wie ein Sieb", optimistisch blieb und 93 Jahre alt wurde.

Man glaubt es nicht, Martheli hatte den Standort ihres Hauses gefunden und meinte, nebenan wäre doch noch ein Platz für uns frei. Es ist nicht zu glauben, aber ohne einen Vorsatz, ohne über Monate andauernde Diskussionen zu führen, hatten wir uns entschieden, unser neues Glück, nach meiner jetzt anstehenden Pension, in Thailand zu suchen. Ein spontaner Entschluss, der zum Schluss schließlich zur Unterschrift eines Vorvertrags führte. Das Haus wäre in einem Ressort mit zwölf Häusern gelegen, abgeschlossen, inmitten einer großen Grünfläche, aber:

Wir hatten den Vorvertrag für ein Jahr unterschrieben, und unsere Bedingungen war der Verkauf unserer Häuser in Untersiggenthal und Dresden.

Das dauerte, wegen der nicht gerade günstigen Zeit nun länger. Von 2006 an war kein guter Immobilienverkauf, es war eine Immobilienkriese. Das machte sich auch bei unseren Verkaufsabsichten bemerkbar. Der normale Alltag ging erst einmal weiter. Wir waren damit beschäftigt, die Häuser trotz Makler zu zeigen, und da sieht man erst, was hinderlich für den Verkauf sein kann.

Wir hatten einen Augenarzt aus Deutschland, der in der Schweiz eine Partnerschaft im Beruf einging. Er arbeitete schon, und seine Frau mit Kind waren noch in Flensburg, in Deutschland. Dies ist hoch im Norden, es muss in der Provinz sein. Er war begeistert von dem Haus, meldete sich zwischendurch und bewunderte wieder alles. Aber das Warten auf seine Frau, doch auch das Haus anzusehen, dauerte ein wenig länger.

Sie kam dann aber schlussendlich doch noch, wir hatten das Haus eigentlich für ihn mal reserviert. Die Frau kam und hatte sich scheinbar vorher mit der neuen Architektur nicht beschäftigt. Die Scheiben so groß, wer soll die Putzen. Die Küche integriert ins Wohnzimmer, offen, gibt doch überall Geruch. Und da ist noch der offene Kindergarten, kein Zaun drumherum, ist doch für das Kind so gefährlich.

Der Mann tat uns leid, aber helfen kannst du da nicht. Ich weiß nicht, ob die Frau jeweils aus ihrem Haus mit kleinen Zimmern und entsprechenden kleinen Fenstern, sich wo anders umgesehen hat.

Mit Wohnungssuchenden kann man was erleben. Da kommen Leute, die man so halb kennt und interessiert sind, obwohl sie das Haus nie zahlen könnten.

In Dresden hatten wir einen berühmten, europaweit tätigen Makler, eine schwere Zeit auch für diese Leute.

In jedem Fall war unser Gedanke, nach Thailand auszuwandern nie mehr von uns angezweifelt worden. Natürlich war speziell Lea mit dem Jugendstilhaus in Dresden eng verbunden und würde es auch eher traurig verlassen. Ich hatte da immer schon weniger Schwierigkeiten, war gerne in anderen Ländern und hätte mich auch in vielen Ländern wohlgefühlt. Ein wichtiger Grund für diese Spontanentscheidung war auch mein Beruf. Wenn wir hier in der Schweiz geblieben wären, wäre ich bei jeder Gelegenheit, auch in ganz Süddeutschland, beim Vorbeifahren auf ehemalige Planungen gestoßen. Vielleicht hätte mich dann auch die Entscheidung eines Baumamtes, ein Detail meiner früheren Arbeit zu ändern, verrückt gemacht. Wenn ich heute an diese Situation zurückdenke, haben wir damals die richtige Entscheidung getroffen.

Trotz negativer Hausverkäufe flogen wir 2007 nochmals nach Hua Hin, um im Fall der Hausverkäufe parat zu sein. Der Vorverkaufsvertrag war hinfällig, und Marco zeigte uns trotz dieser Negativentscheidung ein Resort, wo jeder nach seiner Fasson selbst bauen kann.

Du bist doch Architekt, und du kannst hier das Grundstück auch noch selbst aussuchen. Das Areal, unterhalb des höchsten Berges von Hua Hin, war früher eine Mango Plantage.

Heute noch vorhandene Mangobäume bilden das Grüngerüst im Resort „Mongkol". Von unserem vorgängig mal ausgewählten Areal sieht man weitgehend in eine große Parkanlage mit der kleinen Bergwelt, und das ist heute noch so. Wir hatten mächtig Freude und sagten uns, dass es sich immer lohnen würde, umzuziehen, auch wenn es nur für zehn Jahre wäre. Wir waren 73 und 76 Jahre alt.

Es war ein Grundstück am höchsten Punkt der Anlage, frei auf einem Geländeerhöhung gelegen, die immer für Zugluft gut ist. Wir hatten mal einen Platz, der aber nicht garantiert war. Einen

Vertrag konnten wir über die 1200 Quadratmeter große Fläche noch nicht abschließen, aber uns Gedanken machen über die Architektur von Haus und Garten.

Wichtige Erkenntnisse für das Bauen in der sehr heißen Gegend bekamen wir durch die Besichtigung alter Häuser. Hier zeigte sich eindeutig: Zugwind, der zum Beispiel am Fußboden hineingeht und entlang der Decke oben wieder entweicht, war das System. Selbst der alte Krönungspalast in Phetchaburi, 1853 erbaut, hatte dieses System. Es ist ein langer Steinbau, der ringsherum offene Fenster hat. Im Raum selbst sind die Wände der Wohnräume aus Holz erbaut und unten und oben jeweils 25 Zentimeter offen.

Eine Klimaanlage wollten wir nicht, also müssen wir das Haus richtig bauen, mit einer natürlichen Luftbewegung, die überall hinkommt.

Wir flogen zuerst mal von Bangkok weiter nach Taiwan und besuchten dort in Taipeh unseren Sohn Roger mit Familie. Seine Frau und er hatten inzwischen ein kleines Imperium aufgebaut, Wir hatten Zeit, ein bisschen die Gegend kennenzulernen. Als wir dort waren, wurde gerade damals das höchste Gebäude der Welt am Silvester mit einem riesigen Feuerwerk eingeweiht. Nur kalt war es neun Grad, obwohl es acht Tage vorher noch 25 Grad warm war. Das ist dort so und temperaturmäßig sehr unterschiedlich, denn selten geht das Thermometer in Hua Hin mal unter 20 Grad.

Es begann die Planung des neuen Hauses für Hua Hin. Keiner, außer die Kinder, wussten davon. Wir wollten erst einmal die Entwicklung abwarten. Aber ich war voller Optimismus und ging mit dem Grundstücksbesitzer in Hua Hin in Vorlage für die Planungsarbeit. Die Vorgabe war ein dreigeschossiges Haus mit verschiedenen Dachneigungen und Ausbauten im Dachgeschoss. Meine Entwürfe sollten von einer Zeichnerin in Bangkok auf

CAD gezeichnet werden. So konnten wir die Pläne hin und her zum Korrigieren schicken. Die Entwurfsbeschriftung war Englisch und die Ausführungspläne waren thailändisch beschrieben.

Wir wollten für den Tag X gerüstet sein. Natürlich wurde der Verkäufer vom Grundstück nervös, die Zeit, 2008,verging und kein Hausverkauf war in Aussicht.

Aber wir waren optimistisch, und es wurde angefangen aufzuräumen. Zwei Häuser waren in Bezug auf Mitnahme, Entwerten oder Verschenken, zu checken. Allein bei zwei Büros diese Arbeit zu verrichten, verlangte viel Zeit. Was kann weg, was muss man noch behalten. In Untersiggenthal hatten wir zusätzlich einen Keller für alte Akten und Pläne gemietet, der voll war. In Dresden war das schon anders, weil wir alles auf CAD hatten.

Lea und ich verübten Schwerstarbeit. In die Verbrennungsanlage, die in unserer Nähe war, wurden die Akten und Pläne zum Verbrennen transportiert. Es waren fast 1,5 Tonnen, mein Renault Safran leistete die letzten Dienste mit den zu dieser Zeit knapp 500000 gefahrenen Kilometer. Wir nannten ihn unser Sofa, weil wir doch manche Stunden für die Fahrten nach Dresden und zurück in dem Auto verbrachten.

2009–2023

Plötzlich im Juni 2009 kam es zu einer Wende, fast zeitgleich, im Verkauf der Häuser. In Untersiggenthal hatten wir bis dorthin 35 Besuche von Interessierten. Der 36. Besuch, gegen Abend, war spontan und ohne Voranmeldung. Ein gut bekannter Leiter der Bauführung, eines mir sehr bekannten Architektenbüros, den ich schon als Lehrling kannte, und mit dem ich zu diesem Zeitpunkt ca. 25 Jahre zusammenarbeitete, meldete sich mit seinen zwei kleinen Töchtern. Sie stürmten gerade ins Haus in das Obergeschoss und sagten bestimmend zum Papi, das Haus kaufen wir.

Da wir Besuch hatten, machten wir für den nächsten Morgen ab, und wir waren uns schnell einig, mit der Auflage, dass erst das Haus in Dresden verkauft werden muss.

Es ging schneller als erhofft. Ein Ehepaar aus Dresden, ein Staatsanwalt, zeigte Interesse, berichtete das Maklerbüro. Da es keiner vorherigen Rücksprache bedurfte, fuhren wir Anfang August zum Notar nach Dresden, und das Maklerbüro hatte schon den Champagner parat. Aber es kam erst einmal anders, es wurde am Kauf des Hauses festgehalten, man wollte auch unterschreiben, aber mit der Auflage, dass die Zahlung erst unmittelbar vor der beabsichtigten Übernahme, also Ende September, geleistet würde.

Der Käufer hatte in den schlechten Zeiten nichts zu verlieren und sparte durch dieses Vorgehen zwei Monate Hypothekarzinsen.

Nicht ganz passend dazu war die spätere Anfrage, ob sie nicht schon Umzugsmaterial vor der Zahlung in die Wohnung bringen könnten, was ich dann aber auch ablehnte.

Trotz der schlechten Zeit hatten wir Glück in der großen Differenz zwischen Franken und Euro und haben so, trotz der großen Investitionen in das Haus, einen guten Abschluss gefunden.

Nach dem Verkauf des Hauses in Untersiggenthal und dem bevorstehenden Verkauf des Hauses in Dresden, flog ich noch im Juli nach Thailand, um Pläne und Kosten zu besprechen und den Vertrag abzuschließen. Es ging auch darum, ein Bankkonto zu eröffnen und Bath 800000 (CHF 26000) einzuzahlen, da dieses Geld drei Monate vor der erwarteten Jahresaufenthaltsgenehmigung auf dem neuen Bankkonto sein muss.

Für die Genehmigung fehlten uns bei den 800000 Baht zwei oder drei Tage, weil bei meiner Anwesenheit die Banken wegen Feiertage geschlossen waren und ich warten musste. So gab es später trotz guter Vorbereitung doch noch etwas Knatsch. Aber hier in Thailand kann man mit Geld alles lösen.

Wichtig war die Suche nach einer vorläufigen Bleibe, bis das Haus fertig gebaut war. Elvira und ich, meine Dolmetscherin und Organisatorin bei Abwesenheit, hatten das Glück, ein leerstehendes, eingeschossiges Haus mit Gästehaus zu finden. Die im Moment nichtgebrauchten Möbel mussten ja auch versorgt werden, und das Gästehaus war dafür bestens geeignet.

Die Zeit von August bis zu unserem Reisetermin am 9. September 2009 war knapp. Eine internationale Möbeltransportfirma aus Heilbronn begutachtete bei uns die Transportmöglichkeiten vom Haus Richtung 40 Fuß-Container und machte ein entsprechendes Angebot, das dann zum Vertrag führte.

Zwischendurch waren Abschiede zu organisieren. Alle wussten von uns, dass wir Untersiggenthal verlassen, aber keiner wusste wohin. Es kam bei der Einladung zur Verabschiedung von Berufskollegen, wichtigen Politikern, Vereinskameraden, Nachbarn und die nahe Verwandtschaft.

Nichts anderes ging, als das Abschiedsfest im Garten abzuhalten. Unser, immer wieder für Feste ausgewählter Metzger, musste auch zum letzten Mal ran. Eine große geheizte Trommel sorgte für kleine, den Thai-Spießen nachgemachte Häppchen, wie es sie an vielen Straßenküchen in Thailand gibt.

Eine zu öffnende Tafel mit großem Bild lüftete dann das Geheimnis unserer nächsten Bleibe. Es war eben das Mongkol-Resort in Hua Hin, mit Zeichnungen auch von unserem neuen Haus. Alle waren über das neue Land in gut 9000-Kilometer Entfernung überrascht, aber auch freudig über so eine mutige Entscheidung. Diejenigen, die vom Alter redeten, hörte ich sowieso nicht zu.

Ernst, von unserem Quartiersverein hatte dann noch ein großes Abschiedsgeschenk, die Aargauer Fahne, die ich später unserem früheren Untersiggenthaler Bäcker, neu hier in Hua Hin, für sein Geschäft weiterreichte.

In Dresden war für die Reise auch alles vorbereitet. Die Möbelfirma verpackte auch dort alles und über Heilbronn kam es dann mit den Packern nach Untersiggenthal. Zwei nette Packer hatten zwei Tage mit der Verpackung zu tun, ehe dann am dritten Tag alles, auch die Ware von Dresden, in den Container verpackt wurde. Das musste schnell gehen, weil da scheinbar jede Wartestunde viel Geld kostet. Nach drei Stunden gab es keinen freien Platz mehr, und der Container ging auf eine Vierwochen lange Reise.

Unser neuer Hausbesitzer in Untersiggenthal hatte so Freude, dass er bereits nach der Besenreinigung am nächsten Tag das erste Fest, seinen 50.-Geburtstag, im Garten feierte.

Für unsere Reise, einen Tag später am 9. September 2009, waren beim thailändischen Konsulat in Basel die nötigen Unterlagen besorgt. Frau B., Botschafterin, war eine gute Unterstützung in der Beschaffung. Der Ehescheín und Schweizer Fahrausweis musste übersetzt und beglaubigt werden. Dazu kamen die Pässe, das bestimmte Visum und wir hatten für die neue Bleibe auch viele, offene Fragen.

Der Abschied nahte, er war nicht so lang, denn im folgenden Februar 2010 waren wieder die traditionellen Skiferien angesagt. Die heutigen Auswanderungen sind auch nicht mehr zu vergleichen mit den früheren Auswanderungen, da war man für immer weg.

In Thailand angekommen, ging die Arbeit natürlich weiter. Zu organisieren war der jetzige Aufenthalt bis zum Eintreffen des Containers. Der Besitzer hatte für sich mal eine Couch und ein Bett gekauft, die wir jetzt benutzen konnten. Dazu reichte ein kleiner Tisch und ein wenig Geschirr, das wir uns von Martheli liehen, nachdem wir die ersten acht Tage auch bei ihr wohnen konnten, in dem Haus, wo wir auch als Nachbarn, mal wohnen wollten.

Es galt auch, das Haus fertig zu planen, Offerten einzuholen und Verträge abzuschließen. Alles klappte, wir hatten einen Baumeister, der als junger Mann gerade den väterlichen Betrieb übernommen hatte. Er arbeitete als Generalunternehmer und war natürlich überrascht, als er nach unserer normalen Art, alle Pläne und Details unterschreiben musste. Ein Detail war auch die Kennzahl der inneren und äußeren Hausfarben. Diese hatte ich in einem Badener Farbenbetrieb ausgewählt und ich hatte entsprechende Muster mitgenommen. Gefragt waren Tessiner Farben, gegenüber den hier angewendeten Knallfarben.

Gerade im Ausland, wo auch die Sprache noch hinderlich sein kann, ist es wichtig, vor Baubeginn alles bis aufs letzte Detail zu erledigen, dann muss man später auch nichts ändern, denn das wird immer teuer.

Nach ca. fünf Wochen kam auch der Container an, erst am Abend wegen des Verkehrs und der nicht vorhersehbaren Schwierigkeiten. Thailand ist bekannt durch seine Freileitungen jegliche Art, und die hängen natürlich auch quer zu den Straßen herum. Elvira, meine Helferin, und ihr Freund hatten sich mit langen Stangen ausgerüstet, um dem Container die nötige Kabelfreiheit durch Anheben der Leitungen zu ermöglichen. Ein rückwärtiges Einfahren zu unserem Haus ließ das inmitten der Quartierstraße stehende Wärterhaus auch nicht zu, sodass der Container außen stehen bleiben musste.

Das am nächsten Tag erscheinende Einzugskommando aus Bangkok hatte nicht nur Freude, mussten doch alle Teile mit einem Zwischentransport zum Haus transportiert werden. Die Möbel, wo nötig, wurden zusammengesetzt, und die nicht gebrauchten Möbel im Gästehaus gelagert. Es wurde spät abends, und Elvira sorgte für die nötigen Vitamine.

Jetzt waren neben uns auch die Möbel da und die nötigen Papiere für die Anmeldung bei der Immigration. Die fanden, wie bereits beschrieben, die Nadel im Heuhaufen. Bei uns waren es die bereits erwähnten zwei Tage. Wenn sie Geld brauchen, finden sie immer etwas, und so sorgten auch wir für eine gute Lohnaufbesserung.

Wichtig ist, dass man für jede Genehmigung, die jedes Jahr fällig ist, alle Unterlagen gut zusammen hat. Auch bei uns älteren Personen ohne Krankenkasse, sollte genügend Geld auf dem Konto sein.

Anfang November 2009 war der Spatenstich: und mein alter Spaten aus Untersiggenthal übernahm das. Für die Thai, die machen alles mit, war das natürlich neu. Wir hatten einen Zeitplan bis Mitte Mai 2010, also eine Bauzeit von gut sechs Monaten für Haus und Garten.

Das Haus hat 350 -Quadratmeter benutzte Fläche. Das erste Geschoss, so nennt man hier das Erdgeschoss, mit Waschküche und Lagerraum, Toilette und Dusche für innen und außen und einem Gästezimmer, ist über die große, gedeckte Vorhalle zu erreichen. Einen sogenannten Keller, wie wir ihn haben, findet man in den angebotenen Häusern in Thailand nicht, da stehen die Geräte hinter dem Haus.

Im zweiten Geschoss ist mein Büro, noch mit dem Rest der alten Büros ausgestattet. Ein großer Wohnraum mit Balkon und Sicht in die Berge von Myanmar, ca. 80-Kilometer entfernt. Am nördlichen Rand ist die offene Küche mit kleinem Balkon und Blick auf den höchsten Berg, den Hin Lek Fai.

Im nördlichen Teil des zweiten Geschosses sind Schlafraum, Waschraum und Toiletten. Der große Wohnraum ist außer dem Schlaftakt nach oben hin bis zum Dach offen, ca. neun Meter hoch. Ein Dachaufsatz, mit zweiseitig versetzten Scheiben, total 20-Meter lang und nach oben hin offen, entsorgt die aufsteigende warme Luft nach außen. Der noch gebliebene Raum im dritten Stock hat eine zusätzliche Schlafmöglichkeit: eine Toilette und Dusche und ist heute unser Fernsehstandort.

Alle Geschosse haben große Fenster, Sie machen etwa 70-Prozent der Außenwände aus und sind eine ständige Verbindung von innen nach außen. In den Fenstern sind auf einem Drittel der Höhe, im unteren Teil, offene Lamellen für die Luftzirkulation. Mückengitter sind an allen Öffnungen und zugleich auch bei den meistens offenen Fenstern. Es sind wichtige Staubfänger, denn der Staub setzt sich mithilfe des Windes in dem feinen Gitter ab. Deshalb sind auch regelmäßige Reinigungen sehr wichtig

So ergeben sich im ganzen Haus Luftzüge mit der Bewegung nach oben, und sie bescheren uns direkt auch frische Luft nach längerer Abwesenheit.

Decken und Wände haben leichte Pastellfarben, der Boden ist dunkel, aus Fließen mit genoppter Oberfläche, und alle Holzteile nach außen sind grau, also begrenzte Farbwahl. Die gesamte Beleuchtung geschieht durch Strahler, indirekt.

Außen ist auf der Süd -und Westseite der Außenbereich überdacht. Er überragt zu einem Drittel der Fläche auch das Schwimmbad, dies bleibt dadurch bis am Mittag im Schatten. Bäume an der Westgrenze sorgen vom Westen her für frühen Schatten am späteren Nachmittag und dadurch für eine angenehme Wassertemperatur von 28 Grad. Die Schwimmbäder in der Sonne haben eine höhere Temperatur, bis zu 34 Grad in den warmen Monaten.

Der Garten ist in der Hausverlängerung nach Süden durch schmale Wege in Beete eingeteilt. Allein 250 Bougainvillea in verschiedenen Farben sind gepflanzt. Ein Baumschirm mit fünf Kokospalmen, die inzwischen bis zehn Meter hoch sind, ordnen den klassischen Teil. Gerade letzthin haben wir eine Kokospalme ersetzen müssen. Die Ersatzpflanze ist auch schon ca. sechs Meter hoch und ungefähr eine Tonne schwer. Sie wurde mit dem Autokran vom Rand her versetzt und hat eigentlich für die Größe und den späteren Windanfall, einen kleinen Erdballen. Die Krone ist noch wegen des Windes zusammengebunden, um das Wurzelwachstum von Faserwurzeln zu fördern. Diese sind dann wichtig für das große Gewicht, das sie später halten müssen. Die Früchte sind nicht immer einfach zu ernten, die Gärtner lassen das ganze Gebinde mit ca. zehn Früchten am Seil hinunter, damit sie die Früchte und die unter den Bäumen stehenden Pflanzen nicht schädigen. Wir verwenden den Saft auch für einen guten Apero, der aus dem Saft und einem Kokosnussschnaps besteht, ein sichtbares Zeichen unserer neuen Zeit.

Rings herum gegen Westen stehen Bäume, darunter auch Mango- und Sternfruchtbäume. Die Randflächen bestehen aus 700-Quadratmeter Thai-Gras und bilden so den Kontrast zur strengen Mitte des Gartens.

Unser Haus steht allein, und wenn wir auf dem Westbalkon zu Abend essen, schauen wir zu der Bergkette, Berge bis 1500 Meter hoch, die Myanmar und Thailand voneinander trennt. Hier ist auch einer der größten thailändischen Nationalparks, mit dem Touristenziel „Wasserfall".

Nach Osten hin sind es kleinere Berge, die Hua Hin vom Norden in den Süden zwischen Meer und Hinterland begleiten und bis zu 300 Meter hoch sind. Die Ausblicke waren schon bei der Planung des Hauses ein wichtiges Detail.

Der Bau des Hauses durch unseren Generalunternehmer machte einen guten Verlauf. Zweimal in der Woche hatten wir eine persönliche Baubesprechung, aber ich war meistens morgens und nachmittags, jeden Tag, auf der Baustelle. Ich war vorgewarnt, denn es gab viele Bekannte, die ihr Leid in Bezug auf Termine, Fehler und nicht erledigte Garantiearbeiten, beklagten. Ich war nicht überrascht, aber Angebote richtig lesen, Fehler im richtigen Moment erkennen, auf Termine drängen, rechtzeitige Materialauswahl treffen, das war nicht jedermanns Ding und ersetzt mühsame Garantiearbeiten.

Es hatte hier mal eine Sitzung von ca.50 Baugeschädigten mit dem Bürgermeister gegeben, die sich wegen der Nichteinhaltung der Garantiepflicht beschwerten. In den beidseitig unterschriebenen Verträgen wird diese für ein Jahr garantiert. Sie kamen aber nicht weiter, deshalb ist es wichtig, Fehler zu erkennen, diese sofort zu korrigieren und vor allem das Geld zurückzuhalten, bis alle Fehler behoben sind.

Ich hatte zu früheren Zeiten mal einen Bauführer im Büro, den ich auf einer Baustelle auf Fehler aufmerksam machte. Seine Antwort, das können wir in der Garantiezeit erledigen, musste ich laut widersprechen. Das kostet nur Ärger, Zeit und Geld, und wer bezahlt das? Er änderte seine Meinung umgehend.

Wir, Lea und ich, hatten keine Arbeit mehr mit neu auszusuchendem Inventar, da wir bis auf den letzten Stuhl, alles außer dem Kühlschrank und der Waschmaschine mitbrachten.

Für den Garten galt es, für die Pflanzung gegen Westen drei schon ca. acht bis zehn Meter hohe Bäume zu suchen. Hier in Thailand ist die Auswahl von großen Bäumen groß. Alle Großbäume werden hier wie ein Bonsai zurückgeschnitten und in einem Behälter gepflanzt. Der Baum braucht so wenig Nahrung und kann sich über die gute Wurzelbildung neu entwickeln. Diese Bäume wurden alle mit einem Kran versetzt.

Wenn ich heute beim Schreiben in den Garten schaue, blicke ich in einen nicht aufhörenden Park. Unser Haus ist keine Villa, aber getauft haben wir das Haus als : „Die Villa Fiore", das Haus der Blumen.

Unsere Skiferien 2010 ließen wir trotz des Hausbaus nicht aus, und das war auch so bis 2017, meinem 85. -Geburtstag. Die Bauführung übernahm ein guter Bekannter, der sich auf dem Bau auskennt und umso sorgenfreier waren unsere Ferien.

Zurück ging es dann in den Endspurt. Gewundert habe ich mich über die Farbenlieferanten, die wirklich die in Baden ausgesuchten Muster, entsprechend den weltweit funktionierenden Produktnummern der Farben, korrekt herstellen konnten. So hatten wir einen Lieferanten und immer die gleichen Farben und das heute noch.

Grundsätzlich ist das Bauen hier für unsere Verhältnisse immer am Rand eines Unfalls. Die Bambusgerüste, das Fehlen von Abschrankungen und sicheren Leitern, die Wegverbindung mit Brettern und Balken mit vielen, ausstehenden Nägeln, genügten für einen großen Bußenzettel. Eine Bauaufsicht, wie bei uns, habe ich nie gesehen. So fahrlässig wie man zu viert oder zu fünft Personen mit dem Motorbike fährt, so baut man. Aber, man hat immer gekühltes Wasser, und die Arbeiter wissen, wie man sich vor den hohen Temperaturen schützt. Während im Westen auf dem Bau viele mit nacktem Oberkörper arbeiten, zieht man sich hier total an, wenn es sein muss, noch mit Gesichtsmaske und

Schal, es gibt keine freie Haut. Man schwitzt und man kühlt sich ab mit dem eigenen Schwitzwasser.

Auch viele Frauen arbeiten auf dem Bau, und wenn Ferien im Hort oder in der Schule sind, sind auch die Kinder auf der Baustelle und helfen sogar mit. Die Frauen machen alles, waren aber speziell auch in der Eisenverarbeitung- und Verlegung führend. Es gab grundsätzlich nur Torstahl, in verschiedenen Stärken, als Stangen geliefert. Alle Armierungen wie für Fensterstürze, Säulen, Träger, und was auch immer, werden auf dem Bau direkt gefertigt.

Als Beton verwenden die Thais sehr feine, flüssige Mischungen, die nicht speziell mit Verdichter bearbeitet werden müssen. Eine gerade Betondecke wird fast von allein, durch den hohen Wasseranteil ganz natürlich eben. Der Holzanteil am Bau belief sich bei uns auf alle Fenster und Türen. Dazu kam die innere Dachverschalung durch sechs Zentimeter breite und bis zu fünf Zentimetern lange Holzlatten mit Nut und Kamm, da gibt es keine Risse oder Verwerfungen.

Grundsätzlich kommen die meisten Facharbeiter aus Myanmar. Die echten Thais selbst, nicht die China-Thais, mögen nicht so recht arbeiten. Sie sind gerne Chef, aber in den Familien ist es die Frau, die das Kommando führt und auf das Geld aufpasst. Beim Schwimmbadcleaner des Nachbarn, auf dessen Haus wir in seiner Abwesenheit in Schweden aufpassen, holt am Ende des Monats immer die Frau das Geld ab. Die Männer wollen heiraten, ein Kind haben, aber die Frau soll arbeiten. Wenn nicht, schmeißt die Frau den Mann raus, und so gibt es viele Familien mit Mutter, Großmutter, Tochter und Enkelkind, die Frau geht arbeiten und die Großmutter passt auf das Kind auf.

Unsere Fertigstellung des Hauses hing auch zusammen mit den noch angesammelten Restarbeiten. Dazu gehörte auch das Entfernen von Bauschutt des Nachbargrundstücks, dass man dorthin transportiert hatte. Ein Thai hätte nie reklamiert, weil er es genauso macht.

Erst nach Hundertprozent Schweizer Art, nach dem Säubern aller Nachbarflächen ringsherum, gab es für das Haus das letzte Geld.

So stand am 26. Mai 2010, also nach gut sechs Monaten Bauzeit, der Umzug von unserer provisorischen Bleibe hin zum neuen Haus, an. Eine Frage an unseren Baumeister, ob er auch einen Möbeltransportwagen besitze, bejahte er. Wir waren gespannt, und für den Transport kam der etwa 50-jährige Thai-Lastwagen mit schöner Bemalung, gut geputzt und mit viel Leuten und Verpackungsmaterial. Der Möbelschreiner demontierte die Möbel, die dann freistehend, von Arbeitern gehalten, zum 3,5-Kilometer entfernten, neuen Haus transportiert wurden. Thais können auch mit einfachen Mitteln gut organisieren. Ich hatte schon die Pizza geholt, und die Möbel standen unter der großen, gedeckten Vorhalle, als es plötzlich, nach monatelanger Trockenheit, zu regnen begann. Wir hatten Glück, alles stand im Trockenen.

Die Einrichtung am nächsten Tag war für den Möbelschreiner ein besonderer Tag, sah er doch auch mal Möbel, die genau passten und ohne Schwierigkeiten zusammengesetzt werden konnten.

Es waren die vielen Korbmöbel, Korbbetten, Korbschränke. Korbsessel, alles italienische Möbel, die wir 1980 zum Hausbau in Untersiggenthal gekauft hatten. Dazu kamen die selbstentworfenen Möbel von Dresden, die wunderbar zusammen in das neue Haus passten. Schon beim Hausentwurf wurden die Längen der Bücherregale und Schrankwände berücksichtigt, man kann so viel Ärger später vermeiden.

Ein wunderbares Fest mit allen Beteiligten und Nachbarn, mit einem Film über den Bauablauf und einem Tisch voll von überflüssigem Geschirr für die Gäste, besiegelte die Fertigstellung des Hauses, in dem wir uns jetzt seit 13 Jahren, in unserem Paradies, sehr wohl fühlen.

Hua Hin, die Stadt, wo wir jetzt wohnen, war früher ein Fischerdorf. Mit dem Zuzug von Landwirten aus Phetchaburi, ca. 50 Kilometer nördlich entfernt, kam die Landwirtschaft.

Mit dem Bau der Eisenbahn Bangkok-Singapur, 1920, heute fährt auch noch der berühmte Orient-Express die Strecke, wurde das erste Hotel, heute ein Fünfsternehotel, erbaut. Es entstand zur gleichen Zeit wie der von Touristen geliebte Fotobahnhof. Auch der König baute am Meer seine Sommerresidenz und den Palast.

Hua Hin gehört zur Provinz Prachuap-Khiri-Khan, von denen es insgesamt 73 Provinzen in Thailand gibt. Die Stadt Prachuap selbst liegt 90 Kilometer weiter südlich. Sie ist heute eine von acht District Städten, zu denen dann große Landschaften mit ihren Dörfern dazugehören. Die Einwohnerzahl beträgt ca. 66000 gemischt mit Einheimischen, dauernd hier lebenden Farangs (Ausländer mit Jahresaufenthaltsbewilligung), den internationalen Touristen und den erholungssuchenden Thais, speziell Bangkoker an Wochenenden und Feiertagen, die hier viele Zweitwohnungen besitzen. Ein Grund ist auch zu bestimmten Zeiten die schlechte Luft in Bangkok und weiter im Norden. Man lebt hier immer mit vielen Leuten zusammen und hat nicht nur während der Urlaubszeit Touristen.

König Rama der Vierte baute seinen Palast wegen der besseren Luft auf der Höhe von Phetchaburi, erreichbar mit einer Standseilbahn.

Unser jetziger Hausstandort ist vom Osten her, an eine Hügelkette angelehnt, die zwischen drei und fünf Kilometer parallel zum Meer verläuft. Wenn wir in die 3,5-Kilometer entfernte Stadt fahren, fahren wir über den kleinen Hügel mit Meerblick und sind schon da. Für den alltäglichen Bedarf haben wir aber alles in der Nähe und überlassen die Stadt den Touristen.

Im Jahr 2009, als wir hier ankamen, war das noch ein wenig anders. Es gab einen Bäcker, heute gibt es mehr als genug davon. Auch ein Untersiggenthaler Bäcker, ein Schulkollege unseres Sohns Andre, hat hier ein Geschäft. Wir begegneten uns bei der Emigration mit seiner Frage: Sind Sie nicht Herr Wengmann? Die Welt ist klein geworden. Heute gibt es von den kleinsten Läden bis zu den riesigen Einkaufszentren alles. Diese haben sich ganz auf die internationale Kundschaft mit ihrem Warenangebot eingestellt

Auch in unserem Resort sind die Bewohner international: Engländer, Irländer, Franzosen, Schweden, Amerikaner, Russen, Deutsche, Schweizer und Thais. Es wird geführt von einer Bangkoker Geschäftsfamilie, die hauptsächlich Geschäfte mit Landwirtschaftsprodukten und Handel mit Schiffen auf den Weltmeeren betreibt.

Unser Resort ist so ein für sie finanziell unwichtiges Anhängsel, weshalb wir auch in einem großen Park wohnen.
Viele Baugrundstücke sind wegen der Steuer wieder Landwirtschaftsland oder Waldflächen geworden. Es soll uns recht sein.

Außer den großen Fünfsternehotels, die weitgehend direkt am Meer liegen, gibt es heute einige Hundert Hotels und Pensionen, die auf und neben dem Wasser, in der Stadt oder außerhalb liegen. Die Randflächen haben das Kleingewerbe und dann geht es schnell in die Ananas- und Zuckerrohrkulturen. Die Firma Doll, Ananas, ist einer der größten Arbeitgeber im Randgebiet. Wir sehen oft die mit Containern beladenen Lastwagen, die dann voller Ananaskonserven in alle Welt auf Reisen gehen.

Wer denkt in Thailand an Weinbau? Es gibt schon längere Zeit nördlich von Bangkok Weinanbaugebiete, die dann im Westen von Hua Hin, in Anlehnung an die Bergkette des Nationalparks, ergänzt wurden. Der große Unterschied zu Europa ist, dass der Wein im Februar bis März geerntet wird.

Für uns und für den Tourismus ergeben sich in dem tropischen Savannenklima beste Voraussetzungen für einen guten Aufenthalt. Wir haben hier gegenüber dem Norden und Süden nur ca. 955 Millimeter Niederschläge, meist in Form von Starkregen. Das ergibt sich auch aus der Sonnensituation. Mit sechseinhalb Stunden Sonne im Jahresdurchschnitt pro Tag ausgerechnet, kann es einem nur gut gehen.

Auch stehen viele Einrichtungen für alle zur Verfügung wie der Nachtmarkt, überhaupt die Märkte an verschiedenen Tagen, Elefant-Village mit Elefantenreiten, dem Zikadenmarkt am Wochenende, die vielen Tempel, darunter auch der berühmte Mongkol-Tempel, hier lebte ein Mönch, der vor 400-Jahren gelebt und Wunder vollbracht hat. Heute sind an einem Elefanten bestimmte Teile zu berühren, für den Wunsch, die eigene Fruchtbarkeit zu erhöhen. Ein wichtiger Anziehungspunkt ist der Pala-U-Wasserfall, der an der Grenze zu Myanmar im Kaeng Krachaen Nationalpark liegt. Zwei große Wasser-Erlebnisparks, ca. zwölf Golfplätze, das Reiten am Strand, Kitesurfen sowie die Artist-Village, runden das Angebot ab.

Ein großes Problem sind illegale Bauten, vor allem am Strand entlang. Eine mal durchgreifende Aktion, vom Gouverneur angeordnet, die aber noch nicht abgeschlossen ist, hat für den Touristen viel Platz gebracht. Besonders nicht angemeldete Hotels und Pensionen, bereiten dem Gouverneur immer noch viele Sorgen. Das ist die eine Seite und die andere Seite beweist auch die Polizei, wo ich bereits seit drei Jahren kaum mal eine Kontrolle erlebt habe. Scheinbar hatten sie, besonders in der Coronazeit, Mitleid mit den armen Thais, die sowieso kein Geld und bereits viele nichtgezahlte Bußen bei der Polizei liegen haben.

Inzwischen, ob vorgeschrieben oder nicht, fahren alle wieder ohne Helm Motorrad, Eigenverantwortung gibt es hier nicht. Wenn man stirbt, dann wollte Buddha das so. Schließlich wird man von vielen Jungfrauen empfangen und man kommt, als „irgendwas oder irgendwer", wieder auf die Welt.

Unser Haus mit der Umgebung hat eine Größe, dessen Pflege wir allein nicht leisten können. So kommen die Gärtner für jeweils anderthalb Stunden und, zweimal in der Woche, dazu kommt separat der Schwimmbadcleaner. Ich bin dann der Obergärtner, und Lea hat es einmal in der Woche mit der Putzfrau zu tun.

Aufregen über den falschen Rasenschnitt oder das fehlende Putzen unter dem Bett oder der Lampe, tun wir uns nicht mehr, das gehört zum Thai-Alltag. So muss ich oft auch selbst noch Hand anlegen, und Lea geht es auch so.

Für immer wieder anfallende Reparaturen oder bestimmte Pflege, haben wir einen sogenannten Hausmeister. Er ist gelernter Elektriker, kann aber alles. Er ist der Mann für alle Fälle, und zahlen können wir ihn, gegenüber den Löhnen in Europa auch. Da haben wir hier schon große Vorteile, billiges Material und zahlbare Endgeltung.

Wenn man schon so viel anbieten kann, bleiben auch die Besucher nicht aus. Speziell Lena, Leas Freundin aus der Schweiz, hatte so viel Freude an unserem Haus im Park, nein, sie nennt unsere Bleibe immer das „Paradies", dass sie viele Jahre hintereinander erlebte. Lustig, sie brachte immer einen Koffer voll zu reparierenden Schuhen, auch aus der Verwandtschaft, mit, weil hier der Schumacher bedeutend günstiger ist. Auch Enkelkinder eines Studienkollegen von Hamburg, waren öfters Gäste und lieben heute noch das Tauchen, speziell auf der Insel Ko Phangan. Es gibt auch viel anders Erlebtes in und um uns herum. Da sind die Affen, eigentlich zuhause auf dem Berg Hin Lek Fai, ein Aussichtsberg für Touristen. Aber, wenn die Touristen weniger da sind und die Affen Hunger haben, besuchen sie auch andere Quartiere. Bei uns im Garten, speziell wenn die Mango- und Sternfrüchte reif sind, kommen die Affen mit der ganzen

Familie, vom Großvater bis zu den Junggeborenen, total ca. 20 Tiere. Bei uns beließen sie es nicht beim Obst, sie fraßen alle Orchideenblüten und taumelten auf dem Balkon und Dach herum. Sie beobachteten jeden Schritt von uns und nahmen eine Einkaufstasche mit, die Lea nur kurz vor der Haustür abgestellt hatte. Irgendwas, wie Salat für die Hühner, einen Moment stehen lassen, ist nicht ratsam. Es war eine Plage, bis der Zivilschutz einschritt und Fangkörbe aufstellte. Das klappte für eine Weile, bevor sich wieder eine neue Clique bei uns zeigte.

Natürlich haben wir auch Geckos und Tokehs, die größer sind und bis zu 25 bis 35 Zentimeter lang werden. Wir sind im Außenbereich, und so halten sie die Wände frei von Spinnen und sonstigen Kleintieren. Der Thai sagt, wer Tokehs im Haus hat, hat ein gutes Klima, das heißt die Echsen fühlen sich bei uns wohl.

Wir haben im Garten noch andere Echsen, Vögel wie der Fritz oder der Eisvogel, mit denen ich immer sprechen kann. Auch Reiher, vor allem die Jungtiere, benutzen frühmorgens das frisch beregnete Gras. Sie nisten in der Nähe und bei uns ist dann der Platz für die Kindererziehung. Frösche hat es auch, sie benutzen wie auch die Schlangen gern unsere Sitzmöbel, ist doch so bequem da. Schlangen können sich hier gut verkriechen und wohlfühlen, deshalb ist immer Vorsicht geboten durch das vorherige Kontrollieren der Kissen. Schlangen verstecken sich auch gerne im Wasser, hier in einer Blumenvase. Das war einmal, und seitdem steht keine Blumenvase mehr vor dem Eingang.

Wir wohnen direkt an der Grenze zum Urwald, und deshalb muss man immer aufpassen, das heißt, immer alle Türen und die Mückengitter müssen geschlossen sein. Trotzdem passierte uns einmal, dass sich eine grüne Baumschlange im Gästezimmer, im Kleiderschrank breit machte. Ja, man hat mal das Gitter nicht richtig zugemacht. Die Arbeiter der Siedlung haben aber Übung, und so konnten wir nach dem Fang wieder ruhig schlafen. Man sagt es so, grüne Baumschlangen sind für Menschen ungefährlich, weil diese ihre Opfer durch Gift der Backenzähne töten, und das dauert ca. eine halbe Stunde. Solange wir auch bei uns die Hunde unserer Schwedennachbarn hatten, waren Schlangen gar kein Problem. Speziell Sindy spürte sie problemlos auf, und die Schlangen flüchteten.

Wichtig ist auch beim Wandern immer gutes Schuhwerk. Unsere alten Bergschuhe wurden jetzt beim Aufenthalt 2022 in der Schweiz durch neue ersetzt. Alle Wege sind natürliche Bergwanderwege, die teilweise noch von früher her, rot, weiß-rot, durch einen Schweizer frei geholzt und markiert wurden. Leider ist die Pflege durch den Staat nicht immer gegeben. Wer läuft auch schon gerne als Thai? Wir wandern in dieser hügeligen Gegend, wegen der Wärme früh am Morgen, dreimal in der Woche, jeweils sechs bis acht Kilometer. Ergänzt wird das Training durch Schwimmen und Treppensteigen in unserem Haus, sehr gesund, ist aber nicht „jedermanns Sache". Ja, wenn mal was wäre, bisher fühlen wir uns mit 88 und 91 Jahren dadurch sehr wohl, bauen wir von außen her einen Gabelstaplerlift.

Für alle Fälle haben wir drei Spitäler, das Bangkok-Spital als privates Spital, das Sankt Paulo, ein katholisches Spital, und das Hua Hin als staatliches Spital. In unserem Alter ist eine Krankenkasse nicht mehr möglich oder sehr, sehr teuer. Deshalb gehen wir zu einer Ärztin, die im staatlichen Spital arbeitet und abends ab 17:00-Uhr nach Feierabend noch eine private Praxis betreibt. Alle Ärzte in den Spitälern machen das so, man kann alle Fachbereiche erreichen. Auch hat das staatliche Spital abends eine Privatmöglichkeit, wo man bei einem Arzt angemeldet ist, etwas teurer, aber um ein Vielfaches billiger als die anderen Spitäler. Das staatliche Hua-Hin-Spital wurde auch für den alten König eingerichtet, wenn er dienstlich oder ferienhalber in seinem Palast am Meer war. Es gibt dort dadurch eine gute Auswahl an Ärzten und die neueste, medizinische Einrichtung.

Das Sankt-Paulo-Spital gehört der katholischen Kirche. Dazu gehört ein Schwesternhaus, eine Schule mit Internat sowie ein Friedhof. Es waren die Don-Bosko-Mönche aus Turin, die hier, vergelte es Gott, mal zu einer Menge Land gekommen sind.

Im Jahr 2012 stand das erste größere Fest in Thailand an, mein 80. Geburtstag. Wir waren 45 Gäste im 19.-Stock des Hilton Hotels, darunter auch unsere Kinder Isabelle und Andre aus der Schweiz, sowie Roger von seinem Wohn -und Arbeitsplatz in Taipei/Taiwan. Beim Apero auf der Terrasse hatten wir eine wunderbare Aussicht auf die Stadt und das Meer. Die hoteleigene Musik machte manchen Älteren wieder munter und leider enden hier alle Feste um 23:00-Uhr. Mein jahrelanger Skifreund Jörg in Bellwald, war von Thaingen/Schweiz, angereist.

Auch von Thailand aus ging es weiter in die Skiferien und im Frühsommer hatten wir immer Studientreffen, wie in Hamburg oder Würzburg. Ein Studientreffen in Boppard 2004 haben wir noch in besonderer Erinnerung. Mitten auf der Autobahn zwischen Neuwied und Koblenz wird es Lea im Bus sehr schlecht. Die Situation veranlasste den Fahrer anzuhalten. Lea lag vor dem Bus und Besserung zeigte sich nicht. Der Fahrer war sehr verantwortungsvoll, und nach kurzer Zeit landet der Hubschrauber mit dem Notarzt neben der Autobahn und alsbald kam auch der Krankenwagen. Lea wurde ins Spital Neuwied eingeliefert. Nicht gut, es war Wochenende, und scheinbar fehlten die richtigen Ärzte. Ich bekam keine zufriedene Auskunft, packe Lea am Sonntagabend ins Auto, und am anderen Morgen wurde sie in der Schweiz notoperiert, Befund: Darmverschluss. Gott sei Dank ist alles gut gegangen, auch sie wurde älter und näherte sich ihrem 80. Geburtstag. Aus diesem Anlass planten wir für das Jahr 2015 eine Amerika-Reise, die historische Route 66, von Chicago nach Los Angeles.

Unsere Reise begann mit den Vorbereitungen früh, mussten doch die Flüge und insgesamt 16 Hotels wegen den Ferien in

Amerika, früh gebucht werden. Versicherungen, Automiete sowie die Einreisegenehmigung für Amerika kamen dazu.

Aber der Tag X, der 15.-Juli-2015 war da, und wir flogen mit dem Airbus A-380 der Fluggesellschaft Emirates von Bangkok nach Dubai. Wir wollten die Gesamtdauer der Flugzeit von 18Stunden ein wenig aufteilen. In Dubai war gerade Beginn des Ramadans, bei 42 Grad Celsius. Einige der Sehenswürdigkeiten haben wir mit dem Taxi und Reiseführer in den zwei Tagen gut kennengelernt. Wir wohnten damals noch im zweithöchsten Hotel der Welt, dem Rose Rayhaan by Rotana.

Dann begann der 17.Juli, die eigentliche Reise von Dubai nach Chicago, Ausgangspunkt der Route 66. Chicago will gern mehr sein als New York, naja sie haben zumindest mehr Gangster gehabt, von Al Capone angefangen, dessen Vergangenheit wir durch eine besondere Gangsterfahrt kennengelernt haben. Das Hard-Rock-Hotel passte natürlich zur Tour und zu unserem Alter. Die Stadt mit ihrer Architektur, wie auf einer Weltausstellung, bewunderten wir speziell auf einer Bootsfahrt, auf dem Chicago River. Wir hatten am Flughafen unser Auto für die Reise abgeholt, aber die Suche nach einem Parkplatz in der Nähe des Hotels, in der Downtown, war dann schon die erste Prüfung im Stadtverkehr.

Am 19.-Juli-2015 war es so weit. Wir wollten auf die 66, aber der Chicago-Marathon bescherte uns die ersten Umleitungen, und aus dem ersten Kaffeetrinken am berühmten Ausgangspunkt der 66, Lou Mitchells Restaurant und Café, wurde nichts. Wir waren auf der Route 66 Richtung Westen mit dem Tagesziel Springfield. Die I-40 hat die 66 auf der gesamten Strecke ersetzt, sodass auch zwischendurch diese benutzt werden musste. Unterwegs gibt es viele alte Stationen der 66, alte Tankstellen, Shops aller Art. Grundsätzlich sollte die 66 durch das markante 66-Zeichen immer die Richtung angeben, aber es war sehr verschieden in den einzelnen Bundesstaaten.

Interessant war in Springfield das Abraham-Lincoln-Haus mit Museum, mehr Zeit hatten wir auch nicht

Das nächste Ziel war St.Louis, Missouri. Für zwei Tage waren wir im Hotel Hyatt Regency. Die frühere Zufahrt über den Missouri und Mississippi, eine ewig lange Eisenkonstruktion, die OLO CHAIN OF ROCKS BRIDGE, war gewaltig, obwohl wir diese eigentlich nicht befahren durften, was wir aber erst später bemerkt haben. Die Fahrt durch die Vorstadt zeigte uns meistens billige Holz-Pappe- Siedlungen. Jazz am Abend und die Besichtigung der durch mächtige Hügel gekennzeichneten MONKS MOUND, Indianersiedlung, waren als Zeugen der Vergangenheit sehr eindrucksvoll. Der Besuch des Museums of Art, mit einer Sonderausstellung von Max Beckmann sowie interessanterweise von vielen anderen deutschen Künstlern, die Besichtigung der größten Brauerei Anheuser-Busch, jetzt Budweiser, beherrschten weiter das Tagesprogramm.

Liebanon war am 22.-Juli unser Ziel. Von nun an waren die Hotels mehr Motels, mehrheitlich von Best Western, Western Inn oder Hampton Inn. Typische Ein -oder -Zweietagen Hotels, eher Motels, zum Durchreisen, aber tipptopp. Höhepunkt war unterwegs Mearmec Caverns Missouri. Insgesamt gibt es 24 Kilometer Wege, wovon wir sechs Kilometer in der Caverne besichtigt haben. Traumhaft schön, sie ist eine der größten Cavernen der Welt.

Miami in Missouri ist nicht zu vergleichen mit der Großstadt Miami. Von Libanon aus waren es 270 Kilometer, eine kleine Strecke heute. Es begleiteten uns viele alte Zeugen der Route 66, die alten Straßen und Stahlbrücken. Die Landwirtschaft mit dem typisch alten und neuen Blechscheunen, den mit Europa nicht vergleichbaren, riesigen Flächen, beherrschten das Landschaftsbild. Abends gab es ein zünftiges Steak in einem der fünf großen Casinos, mitten auf dem Land, aber rappelvoll.

Am 24.Juli ging es dann nach Tulsa, Oklahoma. Unterwegs war in Foyal, ein Totem-Pole-Park interessant. Ein Will- Rodgers-Museum in Claermore durfte nicht fehlen. In Tulsa selbst war ein Pop Ausgangspunkt eines Jazz-Konzerts am Abend in der Hall of Fame, mit einer Band aus New York. Auch die europäische Kunst durfte nicht fehlen. Zu sehen im Gilcrease Museum, einem ehemaligen Öl-Magneten mit indianischer Herkunft.

Es ging weiter nach Oklahoma, der Stadt der Rinder und des Öls. Schon auf der Strecke ging es vorbei an Ölpumpen und riesigen Feldern mit Rindern. Ein pionier-historisches Museum zeigte uns die alte Geschichte, aber auch eine Menge alter Motorbikes. Auch eine alte Sachs-Maschine steht dort. Höhepunkt unterwegs war die Arcadia Round Barn, eine gewaltige Rundscheune mit einem Schilfdach. Heute finden darin Konzerte und andere Veranstaltungen statt.

Oklahoma ist entstanden durch die Gratisabgabe von Land an die Siedler. Sie strömten von überall her, und dies war der Grundstein für die Entwicklung. An der Einfahrt nach Oklahoma steht das Nationale Cowboy- und Westernmuseum, eine gewaltige Sache. Alle Leinwandgrößen sind hier mit ihrer Bleibe ausgestellt. Dazu einige 1000 alte Modelle von Hüten, Stiefeln und alles, was ein Cowboy im Leben so braucht. Dazu kommen die Indianertrachten, gewaltig, riesengroß, mit alten Firmen usw.

Unserem Hotel gegenüber war ein großes Harley-Geschäft mit Werkstatt direkt an der 66. Man konnte sicherlich 150 Modelle jeglicher Größe und Ausstattung besichtigen. Das wäre was für Andre, unserem Sohn, gewesen.

In Stockyard City, ein wenig außerhalb von Oklahoma gelegen, ist eine riesige Versteigerungshalle sowie die größte Rinderhalle der Welt. Dazu passend Geschäfte speziell für Cowboys.

In einem Laden gab es allein über 10000 Modelle von Herren-Cowboy-Stiefel, dasselbe für Frauen.

Spezielle Architektur bildet eine Riesenröhre aus Glas als Palmenhaus im botanischen Garten. Nebenan gab es dann Lunch in einem historischen Hotel, wo sich früher Farmer und Ölbarone die Hand gaben.

Es war schon der 28.-Juli, als unser Weg von Oklahoma knapp 500-Kilometer nach Amarillo, Texas, führte. Hier war wieder Größe angesagt, riesige Farmen. Unterwegs in Clinton befindet sich das 66-Museum mit historischem Teil. Draußen begegneten wir ca. 20 Harleys mit Holländern und deutschen Bikern. Auch kleinere Gruppen aus Amerika selbst, waren unterwegs. In Elk City gab noch ein Old-Town-Museum sein Bestes, bevor wir dann in Amarillo ankamen.

Von Amarillo aus ging es zum Palo Duroe Canyon, eine Miniaturausgabe des Grand Canyon. Es geht von der flachen Landschaft hinab zu interessanten Tälern, Schluchten und Bergen von unten aus. Das Farbenspiel der verschiedenen Gesteinsschichten ist einmalig, das wussten vor 12000 Jahren die Nomaden, die Büffel jagten, und später auch die Comanchen. Ein Museum in der naheliegenden Stadt zeigte vorwiegend die Geschichte der Einwanderer und deren Gegenstände, wie alte Windmühlen, Autos, Ölpumpen und das Inventar der Indios.

Wir fuhren weiter ins 400-Kilometer entfernte Las Vegas, in New Mexico. Erstes Ziel war auf dem Weg eine Cadillac- Ranch, bestehend aus zehn in den Boden eingegraben Wracks. Jeder Besucher bringt eine Spraydose mit und verewigt sich für eine Weile. Riesige Farmen begleiteten uns, unter anderem, eine offene Rindermast mit ca.10000 Rinder. Stetige Begleiter waren die riesigen Santa-Fe-Güterzüge, mit teilweise fünf Loks vorne und drei Loks hinten. Die Wagen, wir haben bis zu 160 gezählt, waren doppelstöckig mit Containern beladen. Langsam wurden auch die Wiesen der Rinder durch Öd Flächen, bereits mit einigen Bergen, abgelöst. Wacholder, bis zu zehn Meter hoch und Kiefern begleiteten uns. mal mehr, mal weniger.

Unterwegs durchquerten wir Santa Rosa, früher eine wichtige Verbindung für die Bahn, heute bekannt durch viel Wasser und heilende Quellen. Man könnte auch einen Preis für das beste Hotel verteilen, es gibt eine riesige Auswahl.

Bekannt ist Las Vegas durch viele politische Vorgänge, wie der Ausrufung des amerikanisch-mexikanischen Kriegs 1846 und als Insasse im Gefängnis war Billy The Kid. Wir waren auf der berühmten Plaza und in dessen ehrwürdigen Plaza Hotel. In den Männertoiletten sind heute noch die Spiegel an den Schüsseln angebracht, um die hinter sich stehende Person genau beobachten zu können. So schön wie das Hotel renoviert wurde, aber das mexikanische Essen ist gewöhnungsbedürftig, was wir auch die nächsten Tage erlebten. Die eintretenden Gäste waren echte Westler, ohne Cowboyhut und Cowboykleider kommt man nicht ins Hotel, und geht man auch nicht Essen.

Am nächsten Tag, dem 31.-Juli, ging es weiter nach Santa Fe auf dem berühmten Santa-Fe-Trail, durch eine wunderbare Landschaft. Die wilden Sonnenblumen, Wacholder und Kiefern begleiteten uns. Wir machen halt im Pecos National Historical Park, einem strategisch wichtigen Gebiet zwischen dem Rio Grande Tal und dem Büffel Plains im Osten. Erbaut durch verschiedene Indianerstämme entstand in den Abhängen eine fünfstöckige Festung, um Schutz zu suchen. Dies vor mal kriegerischen oder auch missionierenden Spaniern. So entstanden Kirchen, wovon heute noch Reste zu sehen sind.

In Santa Fe war unser Hotel nicht direkt in der Stadt. Vorbei an Valero-Tankstellen, das ist der Name unseres Schwagers, ein Spanier, erreichten wir diese schlussendlich am anderen Ende, aber wunderschön. Die Stadt selbst hat mal einen Charakter, einen wunderschönen Stadtkern, anstatt Straßen- Städte oder Straßen-Dörfer. Eigentlich wollten wir nur die Kirche besuchen, und plötzlich waren wir mitten im spanischen Gottesdienst. Anschließend haben wir im ältesten, historischen Hotel von Santa Fe, bei wunderbarer Atmosphäre, das beste Filet Mignon genossen.

Wir sind immer noch in New Mexiko. Es ging am 1.-August von Santa Fe nach Gallup, entlang dem Rio Grande und vielen Indian-Reservaten. Mal war die Straße plötzlich gesperrt, mitten in der Wildnis haben wir uns verfahren, die Schotterstraße wurde immer enger und wir landeten im Cibola National Forest, nicht weit weg von der bekannten Hippe-Stadt Madrid. Bei der Gelegenheit sahen wir Siedlungen im mexikanischen Stil, eingebaut in dem farbig, hügeligen Land, wunderschön.

Einen Pueblo wollten wir uns genauer ansehen, und wir fuhren 50-Kilometer gesondert durch eine durch einzelne prägnante Berge gekennzeichnete Landschaft, zum Acoma Pueblo, auch Sky City genannt.

Auch die Bahn begleitete uns immer wieder, wir hörten auf, die Wagen zu zählen. Wir fuhren im höchsten Teil unserer Strecke auf ca. 2425-Meter Höhe entlang des höchsten Bergs von New Mexico, dem Mount Taylor, 3875-Meter hoch. In New Mexico ist auch der längste Teil der Route 66. Gallup selbst spielte einst im Eisenbahnverkehr in Bezug auf die Versorgung der Loks eine wichtige Rolle.

Von Gallup nach Flagstaff Arizona, ca. 400-Kilometer, freuten wir uns auf zwei Höhepunkte des Tages. Zuerst besuchten wir den Petrifield -Forest -Nationalpark. Forest war da mal. Die abgestorbenen Bäume waren überdeckt und wurden vor ca.200-Millionen Jahren wieder freigelegt. Die Straße im Park ist 43-Kilometer lang und bescherte uns die schönsten Landschaftsbilder, mehrheitlich orangene Erd- und Gesteinsfarben, Täler und Hügel in einer seltenen Vielfalt, dazu versteinerte Baumstämme bis zu zehn Meter lang. Im Inneren sind Amethyste, die in den früheren Jahren geraubt wurden.

Weiter auf der Strecke ging es zum Meteor Crater, der durch einen Millionentonnenschweren Meteorit vor 50000 Jahren entstand. Der Krater hat einen Durchmesser von ca. 1,5 Kilometer und wurde erst im 18.-Jahrhundert entdeckt. Das Gelände war auch Trainingsgelände der Astronauten.

Aufgefallen ist in Flagstaff, dass die ewig langen Güterzüge teilweise mitten durch die Stadt rollen. Aber es hat zumindest eine historische Altstadt. Nur das mexikanische Essen, auch in einem ehrwürdigen Mountain Hotel, schmeckte uns nicht.

Von Flagstaff, 2300-Meter hoch gelegen, nach Kingman am 3.-August, ging es auf der Hochebene zunächst bis nach Williams. Eine herrliche Landschaft, Kiefern-Wälder und wilde Sonnenblumen in den Wiesen, mit reicher Flora und vielen Murmeltieren. Williams ist der Ausgangspunkt der Grand-Canyon-Bahn, die bei der Ausfahrt von Zügen von ballernden, berittenen Cowboys begleitet wird.

Unterwegs schlägt Hackberry alle bisherigen 66 Shops, Oldtimer in den Straßen begleiten die Shops. Die Wüste nimmt kein Ende, die Straße geht auf und ab, und immer wieder begleitet uns ein Zug durch die Prärie. Aber in Kingman gibt es auch einen Harley-Shop, den wir auf der Suche nach dem Hotel entdeckten.

Von Kingman nach Pasadena stand uns die längste Etappe bevor, ca. 550-Kilometer der Route 66. Dazu kommt nach einiger Fahrt Richtung Colorado River, eine gesperrte Straße. Eine Umleitung, wir meinten es wäre eine, führte uns nur zu einem verlassenen Hof mit Esel und später zu 25 freistehenden Briefkästen, ansonsten Wüste, keine Häuser zu sehen. Zum Glück trafen wir Einheimische, Indian, wir sollen für eine kurze Zeit die I 40 benutzen.

Viele Indianreservate lagen am Weg, denn der Colorado River, den wir dann Richtung Goffs sahen, war ihre Lebensader. Goffs sollte uns einen Vorgeschmack von der bevorstehenden Wüstenfahrt nach Ludlov geben. Bitte trinken mitnehmen, war überall zu lesen. Wüste hin oder, sie ist so abwechslungsreich, vor allem wenn wieder ein Lebenszeichen, der Güterzug auftauchte.

In Ludlov, ein Dorf mit Tankstelle und Café, Benzin doppelt so teuer, hat Lea ihre Lieblingssuppe bestellt. Gegessen?

Es geht weiter entlang von Bergen aus schwarzer Lava. Vorbei an Apple Valley, Richtung San Bernardino, ein Kreuzungspunkt nach Süd und West. Wir fahren Richtung Westen, entlang den riesigen High-Tech-Herstellern Richtung Pasadena, im Norden entlang des Angeles National Forest, im Süden flach.

Angekommen in Pasadena suchen wir die Nummer 3600 des Colorado Boulevard.

Pasadena, es war der 4.-August, ist eine Stadt zum Wohnen. Im Norden ist die Stadt umhüllt von den Bergen und Orangenhainen, und inmitten ist eine wunderbare Altstadt mit den schönsten Wohngebieten. Wir besuchten am nächsten Tag Huntington Library, Art Collection und den botanischen Garten. Man könnte dort Tage verweilen. Huntingdon, der frühere Besitzer, war ein erfolgreicher Unternehmer. Sein Anwesen mit Park und Gebäuden hat er dem Staat geschenkt. Im Park stehen Museen mit europäischer Kunst und vielen historischen Schriften. Höhepunkt war die Nummer 49 der Gutenbergbibel.

Der botanische Garten war riesig. Die Pflanzenpracht war in den Erdzonen aufgeteilt. Dazu gab es ein Schulungszentrum, ein Teil der Universität.

Der Mann muss Geld gehabt haben. Ja, er hat von New York kommend, die Eisenbahn im Südwesten gebaut.

Der Abend, wir hatten uns im älteren Teil von Pasadena beim Italiener zum Essen angemeldet, fiel ins Wasser. Nach der Bestellung war Stromausfall, sogar die Feuerwehr traf ein. Der dann unterwegs eingekaufte Hamburger schmeckte auch im Hotel.

Am 6.-August führte uns dann unsere letzte offizielle Tour, auf der Route 66 Richtung Los Angeles, über Hollywood nach Santa Monica, dem Westende der 66. Wir waren glücklich, die Tour nach 4700 Kilometer Fahrt, ohne Schwierigkeiten, gesund überstanden zu haben. Auch bei Lea waren alle Zweifel schon lange Zeit gewichen. Sie freute sich riesig auf den bevorstehenden 80.-Geburtstag, den Anlass unserer Reise.

Ein Höhepunkt war aber vorher noch die Besichtigung des J.-Paul-Getty-Zentrums tagsüber, so einmalig, hoch über Los Angeles gelegen, war es allein schon die Reise wert.

Lea hatte am 8.8. ihren 80.-Geburtstag, und als wir dann noch ein Restaurant mit der Nummer 888 fanden, war das Zahlenspiel komplett. Da der Besitzer diesen Zusammenhang kannte, gab es noch von allen Gästen singend ein Geburtstagsständli. Die Fahrt am Sonntag nach St.Barbara auf der 101, rundete das ganze Programm ab.

Am 10.08.2015 ging es über den Pazifischen Ozean via Japan zurück nach Bangkok und in den Morgenstunden des 12. 8.2015 erreichten wir wieder Hua Hin. Wir waren überwältigt von der Vielfalt, die wir gesehen haben, und glücklich, alles problemlos, allein gemeistert zu haben.

In Hua Hin ist man auch in einem Ferienparadies, das man auf vielfältige Art nutzen kann. Auch dazu, sich auszuruhen, Pläne für eine neue Reise schmieden, denn im Alter muss man immer vorwärts denken, zurück geht es von allein.

Das Jahr 2017 war wieder voll im Programm. Es sollten nach 45-Jahren Bellwald die letzten Skiferien im Februar sein. Anlass war der 85.-Geburtstag von mir mit dem Besuch von Anita und Sepp und den nachfolgenden Reisen, die wegen dem Wetter eben alle im Winter, wenn dort Frühling/Sommer ist, stattfinden.

In 45 Jahren erlebt man viel vom Beginn des Tourismus bis heute zum bekannten und beliebten Ferienort. Lawinen, kein Schnee, wie dieses Jahr 2022/23. Wir hatten in Bellwald alle meine Geburtstage gefeiert. Wir machten viele Skitouren, auch das Langlaufen kam nie zu kurz. Das in den ersten Jahren die Skilifte über Mittag geschlossen waren. Wo gibt es das heute noch? Wir kannten langsam alle Monteure, Pistenchefs und sonstige Verantwortliche. Es wurde in den Gasthöfen noch getanzt, und zur Fastnachtszeit fuhren die Einheimischen mit den Fastnachtkostümen Ski. Schnee gab es mal so viel, dass wir das Dach abräumen mussten, und drei Tage lang nur mit den Langlaufskis ins Dorf konnten. Die Zufahrtstraße nach Bellwald war gesperrt. Eine Lawine verschüttete Liftmasten und das Restaurant. Als es nach einem Jahr fertig war, wurde es auch mit dieser Lawine mitgerissen. Aber insgesamt war es eine schöne Zeit, man kam an und war zuhause.

Im Jahr 2017 hatten wir im Juni das jedes Jahr stattfindende Studientreffen in Basel. Wir bezogen ein bekanntes Hotel, Restaurant Mühle in Binzen,/Deutschland, nahe zur Grenze. Von dort aus fuhren wir mit dem Bus am ersten Tag nach Dornach. Wir besichtigten das Goetheanum, Sitz und Tagungsort der Anthroposophischen Gesellschaft, Festspielhaus, und wohlbekannt ist die Aufführung von Goethes Faust. Es ist die Hochschule für Geisteswissenschaften.

Nach einer Fahrt durch den Schweizer Jura, dem Schelten-Pass, gab es Mittagessen in Balsthal, auch mit den dort wohnenden Freunden Anita und Sepp. Die Besichtigung der Salzsaline in Riburg/Schweiz, war ein weiterer Höhepunkt.

Am zweiten Tag war der Vitra-Campus in Weil/Deutschland im Programm. Es ist ein von der Firma Vitra organisiertes

Architekturensemble großer Architekten wie Zaha Hadid und Herzog und de Meuron. Speziell das Vitra Haus von Herzog und de Meuron hat alle begeistert. Natürlich muss man den Norddeutschen auch Kleinbasel am Rhein zeigen mit Mittagessen in den Fischerstuben. Die Stadtrundfahrt am Nachmittag mit Besichtigung des berühmten Basler Rathauses, inklusive Sitzungsturmzimmer, schlossen sich an.

Auch der dritte Tag, meistens sind es nur zwei Tage, begann mit der Überfahrt über den Rhein mit der Münsterfähre. Es folgte die Besichtigung des Münsters, und am Nachmittag besuchten wir das Tinguely-Museum, Architekt Mario Botta. Eine Augenweide, selbst für die vielen deutschen Teilnehmer.

Das immer gute Nachtessen in der Mühle leckte die Wunden der strapaziösen Besichtigungen, aber von nichts kommt nichts.

Auch Lea und ich, erholten uns vom Organisieren mit einer anschließenden Reise von Zürich aus nach Barcelona, und weiter nach Valencia. In der Regel, das war auch hier so, machten wir mit dem Bus eine große Stadtrundfahrt, um dann anschließend die Einzelbesichtigungen vornehmen zu können. Wir nahmen es gemütlich, aber man muss auch vorausschauen. Schon für den Besuch der Basilika Sagrada Familia gab es Eintrittskarten für eine bestimmte Zeit, aber es ging gut.

Die Casa Miele von Antoni Gaudi war der nächste Treffpunkt mit Fotoaussicht vom Balkon aus. Weitere Höhepunkte waren der Park Güell, die Santa Maria del Mar oder auch die Kathedrale, wo man in der Umgebung auch gut essen konnte.

Es ging dann mit einer Zugfahrt über Tarragona weiter nach Valencia, rund 300-Kilometer entlang dem Balearen-Meer, mit dem Schnellzug gute drei Stunden lang. Tickets muss man sich vorher besorgen, was nicht so einfach war. Ein Spanier half uns an dem Automaten. Die Fahrt entlang der Küste war sehr abwechslungsreich mit Bergen, mal Industrie und den riesigen Touristenstädten mit nicht endeten Wohnblocks. Dazu kamen die langen Sandstrände und die kilometerlangen Obstplantagen, sehr eindrucksvoll.

Auch in Valencia hatten wir ein Hotel mit einer guten Busverbindung in die Stadt oder an das Meer. Am Meer interessierte uns die Yacht Alinghi vom Amerika Cap, gewonnen von den Schweizern im Jahr 2007. In 32 Wettkämpfen trafen zwölf Teams aus neun Ländern aufeinander.

Am Meer entlang ist ein riesiger Strand. Er überzeugt durch in Abständen gebaute Restaurants mit Umkleidekabinen und Toiletten, wirklich ein Vorbild. Die Stadt ist auch sehr einladend, durch futuristische Gebäude und sehr guten und vielen Restaurants. Auch diese Ferien gingen zu Ende, und von Barcelona ging es zurück über Zürich nach Bangkok. Denn die nächste Reise kommt bestimmt, und bald kam die Zeit, um die 2018 im Februar/März geplante Reise nach Südafrika vorzubereiten.

Reisen braucht Kraft und Ausdauer, und diese gilt es, auch in der Nichtreisezeit zu erhalten oder neu aufzubauen. Zu unserer Bergwanderung, in der Gegend hinter unserem Haus, dreimal sechs bis acht Kilometer lang in der Woche, gehören jeden Tag Gymnastik und 200-Meter Schwimmen dazu. Nicht zu vergessen ist unsere tägliche Treppenbegehung im Haus. Über Monate haben wir mal eruiert, dass eine Person 10x20 Stufen, nur aufwärts gezählt, begeht. Dass ergibt im Jahr ein Besteigen von 72000 Stufen oder fast 13000 Meter Höhe. In der Schweiz wäre das eine mehr als zehnmalige Wanderung von Goldau, 417 Meter hoch, zur Rigi Scheidegg, 1658 Meter hoch.

Also Leute, Treppensteigen lohnt sich, baut euch ein Haus mit Stufen für die natürliche Fitness. Wer immer für die Fitness was tut, schafft das auch im Alter. Wir, Lea in diesem Moment mit 88- und ich mit 91 Jahren, haben das gut überlebt und im

Notfall bauen wir außen zum ersten Stock einen Lift mit Gabelstapler-System.

Das Datum für die Reise nach Südafrika ist früh festzulegen, denn die verschiedenen Flugtickets müssen schon wegen dem Preis, früh gebucht werden. Wir buchten über ein Thai-Reisebüro in Hua Hin, in der Zeit vom 1. 2. 2018 bis 1. 3. 2018, also vier Wochen. Insgesamt hatten wir 14 Stationen, was immer für die verschiedensten Reservierungen von Hotels, speziellen Touren und, Weintouren, viel Vorbereitung bedeutet, da wir von hier aus, ohne Reisebüro, alles selbst abgemacht haben. Gut vorbereitet, vermeidet Stress bei eventuellen Umtrieben.

Wir flogen von Bangkok nach Singapur und von dort aus weiter nach Johannesburg. Dort hieß es Umsteigen nach Simbabwe zu den Victoria Falls. Angekommen am Flughafen hieß es Formulare für das Visum auf der Treppe ausfüllen, warum auch vorher nicht im Flugzeug, wo wir so viel Zeit hatten. Es ging auch um Deviseneinnahmen, der Staat ist sehr arm. Es sind dort alles nette Leute, arm, aber nicht aufdringlich. Unser Hotel war umgeben von flächenhaft großen Ausstellungen, mehrheitlich Eisenplastiken, Kunst aus Bier -oder Coca Cola Dosen.

Die Falls konnten wir zu Fuß von unserem Hotel aus erreichen, beeindruckend, obwohl wir auch leichten Regen von oben hatten. Störend sind, wie in den Schweizer Bergen, die Hubschrauberrundflüge. Zurückgekommen in Johannesburg war das Abholen des Mietautos fällig. Wir suchten die Firma, die aber inzwischen von einer anderen Firma übernommen wurde. Das einem vorher schriftlich mitzuteilen, ist scheinbar überflüssig. Es war abends und dunkel, als wir in einer Vorstation vor dem Krüger Park, in Lydenburg, ankamen. Wir hatten manche Umleitung zu fahren, da die Hauptstraße neu gebaut wurde.

Aber am nächsten Tag sollte uns alles entschädigen. Über zwei Pässe und offener Landschaft mit Schafhaltung und später wieder durch

Wald, mit gepflanzten Bäumen, sehr geordnet, fuhren wir zur Sabie River Bush Lodge. Die Lodge hatte mit Ried gedeckte Häuser, liegt ca. zehn Kilometer vom Krügerpark entfernt, wo wir dann direkt am nächsten Tag um 06:00-Uhr morgens eine Privatführung hatten.

Wir waren den ganzen Tag dort mit Mittagspicknick und sahen, so sprach unser Tourenleiter, alle Tiere, die man im Krügerpark sehen kann. Warum? Es regnete leicht, und das bewog die Tiere, die Verstecke aufzugeben und sich ums Fressen zu kümmern. Es war ein wunderbarer Tag.

Von der Lodge aus hatten wir noch Tagesausflüge zu den ersten Siedlungen, entstanden durch Goldgrabungen. Der Park selbst geht halb entlang der östlichen Grenze zu Mozambique.

Unser Interesse war auch die Industrie im Norden, wo der Abbau von bestimmten Verbindungen, so auch von Titan, stattfindet. Wir fuhren praktisch von Ort zu Ort, meistens Kleinstädte, immer verbunden mit der dortigen Industrie. Eigentlich wollten wir eine Zwischenübernachtung einlegen, aber wegen der nicht gerade romantischen Gegend, fuhren wir Richtung Autobahn und dann anschließend südlich, nach Pretoria.

Die Stadt Pretoria ist, außer Johannisburg, die zweite Hauptstadt. Wir besuchten noch allein den botanischen Garten und wunderten uns über die Anzahl der Autos auf dem Parkplatz. Es war Samstag und da ging man picknicken, allein oder in Gruppen, auf Wiesen im botanischen Garten. Dieses angebotene Freizeiterleben war in den botanischen Gärten in Südafrika überall erlaubt. Grund war auch, das Erhalten von Sauberkeit und die allgemeine Pflege, die meistens von Freiwilligen erledigt wird. So erlebten wir eine Ehrung für Wohlverdiente, die sonntäglich angezogen, mit ihrer ganzen Präsenz und den Geschenken daherkamen.

Am nächsten Tag hatten wir einen Guide, der uns den Regierungssitz mit einer Riesenstatur von Nelson Mandela zeigte, aber auch ein eindrückliches Museum, das nach langem hin und her der Regierungen, das Leben der Ureinwohner und deren Nachkommen im Kampf mit den Besatzungsmächten zeigte. Die komplette Geschichte, inklusive der Gräueltaten, wurden aus Stein gemeißelt und, in einem Rundbau an den Wänden in Einzeldarstellungen festgehalten.

Die Stadt ist wie Johannesburg, zweigeteilt in Arm und Reich. Die Häuser in den besseren Vierteln sind von Zäunen umgeben wie ein Gefängnis. Das Quartier um unser Hotel, war nur in einem bestimmten Radius zu begehen.

So richtig im Detail schauten wir den ärmeren Teil der Stadt an, wo wir unseren Autoverleih zwecks Rückgabe des Autos suchten. Ganze Wohnblöcke, die eigentlich für die Hüttenbewohner gebaut wurden, waren wieder vom Inventar ausgeräumt und leer. Das ausgebaute Material wurde wieder gebraucht für die Hütten der Vorstadt. Sie wollten nicht in der Stadt wohnen, lieber ärmlich und dafür auf dem Land.

Unser Auto konnten wir, nachdem an der Adresse des alten Besitzers niemand mehr war, dann nach langem Telefonieren durch unseren Guide, doch noch abgeben, es war nämlich Sonntag. Ansonsten ist Pretoria eine schöne Stadt:, umgeben von Bergen und Ausgangspunkt vieler Geschäftsleute der nördlichen Industrie, speziell der Abbaugebiete. Wir wurden durch die Küche im Hotel verwöhnt, feierte ich doch meinen 86. Geburtstag. Das Hotel diente auch unserer bevorstehenden Reise mit dem Blue-Train von Pretoria nach Cape Town, (Kapstadt). Am 12. 2. 2018 wurden alle Reisenden, die im Blue-Train-Zug die Reise nach Cape Town antraten, vom Hotel Sheraton zum alten, im Kolonialstil erbauten Bahnhof gebracht. Die ehrwürdige Halle versammelte die 54 Reisenden. Der für jeden Wagen zuständige Kondukteur empfing uns, und wir waren überrascht über einen Aufenthaltsraum, abends als Schlafraum umrangiert und einem Badzimmer mit Dusche und Toilette, sowie Bodenheizung. Alles glitzerte und die Fahrt über die ca. 1600-Kilometer lange Strecke konnte beginnen. Zum Zug selbst gehörte dann noch ein Aufenthaltswagen mit Bar und die Speisewagen.

Aber wir wollten ja auch etwas vom Land sehen. Außer der Nacht hatten wir dafür 27 Stunden ohne Verspätung Zeit. Wir hatten aber Verspätung und kamen zur eigentlichen Besichtigung der alten Kimberley Mine mit Diamantenmuseum dann zu spät an, sodass die Besichtigung entfiel. Gesehen hätten wir das größte, jeweils auf der Welt hergestellte Grabungsloch und das Museum.

Dafür gab es dann bald das Dinner. Vorgeschrieben war eine Abendgarderobe, und Lea konnte endlich den für diese Reise von einer Thai-Schneiderin erstellten Thai-Rock präsentieren. Es ist, wie wenn man ins Theater geht. Die einen machen sich schick und die anderen kommen hemdsärmelig, es ist halt so.

Erstaunlich ist, dass der Zug nach einer Weile stehenbleibt, scheinbar, damit alle gut einschlafen können. Wir waren noch nach dem Essen in der Bar und trafen Leute aus aller Welt.

Wir hatten am Morgen, es wird früh hell, die trockenen Gebiete durchfahren und jetzt Landschaften mit Schaffarmen, Obst -und Weingebieten, abwechselnd wieder mit der offenen Landschaft vor uns. In so einem Zug, man ist ja eng aneinander, kann man in der Bar oder am Esstisch Leute aus aller Welt kennenlernen, natürlich auch Schweizer.

Die dichteren Ansiedlungen mit Farmerland -und Obstanlagen wurden mehr und, das deutete an, Cape Town kann nicht mehr weit weg sein. Wir fuhren entlang des Weinanbaugebiets Paarl, das wir in zehn Tagen besuchen würden. Mit einiger Verspätung kamen wir in Cape Town an. Ein Taxi beförderte uns in die Stadt zum Dunkley House an der 38. Gordon Street Gardens. Wir hatten für fünf Tage gebucht, denn in Cape Town und Umgebung gibt es viel zu erleben, und man braucht dort kein Auto.

Ziel war die Viktoria-und-Albert-Waterfront mit Hafenrundfahrt. Es ist ein Vergnügungsviertel mit vielen Restaurants, wo einem nichts entgeht. Aber auch der Table Mountain, nebelfrei, mit dem Bus mit Ticket, auch für die Gondelbahn, war mit den wunderschönen Ausblicken und der dortigen Pflanzenwelt, beeindruckend. Zurück mit dem Bus hatten wir noch eine schöne Fahrt auf der Meerseite entlang dem Indian Ocean mit seinen Bergen und Landschaften.

Für den Besuch des botanischen Garten Kirstenbosch, haben wir, unser für die nächsten Touren reserviertes Mietauto, am Flughafen abgeholt.

Der Garten entwickelte sich ab 1652, nach dem der Gouverneur der holländisch-ostindischen Gesellschaft den Waldbestand überprüfte und einen Förster anstellte. Denn für den Schiffsbau, für Reparaturen, braucht man viel Holz. Im Jahre 1660 war es von Riebeek, der Obstplantagen für die Verpflegung der Schiffsbesatzungen anbaute, auch der Wein und die Esskastanien fehlten nicht.

Es gab später mehrere Besitzerwechsel, und jeder baute was anderes an. Man erhöhte so die Vielfalt der Pflanzenarten. Ausgangslage für die Entstehung des botanischen Gartens war 1913, als man die Gebäude und Flächen dem Staat übergab. Außer seinem Pflanzenreichtum ist die Lage von einmaliger Schönheit. Höhen und Tiefen und die umstehende Bergwelt ringsherum sorgen für eine unglaubliche Vielfalt. In dieser Natur müsste man nicht viel verändern, außer Wege, die zum Ziel führen.

Zurück auf der Autobahn erlebten wir viel Militär vor der Stadteinfahrt, denn im Parlament von Südafrika fand die Vereidigung des neuen Präsidenten statt. Wir verfolgten den Fußmarsch vom Abgeordnetenhaus zum Parlament, Glanz und Gloria im Fernsehen. Die Damen, in ihren speziell festlichen Gewändern, vielen besonders auf. Wir wohnten in einem Villenquartier nahe dem Parlament, im Haus eines früher höheren Politikers von Cape Town. Jetzt werden fünf Zimmer im belassenen Kolonialstiel vermietet.

Ein nicht auszulassendes Erlebnis war der Cape of good Hope, Cape der guten Hoffnung. Es liegt am südlichsten Punkt der Stadt, bekannt durch das Ankommen von Schiffbrüchigen. Jeder, der dort verweilt, hat gute Hoffnung? Der Punkt wird viel besucht, und man kann auf einen Leuchtturm die große weite Welt nach Süden und Osten erahnen.

Etwa 200 Kilometer weiter nordöstlich entlang der Cape Whale-Route ist Cape Agulhas. Hier treffen sich der Indische Ozean vom Osten und der Atlantische Ozean vom Westen her.

Wir besuchten noch in Franschhoek, im Weingebiet, Nähe Cape Town, das größte biologische, Obst, Gemüse, und Kräuteranbaugebiet Babylonstoren. Es wurde von einem reichen Südafrikaner finanziert und von einem Landschaftsarchitekten aus Cape Town geplant. Geleitet wird dieses Anwesen von Gundula Deutschländer, Nachfahrin einer ausgewanderten deutschen Familie. Man erinnerte sich bei der Planung an van Riebeek, der 1662, im späteren botanischen Garten, wegen Unterernährung und Vitaminmangel der Schiffsbesatzungen, den ersten Kräutergarten und entsprechend viele Citrus-Arten angepflanzt hatte. Ein Biosalat und auch ein Gespräch mit der Leiterin, krönte den Abschluss dieses wunderbaren Ortes.

Nach Cape Town und Umgebung starteten wird zur Garden-Tour. Die Strecke verläuft ein wenig abseits vom Meer und endete für diesen Tag im Gästehaus von Mossel Bay, das direkt am Meer liegt. Um in das Haus zu gelangen, mussten wir eine Telefonnummer anrufen, und wir erhielten den Code für das Öffnen der Tür. Wir waren ganz allein im Haus, mit Gelegenheit zum Kochen und natürlich mit WILAN ausgerüstet. Bei einem kleinen Spaziergang am Meer, sahen wir echte Sportfischer, die bis zu 70 Zentimeter lange Fische angelten, diese aber sofort wieder dem Meer übergaben. Am Abend im Fischrestaurant erlebten wir das plötzliche Anheben der Köpfe, denn im Meer zogen Wale ihren Weg, ein tolles Erlebnis.

Man kann überall tagelang bleiben, so groß sind die Angebote. Aber wir zogen weiter entlang einer wunderbaren Gegend, in der man zwischen den Dörfern abseits und dann in den Ansiedlungen wieder am Meer entlangfuhr. Unser Ziel war die Plettenberg Bay. Wir fuhren über George und einen großen Tourismusort, Krysna.

Plettenberg ist eine Auswanderungsstadt. Wir wurden schon in deutscher Sprache empfangen. Die Besitzer unseres Gasthauses waren Nachfahren deutscher Einwanderer.

Die eigentlichen Einwanderer und dann zu Neuzeiten die Auswanderer, machen Plettenberg heute auch zu einem Paradies für Rentner aller Nationen. Gut gegessen haben wir bei Enrico, einem Italiener, mit dem Lea mal wieder italienisch sprechen konnte. Das Restaurant, hoch auf dem Felsen in einmaliger Lage gebaut war für viele in der Umgebung scheinbar ein gefragter Ort, denn ohne Anmeldung, ging gar nichts.

Plettenberg hat ein kleines Stadtgebiet, das direkt am Meer liegt. Ansonsten verteilt sich die Stadt auf mehrere Anhöhungen. In der Nähe wechseln sich die Angebote speziell im Bereich Wild Life der Wildlife- und Nationalparks ab. Wir waren im Tenikwa Wildlife Center, wo wir alle heimischen Tiere sahen, aber die Hauptattraktion war ein „weißer Löwe."

Die nächste Etappe sollte 500-Kilometer lang werden, ging es zurück Richtung Cape Town in die Weingegend, der ersten Station Paarl. Es ging zurück bis George und von daher weg vom Meer Richtung Nordwesten. In Qudtsboorn besuchten wir noch eine große Straußenfarm. Man muss aufpassen, denn die picken einen gerne auf die Nase.

Es ging dann entlang der Bergwelt Richtung Westen hoch und runter, ein Pass nach dem anderen. Oben auf der Passhöhe war pures Trockengebiet, und im Tal waren Oasen, grün und voller Produkte der Landwirtschaft. Es waren meistens Monokulturen, und in einem Dorf gab es nur Hopfen. Alle Gebiete wurden über riesige Speicherbecken bewässert, angesammelt in regenreichen Zeiten im Winter.

Wir kamen dann später zur Autobahn N 1, die längs entlang dem Westernkopf verläuft. Der letzte Pass wäre vermeidbar, denn es gibt einen neuen Tunnel. Dieser, außer auch von uns befahren, ist in den Augen der Lastwagenfahrer zu teuer, und so fahren alle in einer langen Schlange noch über den Pass.

Nach dem Tunnel hatte ich mir unser Ziel, die Auberg Country Estate, bereits noch zuhause genau eingeprägt. Nach dem Tunnel die erste Ausfahrt links fahren, es ist Linksverkehr, dann an der Querstraße rechts unter die Autobahn durch und wieder nach rechts parallel zur Autobahn zurück über die Autobahn und dann kam nach einem Kilometer rechts angeschrieben, die Estate. Wir hatten es geschafft und trauten uns fast nicht auf einer sehr schmalen Straße den Weg hinaufzufahren. Aber es gelang, und das Ergebnis war überwältigend, eine Aussicht auf Paarl und auf das ganze Weingebiet mit der angrenzenden Bergwelt.

Es waren die Vorgänger, eine Apothekerfamilie, die ihre Apothekeneinrichtung mitgebracht hatten. Und schon durften wir in diesem Raum frühstücken, herrlich. Die Unterkünfte waren im Berg verteilte Einzelhäuser, verschieden ausgebaut, aber jedes Haus für sich war ein Bijou.

Paarl selbst, von oben sichtbar, ist ein Straßendorf. Die Weingüter selbst sind in den Weingebieten verteilt, gut zu erkennen durch Bauten aus der Kolonialzeit, eines schöner als das andere.

Wir genossen den Wein abends bei einem Essen unter Einheimischen. Es war gerade Samstag, und da ist es wohl Tradition, dass die Einheimischen ausgehen und jedes gute Restaurant voll ist. Durch einen Schweizer Kellner aus der Westschweiz bekamen wir dann aber noch Platz.

Nicht weit weg von Pearl liegt das Wine Valley Franschhoek. Hier waren die Franzosen und hinterließen Orte wie die Chamonix Wine Farm oder das Huguenot Memorial, ein Denkmal zu Ehren der Huguenot, die im 17. und 18.Jahrhundert nach Südafrika einwanderten. Umgeben ist der Ort von bergigen Naturschutzgebieten mit vielen Erholungsmöglichkeiten, denn von Cape Town ist es nicht weit weg. Die Stadt hat großes Flair, schöne Weinbars, Parks und schöne Bauten noch aus der Kolonialzeit.

Unser letzter Besuchsort in Südafrika sollte das Weingebiet Stellenbosch sein. Wir hatten in der Marianne Wein Estate, mitten in dem Weingut gebucht. Ein herrlicher Bau im Pavillonstil war unsere Bleibe, eigentlich das Haus des Besitzers. Wir fühlten uns wie Königin und König im Schloss, denn vom Gartenausgang ging es über die Terrasse in ein Obst- und Weingebiet, ausgerichtet wie ein französischer Garten. Weinkellerei und Restaurant waren für sich und wir, genossen dort eine Weinprobe bei herrlicher Aussicht auf die Berge der Umgebung.

Nicht weit weg von Marianne, war die in einem Tal gelegene Stadt Stellenbosch. Jürgens Enkel aus dem Tessin hatte hier an der Universität einige Semester studiert, und so mussten wir auch diese kennenlernen. Auf dem Weg dorthin ermahnte uns eine ältere Dame, nur die Hauptstraßen zu benutzen.

Die Stadt ist eingeteilt in den Teil der Kolonialzeit mit der Universität und den neueren, ärmeren Teil. Speziell der ältere Teil muss schon in der Kolonialzeit ein Bijou gewesen sein. Auch jetzt dort zu sitzen, zu essen, einfach zu bummeln, eizukaufen. Das ging auch nicht an uns vorbei, weil es doch langsam Zeit war für einige

Andenken aus Südafrika. Auch ließen wir uns den Lunch, Calamari, super gemacht, mit einem Glas Weißwein dazu, nicht nehmen.

Der Abschied von Südafrika nahte, und unser Weg zum Airport war von Stellenbosch aus nicht weit. Wir hatten das Auto abgegeben und wollten einchecken, aber es gab eine große Überraschung. Frau Wengmann, von Ihnen haben wir keine Bestätigung, peng. Das Reisebüro in Hua Hin, heute gibt es das nicht mehr, hatte vergessen zu zahlen, aber nur das Ticket von Lea nicht. Ja, setzen Sie sich mal, wir bemühen uns. Die Rückmeldungen waren nicht sehr ermutigend, die gute Frau war im Büro noch nicht zu erreichen. Im letzten Moment klappte es dann, aber übrig blieben die Sitzplätze an der Tür und Toilette, na ja, Hauptsache wir waren im Flugzeug.

Mein Einwand später hatte keinen Sinn, wir waren heil und mit neuem Wissen von einer wunderschönen Reise, genau vier Wochen lang, zurück in unserem eigenen Paradies.

Es war wieder Zeit, sich in unserem Haus und Garten zu erholen und die hiesige Umgebung in Thailand mit Freunden zu genießen. Freundschaften haben sich ergeben aus verschiedenen Anlässen, sei es der Schweizer Klub, ein Konzertanlass, oder auch eine Begegnung nach der Kirche. Hier fragte uns mal vor Jahren ein Ehepaar: „Wohnen Sie auch hier?" Natürlich und schlussendlich waren das Ehepaar auch Neuzugezogene aus Baden mit gemeinsamen Bekannten. Andere gute Freunde waren schon vorher dienstlich in Asien tätig. Für sie war eine Rückkehr nach Europa kein Thema.

Wenn man mal eine Veranstaltung besucht, durchgeführt durch das Konsulat, wo es um das Thema „Erben" geht, sieht man dort als Zuhörer, auch andere Nationen. Da fällt einem doch auf, wieviel thailändische Begleiterinnen Interesse an diesem Thema haben. Es gibt alle Varianten von Besuchern hier und nicht nur ältere Personen. Man wundert sich, ob der jungen Jahrgänge, obwohl es für die Aufenthaltsgenehmigung nicht einfach ist. Ein Bekannter von uns war 48 Jahre alt und bekam ein Studentenvisum für ein zweijähriges Thaistudium, natürlich mit Prüfungen und Abschluss. Mit 50 Jahren kann man dann mit den entsprechenden Auflagen eine Jahresbewilligung beantragen.

Zwischendurch kann man auch mal wieder in der Vergangenheit kramen, die Erinnerungen wachrütteln, das Gedächtnis von 90-Jahren aktivieren, dem Faulpelz ein Schnippchen schlagen und die Vergangenheit als Maßstab für die Zukunft verwenden.

Die Gegensätze sind da, wie die Frau von einem Skifreund, die sich bereits mit 50 Jahren einen Platz im Altersheim reservierte, da muss man ja früh alt werden.

Ich habe Leute unserer früheren Gemeinde im Altersheim getroffen, die ein halbes Jahr vor der Umsiedlung noch fit waren und mir jetzt mit einem Rollstuhl oder einer Gehhilfe begegneten. Scheinbar ist die Ansteckung für eine gewisse Bequemlichkeit sehr groß und jede Selbsthilfe, wofür auch immer, geht verloren.

Deshalb planten wir nach unserer Reise nach Südafrika im Februar/März 2018 im Juni noch eine Anschlussreise nach Europa. Wir hatten Studientreffen in Würzburg, und da wir nicht nur für dieses Treffen die lange Reise durchführen wollten, machten wir anschließend noch Österreich einen Besuch.

In Würzburg selbst waren Besichtigungen der alten und neuen Landesgartenschauen. Die Besichtigung einer Synagoge mit den typischen Gepflogenheiten des Judentums, speziell auch im privaten Alltag, war mal was ganz anderes und hochinteressant. So ein Vortrag wäre für jedermann zu empfehlen.

Nach der Flugreise von Frankfurt nach Wien, mieteten wir uns am Airport einen Mietwagen und gleich ging es los zur ersten Stadt, Richtung Süden nach Graz. Vorher gesammelte Informationen führten uns durch die wunderbare Altstadt mit seinen prächtigen Bauten aus der Renaissance, Gotik und Barockzeit. Zusammen bilden sie einen der besterhaltenen Stadtkerne Mitteleuropas. So ist es nicht verwunderlich, das Graz bereits 2003 Europas Kulturhauptstadt war. Man kann flanieren, teils in engen Gassen, und überall wird man mit gutem Essen verwöhnt. Ergänzt wird das Bestaunen vom höher gelegenen Schlossberg, ein gern besuchter Aussichtsberg.

Nicht weit von Graz entfernt ist das Lipizzanergestüt Piber in Köflach, eine historische Zucht und Ausbildungsstätte für die berühmten Lipizzaner der Hofreitschule in Wien. Es ist die älteste Kulturpferderasse- Europas. Ein geführter Rundgang mit Vorführungen war begeisternd und bescherte uns einen wunderschönen Ausflug.

Von Graz aus fuhren wir wieder Richtung Norden, weiter nach Linz und übernachteten direkt im Hotel an der Donau. Schwerpunkt in Linz bildet der Hauptplatz mit seinen barocken Gebäuden, unter anderem mit dem alten Rathaus. Auch interessant war die Besichtigung des von einem Schweizer Architekten entworfenen Lentos- Museums mit der Sammlung zeitgenössischer Kunst. Fehlen durfte auch nicht der Ort der Geschichte um die Linzertorte. Man nimmt an, dass ein Wiener Konditor mit dem Namen Linz, die Torte erfunden hat. Wahrscheinlicher ist, dass sich der Name von der Stadt Linz ableitet. Zumindest ist das älteste Rezept aus dem 17. Jahrhundert, und so können sie heute in der vielbesuchten Bäckerei die Torte genießen, auch wenn die Geschichte über deren Erfindung Varianten offenlässt.

Wunderschöne Modeläden gibt es. Einen dieser Läden sahen wir vom Bus her, von der Stadt-Rundfahrt. Wir gingen zu diesem Laden zurück, und Lea liebt heute noch diese Kleider.

Die Städtedreieck-Reise wurde geschlossen durch die Fahrt wiederum Richtung Osten, nach Wien.

Unterwegs besuchten wir den auf der Höhe gelegenen Stift Melke, aus dem 11.-Jahrhundert, eine Abtei der Benediktiner. Berühmt sind die Stiftskirche und die riesige Bibliothek mit Manuskripten aus dem Mittelalter, gebaut als Barockbau von 1702 bis-1746. Heute ist der Stift UNESCO-Weltkulturerbe und beherbergt die einzige Schule Österreichs in einem Kloster. Die Stadt zu Füßen ist eine typische Touristenstadt mit Hotels und Restaurants, wo wir auch gut gegessen haben.

Es ging weiter Richtung Osten, vorbei auch am bekannten Sankt Pölten, Richtung Wien, wo wir unser Auto mitten in der Stadt wieder abgeben konnten. In Wien selbst hatten wir uns für zehn Tage eine Appartementwohnung im Stadtteil Margareten, in einem typischen Stadthaus gemietet. Zu erreichen war diese im dritten Stock liegende Zweieinhalb-Zimmerwohnung über einen bei der Modernisierung eingebauten Lift, vom Innenhof her. Es war an alles gedacht, die Eingangs- und Wohnungstür erreichten wir über ein Passwort, das uns bei der Ankunft über Telefon mitgeteilt wurde.

Die Wohnung war mitten im Quartier, umgeben von Läden des täglichen Bedarfs und U-Bahnanschluss, wunderbar. Auch der berühmte Naschmarkt, der größte Markt von Wien, war direkt in unserer Nähe. In Wien selbst waren die typischen Sehenswürdigkeiten, in Abwägung unserer früheren Reisen, das Ziel. Erlebt hatten wir einige Jahre vorher die Spanische Hofreitschule, die Wiener Sängerknaben in der Hofburg-kapelle, die Volksoper und das Schauspielhaus mit dem Stück des Soldaten Schwejk.

Diesmal besuchten wir ein Mozartkonzert und natürlich die typischen Adressen. Neu war die Wirtschaftsuniversität mit interessanten neuen Gebäuden, darunter das Library-Learning-Center der Architektin Zaha Hadid mit 1500 studentischen Arbeitsplätzen.

Unsere Freunde aus Mümliswil, dessen Sohn in Wien studiert hatte und jetzt dort arbeitete, besuchten uns. Ziel war außer der

Wirtschaftsuniversität mit Essen in der Mensa, natürlich die Weingegend mit Wanderung und typischer Einkehr in einem traditionellen Weinhaus. Auch der Besuch einer im Berg vergrabenen, traditionellen Sektkellerei, durfte nicht fehlen. Höhepunkt war aber das Wiener-Schnitzel-Essen. Auch der Rosengarten mitten in der Stadt ist ein gern besuchter Platz.

Wir waren langsam der Benutzung des öffentlichen Verkehrs gewachsen, auch durch den Kauf einer General-Fahrkarte, für eine Woche. Deshalb durfte ein Ausflug in den Wienerwald sowie auch das Schloss Schönbrunn, nicht fehlen. Ein Ausflug auf der Donau mit dem Schiff nach Bratislava,war ein weiterer Höhepunkt.

Bratislava, Hauptstadt der Slowakei, kann man gut zu Fuß,-nach einer vorherigen Groborientierung, mit der kleinen Stadtbahn, erleben. Die Burg, das Wahrzeichen der Stadt, ist von überall aus sichtbar. Der Martinsdom war wegen einer speziellen Messe, Ehrung eines Paters, geschlossen. Nachdem wir aber unsere Aufmerksamkeit gezeigt hatten, durften wir trotzdem an dem Anlass teilhaben. Ein Pater hatte, wenn man so will, Betriebsjubiläum, und das wurde mit allen anderen Patern zelebriert. Mal was ganz anderes, man muss einfach die Tür aufmachen können. Bratislava hieß früher Pressburg, und liegt direkt an der Donau, inmitten von Weinbergen und grenzt an Ungarn und Österreich. Es hat eine sehr wechselhafte Geschichte.

Mit dem Schiff ging es am Abend zurück nach Wien. Vorbei an sehr vielen Touristen-Kabinenschiffen jeglicher Größe, ging auch unser Aufenthalt in Wien zu Ende.

Zurück ging es nach Bangkok und mit dem Taxi wieder nach Hua Hin. Unser Wegsein erhöht jeweils die Neugier, ob alles zuhause, der Garten, im Haus selbst, alles noch so ist, wie wir es verlassen haben. Die Pflege vom Schwimmbad und Garten geht auch ohne uns weiter und im Haus sorgt eine natürliche Be- und Entlüftung, für ein gutes Hausklima.

Wie heißt es so, daheim ist es am schönsten. So erfreuen wir uns jedes Mal nach unserer Heimkehr an unserm, es sagte mal ein Besucher, außergewöhnlichen Haus. Speziell ist auch unser Garten, mit den gerade vollhängenden Palmen mit Kokosnüssen. An den Mangobäumen, eine Art aus Mexiko, deren Früchte eine Herzform haben und so im März bzw./April geerntet werden. Lea macht dann daraus Mango- Kompott, den wir einfrieren und meistens später dann, mit Eis zusammen essen. Weiter haben wir dreimal im Jahr Sternfrüchte, deren Sterne früher getrocknet auf manchem Weihnachtsteller lagen. Nur müssen wir immer aufpassen auf die Affen, die auch alle Früchte lieben. Gegen Osten stehen 25 Palmen, die rote Früchte tragen und auch von den Affen gern aufgesucht werden. Große alte Bäume erweitern den Baumbestand, der ergänzt wird durch ca. 250 Quadratmeter in Beet Form geschnittenen Bougainvillea und durch andere blühende Stauden.

Ja, wir haben wirklich ein Paradies, zu dem wir nach einer Reise immer wieder gerne zurückkommen. Wir lieben sie, auch die großen Bäume der ehemaligen Mango-Plantage in der Umgebung, die unseren Garten zu einem großen Park werden lassen.

Es war schon Anfang Juli 2018, und es galt, die nächste Reise nach Cuba, im Februar 2019 vorzubereiten. Es sind die südlichen Ziele, die wir immer schon besuchen wollten, aber wegen unseren dann stattgefundenen Skiferien, immer wieder verschoben haben.

Die Reisen nach Amerika und, Südafrika sind von uns aus weit weg, und so haben wir immer sehr lange Flugreisen. Um diese zu unterbrechen, wurde die Reise nach Havanna von Bangkok aus, via Zürich gebucht. So konnten wir einige Tage bei unserer Tochter Isabelle in Chur verbringen. Schon beim Autoverleih in Zürich wurde mir schon am Morgen in der Früh gesagt, es hat heute Nacht geschneit und der Verkehr sollte sich langsam wieder normalisieren. Wir hatten von Zürich bis Chur frisch geschneiten Schnee, ein Wintermärchen nach 30 Grad Celsius in Bangkok.

Es ging dann weiter, und mit der Edelweißmaschine flogen wir nach Havanna. Die Ankunft ist mir vorgekommen, wie unsere erste Landung abends 1990 in Dresden. Fusseliges Licht, Abfertigung in einer Baracke, strenge Ordnung. Wir kamen mit einem Oldtimertaxi in unsere Wohnung in Havanna an. Ja, richtig, Hotels sind in Cuba auf niedrigem Niveau, außer Fünfsterne-Hotels. Man wohnt lieber bei Familien, die je nach Wunsch, Zimmer, Häuser, oder Wohnungen vermieten.

Unsere Reise hatte ich mit einem teilweise in Cuba lebenden Herrn aus Norddeutschland zusammengestellt. Er kannte sich gut aus, und es klappte auch alles. Unser Zimmer in Havanna war mitten in der Stadt, die Vermieter, wie überall, waren sehr freundlich und hilfsbereit.

Am nächsten Tag hatten wir eine Stadtbesichtigung mit Rebecca, die nach einer Auswahl in Cuba, in der DDR, Sprache studieren konnte. An die DDR wurden wir immer wieder erinnert durch die Genossenschaften oder auch durch Schulklassen, die in ähnlicher Uniform, in Reihe und Glied daher marschierten. Bei der Besichtigung der Stadt mit ihrer aus der spanischen Kolonialzeit des 16.-Jahrhunderts vorhandenen Architektur war auffallend, dass speziell die Häuser in der Innenstadt, in Publikumsnähe saniert waren. Mir kam da wieder Freiberg in der ehemaligen DDR im Sinn, da waren es auch nur die vorderen Fassaden, die zur 700-Jahrfeier restauriert wurden.

Wir besuchten auch die Begegnungsstätten von Hemingway, die berühmte La Bodeguita -Bar und die Terrasse des Hotels, wo er das Buch: „Der alte Mann und das Meer", geschrieben hat.

Havanna war 1519 die erste Hauptstadt Cubas und im 19. Jahrhundert die schönste Stadt des amerikanischen Kontinents. Es

214

ist dann auch nicht erstaunlich, den größten Friedhof Südamerikas zu besitzen. Die indische Urbevölkerung ist bereits im ersten Jahrhundert ausgerottet worden. Später kamen die Vermischungen zwischen Spaniern und Sklaven. Um das 19.-Jahrhundert gab es zwei Millionen, heute ca. zwölf Millionen Einwohner. Die meisten Einwanderer kamen aus Haiti und Jamaika.

Columbus, 1492, war der erste Förderer Cubas. Er führte das Zuckerrohr als Hauptwirtschaftszweig ein. Später kam der Tabakanbau mit dem kubanischen Wahrzeichen der Zigarre und dann der Rum hinzu. Rum wird aus der Melasse des Zuckerrohrs hergestellt. Es entstand eine blühende Wirtschaft und die Zucker, -Rum -und-Tabakbarone beherrschten das Land.

Heute steht jedem Kubaner eine Grundversorgung zu, je nachdem, was da ist, und das kann sehr verschieden sein.

Auch das Gesundheitswesen ist staatlich organisiert und gratis. Es gibt aber nicht immer alles. Momentan ist Tablettenmangel, da diese größtenteils eingeführt werden müssen.

Wirtschaftlich sind sehr große Umänderungen durch Einführung einer freieren Wirtschaft in Gang. Aber ohne ausländische Investitionen wird es hier nicht so schnell vorwärts gehen. Aber hoffen wir auf die Kubaner selbst, ihr Temperament und ihre Lebensfreude ist eine gute Basis. Sie würden, so glaube ich, mit den BRD-Zuschüssen an die ehemalige DDR, im privaten und geschäftlichen Bereich mehr machen.

Der Kubaner besitzt einen gewissen Galgenhumor. Eine Kostprobe:

Was sind die größten Errungenschaften der Revolution? „Gesundheit – Bildung – Sport."

Was sind die drei größten Mängel?
„Frühstück – Mittagessen – Abendessen."

Der nächste Tag in Havanna war der Chevrolet-Tag. Ein Cabriolet, Baujahr 1946, führte uns einen Tag lang zum Fischerdorf, wo scheinbar der alte Mann, der Fischer, des Hemingway Romans, gelebt hat. Dies wird zusätzlich auch durch ein Denkmal von Hemingway dokumentiert.

Ein Höhepunkt war der Besuch von Fusterlandia, ein vom Künstler Jose Fuster gebautes, künstliches Imperium aus Fliesen. Dieses Imperium kennt keinen Anfang und kein Ende, ob in der Breite oder in der Höhe. Es ist eine Mischung von Miro, Gaudi, vielleicht noch ein bisschen Picasso, was man dort sieht und erlebt. Ich habe mir für meine Sammlung einen Hühner-Hahn, dargestellt auf einer Fliese, mitgenommen. Die Sammlung habe ich 1982 begonnen und meinen ersten Hahn kaufte ich auf den Peak, Aussichtsberg in Hongkong. Seither ist der Kauf auf jeder Reise Pflicht, egal in welcher Form,auch immer. Hähne sehen immer gut aus, in der Natur sehen wir viele Vorbilder.

Unsere Tour mit dem Chevrolet durch Havanna endete beim Autoverleih, wo wir unseren Jeep, für unsere weiteren Reisen gemietet hatten. Cuba hat nicht viele Mietwagen, deshalb waren wir froh um das Auto, wenn es auch ein wenig hart war. Eine sonst übliche Besichtigung einer Zigarrenfabrik, war wegen der momentan saisonbedingten, fehlenden Lieferung von Tabak, in dieser Zeit, in Havanna, nicht möglich.

Unsere Fahrt führte uns am nächsten Tag von Havanna in süd-östlicher Richtung auf der Autobahn 150 Kilometer.

Unterwegs war die Voraus-Empfehlung wichtig, nie bei Personen auf der Autobahn anhalten, sondern durchfahren. Wir fuhren durch und bemerkten, dass wir über eine darunterliegende Straße fuhren, an deren Ende noch mehr Personen sichtbar waren. Ein uns überholender Autolenker hob seinen Daumen und begrüßte unsere Reaktion. Es gibt Banden, die auf diese Art Autos ausrauben, Glück gehabt.

Vor Vinales fuhren wir schon vorbei an riesigen Tabakfeldern mit strohgedeckten Lagerungshütten. Unser Zimmer in der Casa Particular war in der Nähe der Schule, wo wir das Bringen der Schüler zum Unterricht auf einen Traktor mit Anhänger beobachteten. In Thailand sind diese Schüler nicht auf einem Traktor, sondern sie kommen zu fünft oder sechst, auf einem Motorbike zur Schule.

Für den Tag hatten wir dann für uns einen Guide, um die Umgebung, speziell auch die Tabakproduktion, kennenzulernen. Wir besuchten einen Tabakprivatanbauer, der uns in einer vorher genannten, mit Stroh bedeckten Tabak-Entwicklungshütte, rauchend mit einer dicken Havanna, begrüßte. In den Hängen waren die verschiedenen Blätter, der Tabakpflanze von tief unten, von der Mitte oder oben, die alle ihre eigene Funktion in der Verwertung haben. Wir konnten nun das Herstellen eine Havanna-Zigarre erleben und ein Verkauf war natürlich auch Thema. Die Tabakanbauer, wir sind im kommunistisch-sozialistischen Cuba, produzierten damals für den Staat 70Prozent und 30 Prozent für sich selbst.

Von Tabak genug ging dann die Wanderung los, ca. 400 Höhenmeter auf einen wunderbaren Aussichtspunkt. Das Ziel war ein kleines Bergrestaurant. Cuba Libre oder Mojito begleiteten uns auf dem weiteren Weg mit einer herrlichen Aussicht auf das Vallée de Vinales mit seiner auch für Cuba einmaligen Bergwelt.

Zur nächsten Station nach Cienfuegos, mussten wir zurück über Havanna in südöstlicher Richtung. Vorweg besuchten wir die berühmte Schweinebucht. Der Ort Playa Largo war bekannt geworden durch die Landung von kubanischen Truppen im Exil und der USA, um die revolutionäre Regierung von Fidel Castro zu stürzen. Der Versuch misslang, es war ein politisches Erdbeben, an dem Präsident Kennedy in den USA und Chruschtschow in der UDSSR beteiligt waren.

Heute ist Playa Lago ein bekanntes Urlaubsziel mit herrlichen Stränden, zugleich ein Tauch- und Pflanzenparadies. Wir übernachteten wieder privat, eine ganze Familie mit Töchtern und Söhnen verwöhnte uns beim Nachtessen. Wer konnte das verstehen, wenn wir aus Thailand berichteten, von unserem Ort am Meer mit schönen Stränden.

Cienfuegos, an der Bucht der Südküste gelegen, ist bekannt für seine Bauten aus der Kolonialzeit. Wir erlebten den Valentinstag, der uns den ganzen Tag begleitete. Die Stadt bietet viel Charme durch ihre vielen Plätze, deren Bänke in Parkanlagen wegen des hier möglichen Internetempfangs immer besetzt waren. Das System ist in ganz Cuba so. Die Karten für den Empfang sind einfach zu kaufen. Interessant war das Opernhaus, um 1900 gebaut, das von der Sängerin Bernhard und dem Sänger Caruso eingeweiht wurde. Heute kann man es als Museum besichtigen. Auch die Bühne, mit der ganzen Installation für den Opernbetrieb, ist erhalten. Es gab für die Besseren Polsterstühle, aber dem normalen Volk mussten Klapp-Metall-Stühle reichen.

Entlang der Bucht waren die Ferienhäuser der Regierung, auch das von Fidel Castro. Früher waren es die Villen der Zuckerrohrbarone, wovon natürlich die ganze Stadt profitiert hat.

Zum Valentinstag gibt es scheinbar Sonderrationen, denn die ganze Stadt war voller Leute zum Einkaufen. Dazu spielte die Musik auf. Auch die Kapelle der Sozialisten, spielte, man sah es ihnen an. Die Häuser, wir wohnten an einer verkehrsreichen Straße, sind alle zum hinteren Teil orientiert. Nach dem Schließen der Haustüre, hörten wir nichts mehr. Das Leben in den Häusern findet innen statt. Meistens nach dem Wohnteil ist ein Garten oder Hof. Bei uns wurde der hintere Teil ausgebaut mit Zimmern für Touristen, aber gefrühstückt wurde im alten, ehrwürdigen Wohnzimmer. Die Menschen sind alle sehr nett, auch die Friseurin, die Lea die Haare wegen Stromausfall nicht waschen konnte. Ein großer Salon, typisch sozialistisch, mindestens 15 Plätze, Damen, die früher vielleicht alle einen eigenen Salon hatten. Aber in Bezug auf Selbstständigkeit ging es aufwärts. Speziell kleine Betriebe, Obst, -und Gemüseanbau, konnten sich schon selbstständig machen. Heute sind die staatlichen Betriebe ganz aufgehoben.

Wir genossen die Atmosphäre, speziell durch den Besuch eines Restaurants im ersten Stock, wo wir für den Abend reservieren wollten. Aber leider war alles besetzt. So genossen wir den kleinen Balkon mit einem Glas Mojito und die Aussicht auf das bunte Treiben in der Stadt. Interessant war das Nachtessen im Lokal neben unserer Bleibe, das wir schon kannten. Wir hatten reserviert, denn am Valentinstag sind nicht nur die Verliebten unterwegs, sondern auch ganze Familien, fröhlich und den Feiertag genießend.

Am nächsten Morgen ging unsere Reise Richtung Santiago de Cuba, zunächst nach Santi Spiritus. Entlang von Zuckerrohrfeldern oder Obstplantagen wie Mango, ging die Fahrt. In den Dörfern war je nach Tageszeit meistens Stau. Grund waren die vielen Kutschen, die die Anwohner zum Einkaufen oder Behördenbesuch als Autoersatz nutzten. Das sind nicht nur zwei oder drei Kutschen, ständig behinderten sie den Verkehr, besonders auf den Landstraßen in Nähe von Ortshaften.

Es gibt im ganzen Land nur einige, kurze Autobahnabschnitte und wenige Umfahrungen. Viele Lastwagen sind unterwegs für die Versorgung der Städte. Von Havanna nach Santiago de Cuba sind es genau 1000 Kilometer.

Als Zwischenstation fuhren wir noch nach Santa Clara, zum riesigen Denkmal und Grabmal von Che Guevara auf dem Revolutionsplatz. Er war Mitstreiter von Fidel Castro und wurde 20 Jahre nach der Ermordung in Bolivien, nach Santa Clara überführt. Die Parolen entlang den Straßen mit: „Viva Revolution" und vielen anderen Sprüchen, kennt man ja auch aus der DDR.

So fährt man langsam durch die Dörfer und lernt bei der Gelegenheit auch diese näher kennen. So auch das „Schlange- stehen" vor einem Laden, der heute was anzubieten hat. Wir haben aber auch Läden gesehen, die waren so leer wie 1990 in der ehemaligen DDR. In den größeren Stätten haben wir typische Geschäfte gesehen, wo es alles gibt, auch wie früher zu DDR-Zeiten in Berlin.

In Santi Spiritus, auf dem Dorfplatz angekommen, waren wir auch zufällig direkt am richtigen Ort für unsere Bleibe in den nächsten Tagen. Die Stadt ist eine typische Kolonialstadt, farbig und mit großen Geschosshöhen. Das merkten wir bereits beim Transportieren des Koffers auf einer schmalen Treppe in den ersten Stock. Von der Wohnung selbst hatte man einen wunderschönen Blick auf den Dorfplatz und die Kirche. Aber das Leben in der Wohnung findet im Schatten, im hinteren Teil, nördlich statt.

Die Stadt ist Hauptstadt der gleichnamigen Provinz. Sie ist Handelszentrum des umliegenden Agrargebietes mit Zuckerrohr, Tabak und Milchprodukten. Alles kommt von LPGs, den landwirtschaftlichen-Produktionsgenossenschaften, nach altem DDR-Muster. Die frühere DDR und Cuba teilten sich Freud und Leid in jeder Beziehung.

Hier in Santi Spiritus hat die Stadt ihren eigenen Rhythmus. Es gibt viele Sekten, speziell die Jehovas Zeugen. Cuba soll die meisten Sekten der Welt haben. Sie haben sich aus verbotenen Religionen gebildet. Überhaupt war Santi Spiritus dem Castro Regime nicht holt, da die Stadt sich gewährt hat. So war jeder Laden, der im Besitz der Regierung war, angeschrieben, was wir sonst nirgends gesehen haben. Auch die Lebensfreude war auffallend. Es war lustig in einer Bar, in denen uns Personen mit dicken Golduhren besonders auffielen.

Unser Wohnungsdasein hatten wir auch abgemacht mit Frühstück und Nachtessen, was eigentlich in der Regel so war. Wir aßen in dem früheren Salon, mit Stuckgarnituren an den Decken, und wir dachten an die vergangenen Zeiten. Wir sahen uns fast in so einer Rolle, aß die Familie doch in der Küche. Es war wunderbar, und ich möchte so gerne nochmal in diese Gegend, zu der auch Trinidad gehört, meine Stadt, die wir auf der Rückfahrt besuchten.

Unsere nächste Station führte über Ciego de Avilla nach Camaguey. Durch Cuba zu fahren ist beeindruckend durch die vielfältige Landschaft. Abwechselnd sind Feucht -und Trockengebiete, Gebirge bis 2000 Meter Höhe, die saftigen grünen Ebenen, oder die bis zu 40 Meter hoch werdenden Königspalmen. Dazu kommen die roten Flammenbäume, die auch bei uns in Thailand wachsen. Riesige Tabak-, Zuckerrohr- und- Kaffeeplantagen, ergänzen das einmalige Landschaftsbild. Und da es fast keine Autobahnen gibt, kann man alles von den Landstraßen aus betrachten, begünstigt durch die teilweise sehr schlechten Straßen.

Camagüey ist die Hauptstadt der Provinz mit gleichem Namen und ist die viertgrößte Stadt Cubas. Die Altstadt besteht aus unregelmäßigen, sehr engen und labyrinthartigen Straßen, meistens Einbahnstraßen. Sich hier zurechtzufinden, die Adresse unserer Wohnung liest sich schon schwierig, wird ausgenutzt durch sich anbietende Fahrradfahrer. Diese warten am Anfang der Stadt, empfehlen sich vorzufahren, um uns zur gewählten Wohnung zu führen. Unsere zwei Begleiter haben uns wortwörtlich be... Wir mussten nach falscher Angabe selbst unsere Bleibe suchen, und das gelang dann auch.

Wir besuchten Camagüey auch auf der Rückfahrt, und wieder waren die sogenannten Quartieranzeiger da. Aber ich habe noch nie so schnell die Fahrer flüchten sehen, als einer mein Gesicht im Auto erkannte. Der zweite Fahrer meldete sich etwas später, entschuldigte sich, sie wären doch arm, und er würde uns diesmal gratis ans Ziel bringen, so war es dann auch.

Unsere Wohnung war in einem der üblichen Gassenhäuser. An der Fassade kaum zu erkennen, geht es durch den Wohnzimmerbereich in den hinteren Gartenteil mit den Zimmern. Alles war eingeschossig, aber sehr hoch gebaut. Ein riesiger, blühender Avocado Baum bildete den Hofabschluss, einmalig, alles hinter den Verkehrsgassen.

Ein kurzer Spaziergang, vor dem bestellten Nachtessen, führte uns in die Kathedrale. Die uns am Eingang überraschte Vielfalt an Geistlichen mit verschiedensten Gewändern, sollte uns an etwas Besonderes erinnern. Auch die Einweisung von Teilnehmern war auffallend. Wir rätselten, was ist hier Besonderes los. Es war eine Primiz von zwei neuen Geistlichen und die Teilnehmer, waren links und rechts in den Bänken nach Familien aufgeteilt. Wir ließen natürlich das Nachtessen ein wenig warten und erlebten so diese festliche Situation das erste Mal.

Am nächsten Tag begann eine längere Fahrt nach Santiago de Cuba. Eine Stadt, mit verschiedenen Gesichtern und dadurch auch sehr kompliziert bei der Suche unserer Wohnung in der Altstadt. Man weiß, wo die Wohnung ist, aber wie kommt man dahin? Die schmalen Gassen, man kann nicht wenden, es ist wie „Blinde Kuh" spielen. Aber wir fanden die Wohnung, sie war im zweiten Stock. Empfangen wurden wir von einer so richtig gebauten Kubanerin, groß und fest. Wir schauten von der Terrasse aufs Meer und auf die Dachwelt der Altstadt.

Die Stadt liegt wunderbar am Berg mit der Kathedrale als Blickfang.

Santiago de Cuba hatte den ersten Gouverneur Cubas, von Spanien im 16.-Jahrhundert eingesetzt, sein Name war Verlasguer. Heute ist die Villa das älteste Haus aus der Kolonialzeit, nach dem 15.-Jahrhundert gebaut, direkt am Stadtplatz mit der Kathedrale. Es gibt viele kleine Gassen mit dem Beginn kleinerer, privater Läden, die aber nur innen im Gebäude ausstellen dürfen.

Unsere Wohnung mit der Terrasse war ein richtiger Orientierungspunkt. So fand nebenan gerade ein Tanzkurs „kubanischer

Salsa," statt. Andere Dachbauten waren Lagerungsstätten von Material oder es wurde bereits oben auf dem Dach ausgebaut. Es ist alles so bunt wie das Land und die Menschen, herrlich, alle fröhlich, trotz Armut. Die Stadt versprüht am meisten kubanisches Flair, auch wegen der größtenteils schwarzen Bevölkerung. Es gibt überall Musik, es wird bereits am Nachmittag getanzt, wir haben es genossen. Entlang der Straßen sahen wir die vielen alten Motorräder und Autos, selbst gebaute Busse für den Transport der armen Bevölkerung. Es gab immer wieder Foto-News.

Santiago de Cuba war Ausgangspunkt der Revolution. Einschusslöcher an den Gebäuden der ehemaligen Kaserne sind heute noch Zeuge. Wir besuchten natürlich auch den Friedhof mit dem Grab von Fidel Castro, bewacht von einer Ehrenwache. Auch der ehemalige Bacardi Baron hat hier seine Grabstätte, er starb 1844. Ein Besuch von Castros ehemaligem Wohnhaus, außerhalb der Stadt, beendete das Castro-Programm.

Unser Reisebegleiter für heute, ein gut deutschsprechender Kubaner, war Ingenieur und hatte seine Ausbildung in der DDR, wo er auch lange Zeit arbeitete. Er hatte später die Möglichkeit, wieder in Deutschland zu arbeiten, zog aber seine jetzige Arbeit vor, die uns zur Festung El Morro führte.

Diese Festung war direkt neben der Einfahrt, vom Meer zum Binnenmeer gebaut und natürlich Mittelpunkt der Beherrschung Santiago de Cubas, jahrhundertelang.

Ein wunderschöner Aufenthalt endet mit der Rückfahrt Richtung Havanna, aber mit einer Zwischenstation. Circa 40 Kilometer von Santiago de Cuba entfernt, war auch die Autobahn wieder fertig, und es ging als Zwischenstation zurück nach Camagüey, wo wir nochmals im gleichen Haus übernachteten und das zuvor beschriebene, zweite Erlebnis mit den Touristenhelfern hatten.

Das Ziel am nächsten Tag war Trinidad, zum Weltkulturerbe gehörend und dadurch auch Nutznießer für die Finanzierung erhaltener Maßnahmen, speziell an Bauten. So musste ein so nicht genehmigtes Hochhaus, bei der Beibehaltung von Subventitionen, abgebrochen werden. Dies gibt es sogar in Cuba, da ansonsten der Geldhahn für alle Maßnahmen zugedreht wird.

Trinidad ist eine der schönsten Kolonialstädte Cubas. In bergiger Umgebung der Sierra del Escambray und des Meers, an der kubanischen Südküste, ist die ehemalige Kolonialstadt durch ihre farbigen Häuser, den engen Gassen und Plätzen, der entspannten Atmosphäre, ein echtes Kleinod. Ergänzend dazu die Pferdekutschen, die alten Autos, alles ist lebensbejahend, echt zum Dableiben.

Was auch wichtig einzuhalten war, der Kilometerservice des Mietautos, wenn er, wie bei uns, dann zufällig fällig war. Wir hatten in Trinidad Glück, diesen Service ohne jegliche Bezahlung, vornehmen zu können.

Gegen Abend gab es einen Apero bei Musik auf dem Platz Casa de la Música, den man hier richtig genießen konnte. Zum Nachtessen bot sich das dem Sozialismus nahstehende Restaurant, ich nenne es mal „Cantina Soziales," an. Es gab gutes Essen bei niedrigen Preisen und ein Feuerwerk von Musik und Tanz.

Ernst wird es in den Museen. Sie liegen in Nähe des wunderschönen Plaza Mayor, umgeben von prachtvollen Gebäuden der Kolonialzeit. Darunter befindet sich auch das Convento San Francisco de Asís mit dem Klosterturm, der einen herrlichen Rundblick über die Stadt zulässt. Das Museum Romantico beherbergt viele frühere Wohnungsgegenstände der reichen Elite, aber man erlebt auch die Geschichte der Sklaven und deren Haltung. Sie begann mit der Kolonialisierung im 16.-Jahrhundert und endete 1886.

Gewohnt haben wir auch in Trinidad, wie üblich, im Casa der Familie Pablo und Maria, zusammen mit der ganzen Familie.

Vor uns war die Rückfahrt nach Havanna, ca.320-Kilometer. Wir übernachteten nochmals in Havanna und am nächsten Tag war die Autorückgabe. Ich rechnete auch mit der Rückgabe der Sicherheitssumme, aber diesen Betrag hatte die Verleihfirma wieder auf mein Bankkonto überwiesen. So waren die Taschen fast leer, da mein angedachter Bargeldbezug mit der Masterkarte oder auch der Postbankkarte nicht oder sehr beschränkt möglich war. Das Taxi zum Flughafen war bereits bezahlt, und so endete der wunderschöne Urlaub auf Cuba geldlos, aber glücklich, zufrieden und mit vielen, interessanten Erlebnissen. Eine Rundreise ist nicht einfach, scheinbar ziehen deshalb viele Cuba-Urlauber den Badeurlaub vor. Beim nächsten Mal, mich zieht es da nochmals hin, heißt die Devise: Mehr Bargeld mitnehmen. Dieser ergibt mir Sicherheit, auch wenn man drei Kreditkarten hat.

Angekommen, nach einer langen Reise von Havanna über Zürich, Bangkok, hatten wir nicht lange Zeit, denn im Juni 2019 war das Studientreffen von Günther in Hamburg organisiert. Anschließend, damit die Reise sich lohnt, war Polen, speziell die Masurische Seenplatte im Programm.

Zuerst waren wir aber wieder zuhause und auch dort gibt es das Multikulti-Programm. Besonders bei den Restaurants und bei anderen Versorgungsstätten, fängt es beim Inder an, es geht weiter über die Chinesen, Südkorea, also die Nachbarstaaten bis zu fast allen Nationen Europas. Ein Geschäft zu führen ist hier nicht einfach, weil der eigentliche Chef nicht arbeiten darf und zusätzlich eine bestimmte Anzahl an Mitarbeitern einstellen muss. Oft geht das Geschäft auch auf den Namen der Thai-Frau oder Thai-Freundin.

Unser Flug von Bangkok über- Frankfurt nach- Hamburg war bereits um 09:00 Uhr morgens. Wegen der ca. vierstündigen Anfahrt übernachteten wir auf der anderen Seite des Airports, wunderschön und ohne Stress. Schön auf der Terrasse Nachtessen, die landenden Flugzeuge eins, nach dem anderen sehen und der Barmusik lauschend, war richtig entspannend. Ohne ans Haus, am Morgen zu denken, gab es bei der Abfertigung erst einmal einen Schock. Unser Thai-Reisebüro hatte noch nicht gezahlt. Na ja, nach mehreren Anrufen erledigte es sich, auch die Zusammenarbeit mit dem Reisebüro. In Frankfurt mussten wir vom internationalen- zum nationalen Airport umsteigen, es ist immer ein Abenteuer in Frankfurt. Zum Glück kennt man sich schon aus und das Gepäck war nach Hamburg durchgecheckt. Dort übernachteten wir im Leonardo Hotel und die Einladung sagt eigentlich alles aus, ich zitiere Günther, meinen Semesterkollegen:

„Es bedarf schon einer besonderen Wertschätzung, wenn sich 23 Menschen, 64 Jahre nach dem Studium, einer relativ kurzzeitigen Gemeinsamkeit, hoch betagt und neugierig, in das Abenteuer eines Studientreffens stürzen." (Zitat Ende).

Wir waren bereits das dritte Mal in Hamburg und dadurch über die Fortschritte, zum Beispiel in Bezug auf den Ausbau der Hafenumgebung, immer gut informiert. Auch die Stadtrundfahrt brachte Neues, selbst der größte Friedhof Europas, der Ohlsdorfer Friedhof, muss sich wegen des Belegungsrückgangs, Gedanken über neue Strukturen der vorhandenen Flächen machen, zum Beispiel einen Garten der Frauen usw.

Interessant ist wie immer eine Bootsfahrt auf der Dole Elbe vom Hafen Richtung Bergedorf.

Höhepunkt war die Besichtigung mit Führung der Elphi, Elbphilharmonie, Architekten Herzog und de Meuron aus der Schweiz. Ein Wunderbauwerk, so muss man es nennen, wenn man nur allein an die Ausmaße, Gestaltung und die technische Fertigstellung der Fenster denkt. So reiht sich Beispiel an Beispiel.

Einen Tag länger nutzten wir noch für einen Besuch von Miniatur Wunderland, die größte Modelleisenbahn der Welt und anderen bemerkenswerten Einrichtungen wie den Flughafen mit Start und Landung.

Der Anhänger des Studientreffens war diesmal Polen, speziell die Masurische Seenplatte. Von Dresden aus war es öfters geplant, aber jetzt hatten wir auch mehr Zeit für diese Reise. Von Hamburg flogen wir nach Gdansk (Danzig). Einfach ist das nicht, da nur eine Fluggesellschaft, und dann nur einmal pro Woche, diesen Flug anbietet. Wir kamen aber an und nach der Automiete ging es ins Hotel, wiederum eine Pension, ein wenig außerhalb am Berg. Die Vororte sind immer sehr interessant, man ist da nah bei den Einheimischen und ihrer Umgebung. Auch sieht man im Nachbarhaus einen riesigen Taubenschlag, wie früher in meiner Lehrzeit, von meinem Meister. Da kommen Leute morgens an der Pension, nach dem Gottesdienst vorbei und schon denkt man an Polen, an den früheren Papst und besichtigt die Kirche.

In Polen isst man sehr gut und unser Frühstück, von Frauen im Nebenamt vorzüglich angerichtet, war auch wie in ganz Polen entsprechend. Wie immer, war eine Busrundfahrt in Danzig unserer erste Erkundigungstour. Auch mit dem Schiff ging es von der Innenstadt durch das Hafengebiet bis zur Westernplatte. Ein Denkmal erinnert an die Verteidigung von polnischen Soldaten, zu Beginn des Zweiten Weltkriegs.

Danzig wird auch die „Goldige Stadt" genannt, nicht wegen der wiederaufgebauten Stadt mit pompösen Fassadenschmuck, sondern wegen dem Bernstein. Dieser wird in den Meeresbuchten der Ostsee gefunden und dann in Schmuck verarbeitet. Die malerischen Bürgerhäuser mit den zahlreichen kleinen Cafés, Geschäften und Restaurants, haben natürlich alle ihre Geschichte und heute eine ganz andere Bedeutung.

Die Altstadt ist der historisch bedeutsamste Stadtteil, nennt sich auch Rechtstadt. Der pompöse Neptunbrunnen, das Rathaus mit dem spitzen Turm, die Mariengasse und die Marienkirche als höchste Hallenkirche der Welt, sind nur einige Schwerpunkte. Dazu gehört die Hafenpromenade mit dem Krantor, alles in Backstein und Holz. Gegenüber dem Fluss entwickeln sich neue Stadtteile mit enormen Architekturaufwand, bezüglich größtmöglicher Anpassung an die Altstadt.

Dann besuchten wir den Sandstrand Zucker, ein alter Badeort mit den typischen Kurbauten. Man geht scheinbar über den längsten, aus Holz gebauten Steg zu den Schiffen. Einen Apéro gab es dann im windgeschützten Restaurant am Stegende.

Ab Danzig begann unsere Rundreise, zuerst nach Torun, südlich von Danzig, wo Kopernikus geboren wurde. Wir wählten den Landweg wegen seiner landschaftlichen Vielfalt und zufällig erlebten wir auch Fronleichnam, denn Polen ist fast 100 Prozent katholisch. Durch die an diesem Tag durchgeführten Prozessionen, mussten wir zwar öfters anhalten, aber mit den vielen Blumendekorationen waren es überall schöne Anblicke.

Die ganze Stadt Torun, an der Weichsel gelegen, erinnert an den großen Sohn. Sie ist mehr oder weniger in Quadraten erbaut und erinnert stark, auch wegen des Baumaterials, an niederländische Städte. Ein in die Stadtmauer gebautes Hotel mit Restaurant, begeisterte uns durch seine Architektur. Als weiteres Gebäude ist das Geburtshaus von Kopernikus bekannt. Der schiefe Turm von Torun in der Stadtmauer, die Ruinen der Deutschordensburg und natürlich das Planetarium waren weiterhin sehenswert.

Weiter ging es Richtung Osten zur Masurischen Seenplatte. Erste Station war Ostroda, auf Deutsch Osterode im früheren Ostpreußen, in die Ermland-Masuren. Es ist ein Ort für die Naherholung mit den typischen Einrichtungen dafür.

Mikolajki oder auf Deutsch Nikolaiken in Richtung Osten war die nächste größere Stadt und Perle der Masurischen Seenplatte, bekannt durch die größten Seen mit Schwerpunkt Fischerei, speziell Maränen. Als eine der wenigen Städte wurde Nikolaiken im letzten Krieg nicht zerstört, obwohl in der Stadt unter Admiral Canaris die deutsche Abwehr stationiert war. Auch die Wolfschance, Hitlers Kriegsquartier, liegt in der Nähe, in Gierlötz. Es ist heute ein Ort von Ruinen, da alle Bunker gesprengt wurden. Es ist aber auch der Ort, wo das Attentat von Graf von Stauffenberg auf Hitler stattfand und scheiterte.

So schön die Fahrt dorthin entlang von kilometerlangen Alleen war, zu nachdenklich war das Besuchen dieses Ortes.

Aber Nikolaiken ist als größter Ferienort an der Maas-Seenplatte bekannt und so machten wir auch eine eintägige Schifffahrt nach Lotzen. Es war eine Schifffahrt, die uns via Kanäle als Verbindungsstrecke, immer wieder in einen anderen See führte. Entlang der Kanäle kreuzen wir alle Größen von Segelbooten, die sich den See mit dem besten Wind aussuchten. Es ist ein wunderbares Gebiet, das man sicherlich nur vom Schiff aus richtig erleben konnte.

Wo wir auf unseren Tagestouren von Nikolaiken auch fuhren, die Alleen, mit hauptsächlich um die hundertjährigen Eichen, waren beeindruckend. Sie sind Gott sei Dank, entgegen manch westlicher Allee, nicht dem Verkehr zum Opfer gefallen. Es geht, ein wenig langsamer, aber es geht. Bedeutend ist die Erhaltung und somit fanden auch entsprechende Nachpflanzungen statt. Auch wurden bereits an mehreren Straßen einseitig, mit größerem Straßenabstand für eine Straßenverbreiterung, Pflanzungen vorgenommen. Also eine richtige Planung in die Zukunft, der Wille der Erhaltung ist spürbar.

Immer noch von Nikolaiken her besuchten wir die Wallfahrtskirche mit Kloster Heiliglinde. Eine mächtige Kirche mit zwei Türmen empfing uns über ein meisterliches Eingangstor der Schmiedekunst. Der Barockbau mit Kreuzgang wurde wegen des sumpfigen Gebiets, auf 10000 eingerammten Erlenpfählen gebaut.

In dem Franziskaner-Kloster finden alltäglich um die Mittagszeit Orgelkonzerte statt, nur scheinbar wegen der geringen Teilnehmer, bei uns nicht. Gespielt wird auf der Barockorgel aus dem Jahr 1721. Anders als üblich sind Engel, die auf den Posaunen spielen und sich entsprechend bewegen.

Wir verabschiedeten uns von der Stadt Nikolaiken, aber nicht ohne am Abend an den berühmten Fischer-Quai, Fisch zu essen. Unser Nachbar suchte das Gespräch, und er erzählte seine Geschichte. Er wohnt heute in Westdeutschland, wohnte aber hier bis zur Teilung Deutschlands. Er musste auch den Ort verlassen, es war eine Vertreibung mit Enteignung seines Besitzes. Er lebt jetzt aber über den Sommer hier als Tourist, in seiner alten Heimat.

Die Aufteilung Deutschlands hat große Narben hinterlassen und speziell die früheren Bewohner dieser Gebiete leiden heute noch darunter. Wir haben dann auch noch über meine Tätigkeit in Ostdeutschland diskutiert, von dem sich hinter uns sitzende Bewohner, scheinbar aus dem Gebiet, angesprochen fühlten. Eine entsprechende Handbewegung, als er ging, war nicht zu übersehen.

Großes neues Tagesziel war Elblag, eine Stadt wieder Richtung Westen. Wir fuhren entlang der Exklave Kaliningrad, früher die deutsche Stadt Königsberg. Ziel war ein kleines Dorf Zykowo, auch Storchendorf genannt, das genau an der Grenze lag. Es waren nur drei Bauernhöfe, aber Nest an Nest, die mit ca. 200 Störchen, Junge und Alte, besetzt waren. Im Vergleich dazu, leben heute 19 Menschen hier. Eine von diesen Einwohnerinnen, eine auch sogenannte Vermieterin von Storchennestern, hatte gerade vor einem Jahr ihren Mann durch einen Unfall wegen der Störche verloren, erzählte sie. Wir haben bei ihr einen

Kaffee getrunken und konnten selbstgemachte Rosenmarmelade als Erinnerung mitnehmen. Sie erzählte noch, dass man diese Marmelade nur von einer großen Strauchrosensorte herstellen kann. Erwähnenswert ist, die Menschen wurden 1945 enteignet und vertrieben, aber die Störche sind geblieben und reden jetzt polnisch?

Die Gegend ist nicht gerade exponiert von Hauptstraßen. Über Dorf- und Nebenstraßen suchten wir entlang der Enklave eine Auffahrt zur Autobahn nach Elblag. Es war keine Überfahrt auf die richtige Fahrbahnseite Richtung Süden zu erkennen. Nur nicht auf russischem Gebiet landen, aber wir schafften es und kamen direkt vor dem Zoll Richtung Kaliningrad an. Hier war genügend Platz, um sich gegen Süden einzuordnen.

In Elblag, auf Deutsch Elbnig, mit 120000 Einwohner, suchten wir die alte Mühle, die zum Hotel Mlyn umgebaut wurde. Der dazugehörige Bach war Ausgangspunkt der angrenzenden, umfangreichen Grün- und Erholungsflächen. Die Stadt liegt nahe zur Ostseeküste, ist dadurch auch Ausgangspunkt vieler, möglicher Touren.

Als erste Tour ging es südwestlich nach Malbórg, deutsch Marienburg, zur mittelalterlichen Ordensburg des Deutschen Ordens, am Fluss Nógrád gelegen. Sie ist mit 14,3-Hektar Nutzfläche, die größte Burganlage der Welt, alles aus Backstein gebaut, im Stil der Backsteingotik. Nur mit einem guten Weitwinkel kann man die Anlage erfassen und dementsprechend braucht es auch viel Zeit für die Besichtigung, innen die vielen Säle, die Museen, außen die vielen Einzelhöfe, die offene Umgebung. Ja, was haben die Bauhandwerker in dieser Zeit, mit einfacherer Bauausrüstung nicht alles geleistet.

Eine weitere Tagesfahrt gegen Norden, ging entlang dem „Frischen Haff." Ein Haff ist wie eine Lagune, ein vor dem Meer getrennter Brackwasserbereich. Das frische Haff gehört im Norden zu Russland und im Süden zu Polen. Die Ostsee ist richtig genommen ein Binnenmeer oder auch Baltisches Meer des Atlantischen Ozeans.

Unser Ziel am Haff war Frombork, auf Deutsch besser bekannt als Frauenburg, auch die Kopernikusstadt genannt. Wir waren rein zufällig zur rechten Zeit da, um mal in polnischer Sprache, es war Sonntag, eine heilige Messe in der Kathedrale beizuwohnen. Nach der Messe war noch ein begeisterndes Orgelkonzert.

Die Kathedrale liegt auf dem Domberg, eine natürliche Erhebung. Für Besucher ist vor allem der 70-Meter hohe Glockenturm ein Ziel, hier befindet sich ein kleines Planetarium. Zu sehen gibt es über Kopernikus viel in einem für ihn gebautem Museum, wo über sein Werk und über Astronomie im Allgemeinen, orientiert wird. Kopernikus lebte hier in Frauenburg bis zu seinem Tod. Frauenburg ist aber auch sonst eine kleine, schöne Stadt, mit einem herrlichen Fischessen verabschiedeten wir uns.

Höhepunkt war der dritte Tag unserer Aktivitäten in Elblag. Wir fuhren auf den speziell für Holztransporte gebauten Oberländerkanal, Elbing-Osterode. Im Jahr 1860 war es so weit, dass mittels Schiffe auf einem Landstreifen mit 100 Meter Höhenunterschied, Gemüse und Holz aus den West-Masuren zur Ostsee transportiert werden konnte. Gegenüber Schleusen, wurde ein Weg über Wasser und Land gewählt. Die gerade Strecke wird in einem Kanal gefahren, zuerst durch den Draußensee, voll mit Seerosen. und den Höhenunterschied überwindet man jeweils auf schiefen Ebenen.

Das heißt: das Schiff fährt vom Kanal her in ein kleines Becken, setzt auf, auf einen Wagen mit Rädern, die wiederum in dem Wasser bereits auf Schienen stehen. Durch ein Seil wird durch ein Gegengewicht (Boot), ein Boot herauf und das andere Boot heruntergelassen, wie eine Standseilbahn. In der Mitte kreuzen sich die Boote. Insgesamt gibt es fünf schiefe Ebenen, die aber je nach Gelände unterschiedliche Höhendifferenzen aufweisen. Das ist für die Teilnehmer auf dem Schiff jeweils ein Spektakel,und es ist auf der Welt einmalig. Wir fuhren, nur diese Attraktionsstrecke, zehn Kilometer lang bis nach Buchwald, und zurück ging es wieder mit dem Bus nach Elblag.

Mit der Schiffattraktion ging auch unser Besuch in Polen zu Ende. Nochmals im Hotel gut Nachtessen und mit einem polnischen Wodka zum Abschluss, ging es am Morgen in der Früh zum Airport, bei den vielen Ausfahrten nicht einfach zu finden. Wir waren aber pünktlich auf dem Parkplatz, um unser Mietauto wieder abzugeben. Der nächste internationale Airport war Helsinki, Finnland, und von da aus ging es direkt, gesund zurück in den Alltag nach Bangkok,/Hua Hin.

Der Flug Helsinki-Bangkok erinnerte mich an die Tatsache, dass die meisten Farang, das sind die, die ständig in Thailand leben, Finnen sind. Die Anzahl der Farang der einzelnen Staaten ist lagebedingt, und Richtung Süden, zum Beispiel Italien, werden es immer weniger pro Staat.

Unser Studientreffen in Hamburg, im Juni 2019,vor unserer Polenreise, endete mit der Wahl des nächsten Tagungsorts. Mein Vorschlag, Frankfurt, wurde angenommen, auch verbunden mit der Freude, einen Organisator, bei mir zum siebten Mal, gefunden zu haben.

Ich hatte somit zwei Planungen zu erledigen: die vorgesehene Reise im Februar 2020 nach Neuseeland und im Juni 2020, das Studientreffen in Frankfurt. Für beide Reisen war es wichtig, frühzeitig genug, Reservationen, speziell Hotels, vorzunehmen.

Für die Reise nach Neuseeland wählten wir E..., mit einem am Ort tätigen Guide. Diese hieß Marion, AM &Travel, eine ehemalige Deutsche, die dort schon länger wohnt. Scheinbar sind in der Neuseeländer Ferienzeit, Ende Dezember bis Ende Januar, alle Hotels mehr oder weniger von Neuseeländern selbst besetzt, da diese dort in dieser Zeit ihre Hauptferien haben. Deshalb war für uns das früheste Datum nach dem 10.Februar, wenn in Neuseeland wieder die Schule beginnt. Nachdem das Datum feststand, ging es in einer sehr intensiven Zeit um das Programm. Laut Marion sollte so schnell wie möglich die Route feststehen, um die Hotels, insgesamt 17 verschiedene, zu reservieren. Detailprogramme kamen später hinzu. Hotels gibt es in den großen Städten, aber selbst die Neuseeländer bevorzugen Motels, mal mit kleiner Küche oder Küchenstation. Dazu kommt der viel gebrauchte Wohnwagen.

Unsere Reise war bis auf das letzte Detail immer per E-Mail vorbereitet, auch die Verbindung über Whats-App, während der Reise mit Marion war wertvoll.

Die Reise selbst begann in Bangkok am 11.2.-2020, einem Tag nach meinem 88.-Geburtstag, und sollte 32 Tage dauern. In Neuseeland war Sommer und am Ende unsere Reise war Herbstbeginn. Wir flogen direkt mit der Qantas nach Sydney und hatten dort Anschluss nach Auckland. Auffallend beim Personal war, dass dies zu 70 Prozent mehrheitlich aus älteren Herren bestand, so kurz vor der Pension.

Nach dem Kauf einer Telefonkarte, es hat in den Motels auch überall WLAN, ging es mit dem Taxi ins Hotel, zum Stadtteil Parnell, einem ehemals bevorzugten Wohngebiet aus der Kolonialzeit mit noch sehr vielen, erhaltenen Häusern. Selbst den Tennisklub, gegründet 1803, gibt es noch am gleichen Ort. Der Ort ist wohlhabend geblieben mit seinen luxuriösen Boutiquen, Galerien und vielen französischen Bistros. Es gibt auch einen schönen Park mit Rosengarten aus einem früheren Besitz.

Am 13.-Februar hatten wir unseren ersten Ausflugstag, der, es war nicht vorgesehen, auf den Fernsehturm, zu Fuß von Parnell nach Auckland endete. Auf diesen Stationen zu Fuß, kreuzten wir zuerst das „War Memorial Museum", Schwerpunkte waren die Taonga (Schätze) der Maori, der Völker Ozeaniens und Neuseelands und dazu dessen einzigartige Geschichte. Eine Geschichte auch vom Land selbst und dessen Entwicklung in über 600-Millionen Jahren, kaum vorstellbar. Viele Stationen, sowie das Leben der Maori wurden anhand von Modellen gezeigt. Einzigartig war auch die Nachempfindung des Erdbebens im Jahr 2011 in Christ Church, das wackelte ganz schön. Eine Vorstellung der Maori im Museum beendete das Programm, und es zog uns weiter durch den wunderbaren botanischen Garten, den Fernsehturm immer im Bild. Wir bewegten uns im Randbereich der Stadt und als Zwischenstation rettete uns die Mensa der Universität, vor allem Lea, wenn auch der Kuchen etwas trocken war. Den Fernsehturm erreichten wir nach zehn Kilometer Fußmarsch, der Lift beförderte uns zur 220-Meter hoch liegenden Plattform, wo wir eine wunderschöne Aussicht auf die Stadt hatten. Wir suchten Parnell, da wir von unserem Hotel aus abends den Fernsehturm in allen Farben bewundern können.

Am 14.-Februar zog es uns zu Kellys Tarltons – Sea – Life Aquarium, das am Rand des Meeres, aber unter dem Meer liegt. Eine Winterdarstellung im Schnee, mit Pinguinarten, war die einzige, trockene Attraktion. Wier bewegten uns und bewunderten die Fischwelt in allen Situationen, seitlich und über uns.

Beim Besuch am Strand von Tarlton, einem Badeort, fielen uns die schon sehr gut ernährten Maorikinder auf. Scheinbar müssen diese, vor allem die Buben im jugendlichen Alter, Stärke durch ihr äußeres Ansehen zeigen.

Der 15.-Februar, es war wieder Valentinstag, war ein langer Reisetag über 500 Kilometer an die Nordostküste nach Paihia, zuerst bis zur Zwischenstation im Waipona, dem Kauri Forest, an der Westküste. Wir fuhren zwar Richtung Norden, aber auf der falschen Straße und durch das Zurückfahren machte uns der Benzinverbrauch noch weitere Sorgen. Aber es klappte, wir konnten nach Reinigung des Schuhwerks in einer besonderen Waschanlage, den ältesten Baum der Welt, „Te Matua," betrachten. Nach der Ausfahrt aus dem Nationalpark, konnten wir dann noch tanken und quer ging es vom Westen Richtung Osten, entlang einem bekannten Obstanbaugebiet, nach Paihia.

Die Motels, unseres hieß Ave rill Court Motel, Schlafzimmer mit Studioraum, hatte wie alle Motels direkt einen Parkplatz vor dem Zimmer. Das ist einfach zum Aus -und Einladen und mit der Zeit stört das Auto vor der Tür nicht mehr. Hier gab es zusätzlich einen Spielplatz für die Kinder sowie einen Grillplatz für jedermann, der von den Einheimischen auch eifrig benutzt wurde.

Paihia ist in der Bay of Islands, also eine große Inselwelt, die zu Bootsfahrten einlud. Unsere Fahrt ging nach Russel, wo die ersten Maori gelandet sind. Russel war mal Hauptstadt und besitzt auch die älteste Kirche mit Friedhof. Auch das Hotel im Kolonialstil war so schön anzusehen, dass wir es uns innen, in den immer noch alten Möbeln, bequem machten. Überrascht hat uns dann der Chef, er war jahrelang auf der Kleinen Scheidegg, im Berner Oberland, in der Schweiz tätig. Wie auch in Auckland beobachtet, sind die per Kreuzfahrtschiff ankommenden Besucher, eher ein flanierendes Publikum.

Einen Abstecher machten wir nach Kerikeri, Mittelpunkt des nördlichen Obstanbaugebietes. Es begann auf einem Markt, wo uns eine detaillierte Müllkübelanlage interessierte. Wirklich, man hätte nichts Zusätzliches mehr sortieren können. Interessiert haben uns die Produkte auf dem Markt, die wir in Thailand weniger bekommen, wie Kirschen, Pflaumen und Birnen. Diese wurden dann während der ganzen Reise vorrätig gehalten. So ein Stück Pflaumenkuchen, mit wie im Schwarzwald aufgestellten Pflaumen, hatten wir lange nicht gegessen. Wir hätten auch noch eine Performance der Maori im Veranstaltungsgebäude besichtigen können, aber das war nun doch ein übertriebener Preis.

Zudem haben wir eine solche Veranstaltung in Retorua noch vor uns. Wir zogen es vor, zum Zvieri an der Schiffanlegestation, Calamares mit einem Glas Wein zu genießen.

Am anderen Tag, dem 18.-Februar, ging es auf einer langen Fahrt wieder zurück nach Auckland und über Coromandel, nach Whitianga. Coromandel ist eine alte Goldgräberstadt, umgeben von dem Coromandel-Forest. Noch fährt die alte Werksbahn und transportiert anstelle von Holz, heute Touristen.

Nach Whitianga fährt man durch unendliche Kurven, etliche Pässe hinauf und hinunter. Denken muss man da an die Schweiz, bevor die Pässe ausgebaut wurden. Entschädigt wird die nicht endende Fahrt mit immer wieder neuen Eindrücken, speziell von Wasserfällen und sehr großen Baumfarnen.

Das Gelände wurde dann mal ebener und wir erreichten Whitianga, am Pazifischen Ozean, ein typischer Ferienort. Hier in der Mercouri Bay soll James Cook 1769 auf der HMS Endeavour vor Anker gegangen sein. Es soll die gleiche Bucht sein, in die der erste polynesische Entdecker Kupe zum ersten Mal in Neuseeland landete. Jedes Jahr findet aus Anlass von Cooks Landung eine Sommer-Gala am Strand statt.

Eine andere Aktion sind warme Quellen im Meer, die Hot Waters Beach. Bei Ebbe zeigen sich die Quellen im Sand und mittels Spaten, den man im Motel überreicht bekommt, buddelt man sich ein Loch und schon ist diese mit warmem Wasser gefüllt. Wir haben ganze Familien buddeln sehen und das Vergnügen begann, einschließlich einem Picknick. Bekannt ist auch die Cathedral Cove, ein Loch mitten im Felsen zwischen Gebirge und Wasser, aber nur bei Ebbe zu begehen ist. Wir hatten Flut, und Lea war nicht begeistert von einem Durchfahren mit dem Boot.

Der 20.-Februar begann früh morgens. Auf der Fahrt, Tagesendziel, Rotoura, quer durch etliche Nationalparks, war das

Zwischenziel Hobbit, Filmset der Herr der Ring Filme. Wir waren angemeldet und eine Umfahrung brachte meine Maps immer mehr durcheinander. Aber, wenn auch auf Nebenwegen, die Maps ME hat es geschafft: Wir waren angemeldet für 10:20-Uhr, für die Besichtigung, um 10:10-Uhr kamen wir an. Mit dem Bus, der alle fünf Minuten fährt, fuhren wir in das Gelände. Schon unterwegs hörten wir die entsprechende Musik, und viele Mitreisende erkannten schon das Gelände vom Film her, das wir auf einer zweistündigen Tour mit einem Guide besichtigten. Alle bekannten Filmbilder kamen durch die Begehung in Erinnerung. Eine über den Erdhäusern stehende Kiefer hätte, so sagte uns der Guide, eine Million Dollar gekostet. Kaum zu glauben, wenn man den Preis für verpflanzbare Bäume in dieser Größe kennt. Aber es hatte seine Richtigkeit. Der Baum in der Landschaft, ca. zwölf Meter hoch, ca. sechs Meter breit, war in Einzelteilen, künstlich in Taiwan hergestellt. Ja, es gibt nichts, was es nicht gibt.

Quer durch die im Nahbereich hügelige Landschaft, ging es südlich Richtung Rotoura. Dort im Motel angelangt war Entspannung angesagt, aus der aber nichts wurde. Ein unter unserem Zimmer verlaufender Bach stank so stark, dass wir das Zimmer zur anderen Seite wechseln mussten. Rotorua liegt am gleichnamigen See, der durch den Besuch eines Bergrestaurants gut zu überblicken ist. Das ganze Gebiet ist bekannt für geothermische Aktivität und die reiche Maori-Kultur.

So hatten wir uns für den Nachmittag angemeldet, um die Maori-Kultur besser kennen zu lernen. Wir wurden vom Motel abgeholt, und alle Teilnehmer trafen sich zu einer Filmvorführung über die Maori in einem dafür vorgesehenen Saal noch in der Stadt. Anschließend ging es mit Bussen weiter aufs Land, zum Tätigkeitsfeld der Maori und zur Hangi-Veranstaltung. Es erfolgte die typische Begrüßung, Nase zu Nase, Informationsstände mit Vorführungen von Gebräuchen ergänzte das Programm. Höhepunkt war dann eine Innen-Arena, in der die typischen

Tänze und Gesänge der Maori vorgeführt wurden. Dies klappte recht gut, obwohl sie alle gut dabei sind.

Höhepunkt war das Essen. Wir besichtigten vorher das im Erdreich gar gekochte Gemüse und das Fleisch dazu. Ein Verfahren, wozu ich nach kurzem Kochen von Gemüse oder Fleisch, zum Weitergaren im zugedeckten Topf,den kalten Backofen benutze.

Die Veranstaltung, wir waren ca. 150 Personen, war perfekt vorbereitet, sehr informativ und endete mit dem Zurückbringen der Teilnehmer.

Südlich gelangten wir am 22.Februar über Waio o Tapu, eine heute noch tätige Vulkangegend mit viel Gestank, nach Tampo. Hier befindet sich der größte See von Neuseeland. Er ist auch bekannt durch sein Fischreichtum, vor allem Forellen.

Das Ziel ist jedoch Hastings, eine Weinhochburg in der Nähe von Napier. Wir fahren also wieder quer durchs Land Richtung Osten zum Pazifischen Ozean.

Napier hatte 1931 ein starkes Erdbeben und ist berühmt für den Wiederaufbau der Stadt im Art-Deco-Stil. Aus diesem Anlass findet alle Jahre zu dieser Zeit ein Festival mit Attraktionen um die Zeit von Charleston statt. Das Programm umfasst weiter Tänze auf der Straße mit Verkleidungen aus dieser Zeit, Umzüge und Seifenkistenrennen für die Kinder und vieles mehr. Es war mal interessant, wie Neuseeländer, die alte Zeit sehen.

Aber auch wirtschaftlich ist Napier der Knotenpunkt des größten Wollzentrums des südlichen Raums und hat einen wichtigen Exportseehafen für den Nordosten von Neuseeland. Denn nicht nur das zweitgrößte Weinanbaugebiet des Landes, auch Äpfel Birnen und Steinobst sind Schwerpunkte für den Export. Das Weingebiet der Hawkes Bay konnten wir bei einer Weindegustation weiter kennenlernen. Es ist das älteste Weingebiet, in dem viel Rotwein mit den üblichen Sorten hergestellt wird.

Aber schon am 24.-Februar geht es weiter zum nächsten Weinanbaugebiet nach Martinborough. Das Gebiet ist gut entlang einer Straße zu erkunden. Pinot Noir wird hier in einer kleinen Stadt, an erster Stelle, angebaut. Zusätzlich gibt es Oliven, Lavendel und Nüsse. Wir hatten in einem Hotel mit Restaurant zum Essen reserviert und das Filet Mignon mit einem Pinot Noir 2016 dazu, waren schon Klasse.

Wir waren auch in einem für mich architektonisch, besten Motel. Es war zweigeschossig, unten eine kleine Küche, eine Sitzecke, Badzimmer und Außensitzplatz. Eine kleine Treppe führte uns nach oben in den Schlafraum, wirklich super, weil einfach.

Wir kamen am 25.-Fbruar langsam, aber sicher an das Südende der Nordinsel Wellington, die Hauptstadt Neuseelands, an. Sie ist nach Auckland inklusive des Umlandes der zweitgrößte Ballungsraum, bei nur ca. 200000 Einwohnern. Wir waren direkt im Zentrum der Hafengegend, die Gegend in der Stadt mit der meisten Power, untergebracht. Neuseeland ist von jeher ein Sportlervolk und wenn es dann noch einen Beweis bedurft hätte, in Wellington ist er zu finden. An jeder Ecke, an der Ampel, wird nicht einfach gewartet, sondern es werden Übungen gemacht. Alle paar Meter stößt man auf irgendeine Sportart oder es wird spontan eine gemacht. In Wellington dürfte es eigentlich keine übergewichtigen Personen geben, es ist die Stadt der Fitness. Alles ist in Bewegung, anders als in Zürich am Seeufer. Haben sie da schon mal ein einzelnes Tanzpaar in aller Öffentlichkeit, üben sehen?

Alle Maßnahmen finden im alten Hafengebiet statt, das speziell für den Freizeitbereich mit den nötigen Einrichtungen, wie Restaurants und sonstigen Attraktionen, ausgebaut wurde. Wellington, so hat man den Eindruck, ist eine Stadt, wo Freude herrscht.

Die Leute sind freundlich, hilfsbereit, man muss nur den Stadtplan studieren und schon wird man gefragt, ob man helfen kann.

Eine längere Tour, wo man auch etwas von der Stadt sieht, war der auf dem Berg liegende botanische Garten. Man fährt mit der Standseilbahn hoch und hat einen wunderbaren Blick über die Stadt. Durch den botanischen Garten, der in erster Linie einen großen alten Baumbestand aufweist, geht es nun zu Fuß abwärts Richtung Rosengarten, wunderbar, mit angrenzenden Restaurants. Der weitere Weg geht über einen alten Friedhof, darüber war die Autobahn, am Regierungssitz und dem Parlament vorbei, immer noch zu Fuß, Richtung Hafen.

Am Hafen wieder angekommen, konnten wir den Standort der für den nächsten Tag reservierten Fähre, erkunden. Gott sei Dank, denn es gibt mehrere Standorte für die Fährenabfahrt und der von uns zuerst angedachte Standort, wäre falsch gewesen. Auch wurde festgestellt, dass unser Reisebüro die Fähre nachmittags um 01:00-Uhr angegeben hatte. Das war falsch und eine telefonische Rücksprache bestätigte die morgendliche Abfahrt. Ja, Glück muss man bei solchen Reisen auch manchmal haben. So war für den nächsten Tag, die Überfahrt auf die Südinsel schon mal gerettet. Wir wären noch gerne in Wellington geblieben, eine schöne, junge Stadt.

Es ging dann am 27.-Februar früh los, denn die Fähre war für 08:45-Uhr gebucht und ist immer ausgebucht. Es ging zur Südinsel nach Picton, und unser Ziel war das nächste Weinanbaugebiet Blenheim. Hier ist die Weißweingegend, ein sehr junges Anbaugebiet, erst 1973 wurden hier die ersten Weinpflanzungen vorgenommen. Heute erzeugt die Weinregion 75 Prozent aller Neuseelandweine und exportiert diese zu 85 Prozent. Blenheim gehört zu den trockensten Gegenden, und herrlich sind die entlang der Weinberge farblich, markanten, faltartigen Berge. Der Wein wird größtenteils im Flachland produziert wegen der Bewässerung und der Maschinenernte.

Wir machten, das ist Pflicht, auch eine Weinprobe in vier Stationen, die mit dem Mittagessen begann: Kartoffelsalat als Unterlage, darauf Dorschfilet, garniert mit feinem Salat und angemacht mit Kräutern. Dazu gab es die erste Weinprobe, einen Sauvignon Blanc. Auch gibt es immer eine Flasche Wasser auf den Tisch, gratis, und das ist in allen Restaurants Neuseelands so.

Mit auf unserer Tour waren Frauen, die kamen aus Seattle-USA, Auckland-Neuseeland, Hawaii, Chicago-USA und Thailand, wie wir auch.

Wir waren in vier kleineren Betrieben mit fast dem gleichen Angebot. Es gab Weißweine wie Sauvignon Blanc, Rissling, Gewürztraminer, Chardonnay und als Rotwein auch ein wenig Pinot Noir. Die Stadt selbst ist nicht aufregend, eine Flächenstadt, so von allem etwas.

Wir hatten am 29.-Februar eine schöne Fahrt entlang der Nordküste der Südinsel vor uns. Es ging vom Osten in den Westen, zur Stadt Motueka, im Nationalpark Abel Tasman liegend. Ein Spaziergang am Meer ließ schon andere Lüfte ahnen, alles sehr rau, viel Treibholz. Wir hatten so den Blick Richtung Australien und stellten uns gerade den südöstlichen Bereich vor, wo wir ja früher auch schon waren.

Das Ziel der Freizeitsuchenden ist die „Golden Bay" Richtung Tabaka. Man muss über einen Pass hoch und wieder herunter, hin und zurück. Aber es ist hier schön zu fahren, keine Mopeds, man sieht höchstens mal eine Kolonne mit Motorradfahrern. Typisch sind die Anzeigen mit Schildern, speziell in den Kurven, wo das Tempo, von 80 auf 20-Kilometer, mindestens mit drei Schildern, jeweils reduziert, pro Kurve, angegeben wird.

In dem kleinen Ort Kersteriten an der Golden Bay erlebten wir einen Lehrfilm pur, wie Neuseeländer, alles Frauen. übten, mit einem typischen Mariboot zu paddeln. Bevor es Wirklichkeit wurde, gab es erst mal Trockenübungen auf dem Sand. Wir selbst machten noch eine kleine Bootstour entlang der Küste. Die am Hang gebauten Ferienhäuser, sowie der ganze Ferienort, können nur etwa vier Monate im Jahr benutzt werden. In der übrigen Zeit gibt es tobende Winde von Nordwest und die Kälte dazu, ein Leben zu dieser Zeit ist hier schier unmöglich. Bei Kaffee und selbstgemachten Kuchen auf dem kleinen Boot, kann man sich das gar nicht vorstellen.

Unsere Rückreise wieder über den Pass, eine Kurve nach der anderen, ging wieder nach Matueka und sofort bei der Einfahrt, war der Hinweis über den Standort der nächsten, öffentlichen Toilette. Das ist in jeder Stadt oder jedem Dorf so. Wenn nach einem gewissen Abstand kein Dorf ist, sind die Toiletten auf einem kleinen Rastplatz, immer entlang der Hauptverbindungsstraße.

Es gibt in Neuseeland eigentlich wenig Autobahnen, nur für die Ein- und -Ausfahrten bei größeren Städten, und nur einmal sind wir vor Wellington, durch einen kleinen Tunnel gefahren. Als Tourist ist das gut, der Einheimische, dem es nicht schnell genug geht, wird sich öfters ärgern. Denn die Neuseeländer sind schnelle, aber sichere Fahrer. Das wollen hier in Thailand die Fahrer auch sein, keine Zeit, immer hastig, aber die Gesetze werden dabei regelmäßig überschritten. Mopeds, empfinde ich hier wie wilde Bienen um mich herum.

Wir verließen am 2.März die Nordküste der Südinsel und das Ziel ist die Westküste, ca. fünf Stunden Fahrt, nach Hokitika. Man könnte meinen, man wäre in Japan. Vorerst geht es via West Port zu unserem ersten Halt nach Cape Foulwind. Man sieht es den Felsen an, wie hier das Meer an der Westküste tobt. Ein Informationsweg über Felsen und Dünen, mit einem kleinen Aussichtsturm, war sehr eindrucksvoll. Robben, die sich in den Felsen sonnen sollen, haben wir aber keine gesehen. Dafür, wir dachten es er wäre echt, einen Verwandten, vom Kiwi, dem Wappentier von Neuseeland. Der Kiwi ist ein flugunfähiger Vogel, nachtaktiv, und lebt in den Wäldern. Gesehen haben wir viele überfahrene Tiere. Kiwifrüchte, die viel exportiert werden, wurden aus Reklamegründen umgetauft. Sie hießen früher chinesische Stachelbeeren. Komisch, denn die sehen, ich erinnere mich als Kind an unseren Garten, ganz anders aus. Unterwegs war noch Gelegenheit, einen Blick auf Neuseelands höchsten Berg, dem „AORAKI MOUNT COOK", 3724 Meter hoch, zu werfen. Wir haben ihn dann nochmals von der Ostseite her, gesehen und waren hier näher dran.

Es ging weiter südwärts Richtung Paparoa-Nationalpark, mehrheitlich direkt an der Westküste entlang. Punakaiki ist Ausgangspunkt in den Nationalpark. Ein Weg führt zu den Pancake Rocks, die wie Pfannkuchen übereinander aufgeschichtet sind. Die Gegend Richtung Süden wird wieder flacher und es nähert sich Hokitika, unsere nächste Bleibe. Die Stadt entwickelte sich ab 1864, als Goldgräbersiedlung und war zugleich eines der Zentren des Goldrausches an der Westküste. Im Ort selbst wohnten 1873 ca. 6000 Einwohner, heute sind es nur noch 4300 Einwohner. Für den Geldtransport wurde eine eigene Provinz, Westland, gegründet, und das Gold wurde anstatt über den Umweg nach Christchurch, direkt nach Melbourne, Australien geschifft.

Wir hatten am 3.März eine kurze, dafür sehr regenreiche Fahrt durch den Regenwald Richtung Franz Josef Dorf. Das Ziel war der Franz Josef Gletscher. Er ist etwa zehn Kilometer lang und liegt im Westland-Nationalpark. Interessant ist die Meereshöhe des Gletscherfußes. Sie schwankt auf einer Höhe um die 450 Meter Meereshöhe. Die Berg Höhe beträgt 2955 Meter. Warum heißt der Gletscher Franz Josef Gletscher? Franz Josef, ehemaliger Kaiser von Österreich, hat diesen Gletscher mal besucht, und seither hat er seinen Namen.

Der Regen hat auch die vorgesehene Fahrt auf dem Milfort Sound, Zwischenstopp auf der Fahrt nach Queenstown vorgesehen, eine Absage erzwungen. Es hatte eine riesige Überschwemmung gegeben, die die Infrastruktur stark beschädigte. Aber das Reisebüro war prompt, und wir hatten bei der nächsten Unterkunft unser Geld für die Schifffahrt zurück. Auch haben wir zwischendurch mal auf den Tacho geschaut, wir sind bisher 3313 Kilometer weit gefahren.

So fuhren wir am 4.März weiter entlang dem Tasmanischen Meer über Haast, ein origineller Orientierungspunkt. Wir verließen dort die Westküste, und wir fuhren Richtung Osten, über den Haast Pass. Er ist mit 563 Meter Höhe der niedrigste Pass über die Südalpen. Der Pass ist nach Julius Haast, einem Entdecker aus Bonn, benannt, der als Erster die West- Ostverbindung erkundet hat. Man fährt zunächst über eine einspurige Brücke und zugleich auch längste Brücke Nordseelands. Nach Überquerung der Passhöhe geht es entlang ganzer Seen- und Gebirgslandschaften über Wanaka nach Queenstown. Ein herrlicher Ferienort in Zentral Otago, der im Südwesten der Südinsel liegt. Schon allein die Lage, die Stadt ist um eine Bucht des Lake Wakatipu herum gebaut, ist einzigartig. Dazu kommen die Berge vom Bob's Peak, hier könnte man im Sommer bleiben.

Hier in Queenstown wächst auch der südlichste Wein Neuseelands, und zugleich ist hier das südlichste Weinanbaugebiet der Welt. Die ersten Weinstöcke wurden bereits 1860 von den Goldsuchern gepflanzt und unterteilen sich heute in verschiedenen Regionen um Queenstown.

Ein alter Raddampfer mit Kohle, dessen Nachfüllung ich am Hafen beobachten konnte, ließ uns vom Lake Wakatipo die Umgebung betrachten. Auch die Gondel der Kabinenbahn brachte uns auf den 430 Meter hohen Aussichtsberg, von dem wir eine wunderbare Aussicht hatten. In einem Park, wo gerade Cricket gespielt wurde, kam die Erinnerung an die Kolonialzeit. Aber die Sportart ist heute noch ein wichtiger Nationalsport geblieben. Der Kapitän, ein Restaurant am Hafen, ist uns auch noch in bester Erinnerung.

Von Te Anau, sollte es am 6.März nach der Fahrt von Queenstown aus, zum Milford Sound gehen, was nun wegen dem Hochwasser ausfiel. Der Fjord ist durch den emporragenden Mitre Peak, den Regenwäldern und Wasserfällen bekannt. Auch die Tierwelt mit Pinguinen, Seebären und Delfinen ist erwähnenswert. In einem Unterwasserobservatorium hätte man unter anderem auch noch die schwarze Koralle bewundern können. Nun, wir haben es uns an dem Tag in Te Anau gemütlich gemacht, muss auch mal sein.

Unsere Fahrt ging weiter Richtung Südküste von Te Anau nach Catlins, ca. 250 Kilometer sind zu fahren. Wir fuhren durch herrliche Landschaften, immer wieder Schaf- oder Kuhweiden. Neuseeland hat ca. fünf Millionen Einwohner, aber 30 Millionen Schafe und sechs Millionen Kühe. Die Ortschaften entlang der Südküste sind herrlich gelegen, aber sehr einsam. Wir befinden uns in Nähe des südlichsten Punkts, Slope Point

So ging die Fahrt am 8.März von Catlins weiter Richtung Dunedin. Es ging entlang der Südostküste, und wir erlebten eine Stadt mit dem kulturellen Erbe der Schotten und Maori, die viktorianische und edwardianische Architektur. Die europäische Besiedlung begann nach der Entdeckung durch James Cook, im Jahr 1770. Es kamen Robben und Walfänger, die im natürlichen Hafen eine Walfangstation bauten. Die ersten Siedler aus Schottland erreichten 1848. aus religiösen Gründen, Dunedin. Abspaltungen in der Kirche Schottlands sollen der Grund gewesen sein. Natürlich waren auch wirtschaftliche Gründe mit dem Ziel vorhanden, in der Landwirtschaft, speziell mit Viehzucht, einen Neuanfang zu machen.

Im Jahr 1861 war der erste Goldfund, und es entwickelte sich ein Umschlagsplatz für alle Waren. Die Goldgräber kamen aus allen Teilen der Welt. Allein aus Australien kam 50000 Goldsuchende nach Dunedin. Im Jahr 1906 wurde der im flämischen Baustil gebaute Bahnhof übergeben und ist seit dieser Zeit das meistfotografierte Gebäude Neuseelands.

Heute ist Dunedin, dank der guten Voraussetzungen aus den goldigen Zeiten, eine Bildungsstadt mit Universitäten und anderen Hochschulen.

Die gute alte Zeit erlebten wir in einem der Restaurants eines alten Hotels am Sonntagmittag. Es war ausgebucht, bis auf die Bar, wo es typisch nach alter Zeit, Schweinebraten mit Gemüse und Kartoffeln, als Sonntagsteller gab.

Am Nachmittag ging es mit der Taieri George Railway, auf der alten Goldgräber Trasse, in einer wildromantischen Schlucht mit vielen Tunnels und Viadukten aus Stahl bis nach Pukerangi, dem höchsten Punkt der Reise. Es ging in der Schlucht entlang Goldgräberstätten unten im Flusstal und wieder zurück, eine empfehlenswerte Fahrt über 250 Höhenmeter. Unser abendliches Essen in dem geschichtsträchtigen Bahnhof mit Cordon Bleu, war ein krönender Abschluss.

Am dritten Tag in Dunedin ging es zur Halbinsel Peninsula mit dem Höhepunkt am Ende der Insel, „der Albatros Kolonie". Sie flogen an uns vorbei, über unseren Köpfen, aber sie gut zu fotografieren, ist reiner Zufall.

Wie oft, so hatte auch das Larnach Castle, von einem Schotten 1874 im Baronie Stil gebaut, seine Geschichte. Der Schlossherr war im Parlament in Wellington und fiel dort durch den Selbstmord im Parlament auf. Es ist die einzige Burg in Neuseeland mit einem herrlichen Standort und noch vorhandener, historischen Inneneinrichtung.

Ja, Dunedin überrascht mit seiner Vielfalt und wunderbaren Lage. Hier noch ein paar Worte in der Maori Sprache, an diesem Bildungsort:

Was ist das – Kia ora.
Bis später – Ka Kite.

Auf Wiedersehn – Hei koneira.
Guten Tag – Kia ora.

Wir verlassen eine wunderbare Stadt, und es geht in die Alpen, über den Danseys – Pass, 935 Meter hoch nach Twizel. Er ist ein Gebirgspass, meistens fährt man nur auf einem Kiesbelag oder direkt auf dem schieferartigen Felsen, nichts für Gebirgsunkundige.

Unsere weitere Fahrt auf Nebenstraßen bescherte uns alte Goldgräberstädten, Elefantenfelsen und wie von Künstlerhand bearbeitete Felswand-Gestaltungen.

Weiter auf der Hauptstraße erleben wir auf den Landwirtschaftsflächen riesige, fahrbare Beregnungsanlagen, teilweise ein Kilometer breit. Es gibt große Wasserrückhaltebecken zur Speicherung für die Regenanlagen.

Twitzel, liegt inmitten der Südinsel zwischen Südost und Nordwest und Zweidrittel südlich weit weg von der Nordküste der Südinsel. Die nahegelegenen Seen ermöglichen im Sommer das Segeln und im Winter sind die nahegelegenen Berge zum Skifahren das Rückgrat für diesen Erholungsort. Auch das aus Naturstein erbaute Hotel erinnerte mich an die Hotels vom Wintersportort Bariloche in Argentinien. Die Stadt wurde auf Theres Farmland, erst 1968 von Skandinaviern gegründet, die auch in Hua Hin, das beste Golfzentrum mit anderen Erholungsmöglichkeiten gebaut haben.

Von Twitzel aus fährt man in die Berge, an die Seen, je nach Jahreszahl. Ziel ist der 3724 Meter hohe Mount Cook und die Umgebung des Mount Cook Nationalparks. Wir fuhren entlang des schmalen Lake Puhaki bis nach Glentanner, zum Ausgangsort vieler Touren: wie Heli Flüge. Eine Straße, die scheinbar schnell befahren wird, denn wir erkannten früh genug einige Geschwindigkeitsmessungen.

Zurück ging es dann am 11. März über die Scenik Route nach Christchurch, also der letzten Stadt unserer Reise. Es ging lange Zeit über das Hochplateau von Twitzel, am Lake Tekapo vorbei über den Burkes Pass, gehört zur östlichen Bergwelt, hinunter auf die Aussichtstraße, das Meer meidend. Wir kreuzten Geraldine und andere Kleinstädte in mehrheitlich landschaftlich geprägtem Gebiet, zuletzt Rolleston, und dann war unser Ziel da: Christchurch.

Ein Blick, auf dem Tachometer ergibt eine befahrende Strecke der Insel Nord und Süd von 5275 Kilometer, es läppert sich so was zusammen. Christchurch hat heute wieder 380000 Einwohner, und man sieht immer noch die vielen Baulücken in der Innenstadt, verursacht durch das Erdbeben 2011. Es gab 185 Tote und 1500 Gebäude mussten in der Stadt abgerissen werden.

Wir hatten am zweiten Tag Programm und machten unsere letzte Wein Tour nach Nord Canterburys Pegasus Bay und Waperra Springs. Es ist auch eine herrliche Gegend, in der wir vier Weingüter besichtigen.

An unserem letzten Ferientag am 13.März mussten wir nochmals in einer in der Nähe liegenden Einkaufsmall shoppen und der botanische Garten war der letzte Besichtigungsort mit dem wunderbaren Rosengarten und dem letzten Bild Von Neuseeland: Lea mitten in den Rosen.

Es wäre nicht nötig gewesen, aber der Tag verlief am Ende nochmals spannend. Wir mussten unser Auto zurückgeben, es verlief alles normal. Ich wartete auf einem nach hinten abfallenden Sofa. Im Hotel angekommen, fehlte mein Handy. Das Taxi angerufen, nichts. Wir bestellten nochmals das Taxi und fuhren zurück zum Autoverleih. Da war es, die Sekretärin fand es auf der Couch und das alles kurz vor Dienstschluss. Alles war wieder gut.

Es hieß Koffer packen, und wir hatten Zeit, bei den Indern gegenüber nochmals zu essen. Das Flugzeug startete morgens

6:15-Uhr, das Taxi war für 3:15-Uhr bestellt, kam aber nicht. Unsere Motel Vermieterin, eine sehr hilfsbereite Frau, schon vorweg bei der Handysuche, bestellte ein Taxi, der Shuttlebusfahrer hatte es vergessen. Devise, lieber früher als zu spät zu sein.

Über Sydney geht es zurück nach Bangkok und via Taxi nach Hua Hin. Eine wunderschöne Reise ist zu Ende gegangen und unser Fazit kann nur positiv sein, denn:

Wir waren unter freundlichen Leuten.

Es hat nur wenige Autobahnen und dadurch hatten wir meistens eine unverbaute Naturlandschaft vor uns.

Wir haben keinen Unfall gesehen.

Wir konnten überall gut Essen, ob im Norden oder Süden, es war immer das gleiche Essen.

Die Verkehrsteilnehmer waren immer rasant, aber sicher unterwegs.

Die Temperaturen sind anders als bei uns und verlangen öfters Kleiderwechsel am Tag.

Es ist morgens länger dunkel und abends länger hell.

Die Alkoholpreise sind sehr hoch, egal was man trinkt. Ein Bier kostet neun bis zehn Dollar. Alkohol gibt es nur in separaten Likörläden.

Das Autofahren war trotz der vielen Kurven und hoch und runter, viel besser als bei uns, es gibt keine Mopeds.

Wir sind bisher in keinem Land, entlang so vieler Seen gefahren, die wegen ihrer Länge oft nicht aufhören wollten.

Wir kamen zurück, frohgelaunt am 14. März 2020, genau nach unserem Plan. Dieser Plan ging dann anschließend wegen Corona für viele Reisende schief, denn acht Tage später war totale Flugsperre von Neuseeland und Australien nach Europa, wie hatten viel Glück.

Einen Tag nach unserer Ankunft, begannen am 15.März, auch die Einreisebeschränkungen für Thailand. Wir haben in unserem Quartier Nachbarn, eine verheiratete Australierin, die Ferien bei ihrem Sohn machte. Sie kam erst nach gut einem Jahr, in der das Paar getrennt war, zurück.

Corona war ab jetzt in aller Munde, auch hier in Hua Hin. Hier in Thailand begann man, wie immer, mit Gegenmaßnahmen spät. Es wurde viel besprochen, jeder Minister machte so seine Vorschläge, aber bleibende Beschlüsse zu tätigen, ist hier in Thailand allgemein schwer. Sie werden meistens zwei-bis dreimal widerrufen, bis ein Beschluss dann endlich als Beschlusssache veröffentlicht wird. Um die Chinesen nicht zu verprellen, wurden erst Mittel von China importiert. Dies, obwohl alle Welt wusste, dass diese Mittel nichts taugen. Es war eher eine Beruhigungsimpfung, zuerst an Krankenschwestern und an das Krankenhauspersonal. Da aber die Bestellungen zu spät erfolgten, erhielt auch das übrige Volk und die Farangs, die Chinesenspritze. Das von den Amerikanern gestiftete Mittel reichte für die Botschaften und die obige Gesellschaft.

Ab der zweiten Spritze gab es dann die westlichen Mittel. Man musste aber überall Ausschau halten, wo und wann durch das staatliche Krankenhaus geimpft wird. Dazu kamen die Ankündigungen auf, Thai. Unsere Putzfrau musste da die Kontrolle der Termine übernehmen.

Auch das von mir organisierte Studententreffen im Juni 2020 in Frankfurt, musste ich absagen und die gemachten Verträge mal auf ein Jahr verschieben. Aber auch 2021 war wieder eine neue Absage fällig.

Es begann 2022 und ein runder Geburtstag von mir am 10.2.2022, stand an. Corona verbesserte sich, und ich organisierte mal ein Treffen mit den Kindern im Februar in Dubai. Wir hofften, dass es bis dahin besser wird, auch für uns mit der Wiedereinreise nach Thailand und den Bedingungen dazu. Aber auch dieser Termin musste abgesagt werden. Punkt.

Wir, Lea und ich, eine Party zum 90.Geburtstag war wegen Corona nicht möglich, feierten dann den Anlass mit einer 14- tägigen Reise, die in den Süden von Thailand führte.

Man fährt entlang der Ostküste, entlang des Golfs von Thailand, und unser Ziel führte uns dann ab Surat Thani an die Südwestküste, an den Andamanensee, nach Khao Lak. Dieses Gebiet ist noch bestens bekannt aus dem Jahre 2004, als der Tsunami hier alles verwüstete. Wir hatten ein schönes Fünfsterne-Hotel, konnte man sich leisten, da die Preise wegen Corona 50 bis 70 Prozent tiefer waren.

Unsere nächste Fahrt ging in den Nationalpark Khao Sok, den man ohne Impfausweis gegen Corona nicht hätte betreten können.

Schon unsere Bleibe, in durch Stege erreichbare kleine Bungalows, entlang von einem Ölpalmenanbau, inklusive der netten Bedienung, war einzigartig. Der Khao Sok -Nationalpark wird geliebt wegen seiner Vielfältigkeit, mehrheitlich Regenwald, und uns begleiteten beim Aufstieg immer neue Wasserfälle. Es ist ein Park für geschulte Bergkenner, deshalb gibt es hier keinen Massentourismus.

Eine Bootsfahrt auf dem Rachabrapka -Stausee, ging entlang einer malerischen Kulisse, und begrünten Felsen jeglicher Größe, rundeten den Aufenthalt, in Khao Sok ab.

Krabi war unser Hauptziel, direkt am Andamanensee, war auch unser Hotel, gelegen. Die Stadt ist umgeben von Kalksteingebirge und Mangrovenwäldern, nicht zu vergessen die vielen Inseln und besonders die Inselgruppe Koh Phi Phi. Mehrere Bootsfahrten für uns zwei allein zu den interessanten Felsformationen im Wasser, so auch am 90. Geburtstag von mir, bereicherten das schöne Programm.

Unsere weiteren geplanten Anlässe des laufenden Jahres konnten dann aber stattfinden. Unser 65. Hochzeitstag gab Anlass zu planen, und es gab eine Europareise im Juni 2022.

Winterthur in der Schweiz, Leas Heimatstadt, in der wir 1957 heirateten, war unser Ziel. Am 11. Juni konnten wir dann mit Freunden, Verwandten und den Kindern im Schloss Wülflingen, unseren 65. Hochzeitstag feiern, ein herrlicher Tag. Mit den Kindern blieben wir dann noch einige Tage in Winterthur, bevor mein Wunsch, Skifahren zum 90. Geburtstag in Erfüllung ging.

Mit meinem ehemaligen Tourenleiter Walti, vom früheren Skiclub, konnte ich einige Tage in Zermatt verbringen und auf 4000 Meter Höhe, auf dem kleinen Matterhorn Gletscher Skifahren. Ein Wunsch zu meinem 90. Geburtstag, ging somit doch noch in Erfüllung.

Von der Schweiz aus weiter ging es nach Frankfurt am Main zum letzten, 40. Studientreffen, das dann endgültig nach zweijähriger Verschiebung, stattfinden konnte. Wir wohnten im Hotel Leonardo, ein wenig außerhalb der Innenstadt. Nach der Begrüßung am Abend, war am anderen Tag Programm. Mit einer von der Stadt angebotenen Stadtführerin, einer Architektin, geboren in Dresden, lernten wir Stadt und Leute kennen. Nach dem Lunch hatten wir eine Führung in Goethes Geburtshaus, das durch den Krieg zerstört war und nach den alten Plänen wieder aufgebaut wurde, wie so vieles in der Innenstadt. Natürlich durfte auch die anschließende Schifffahrt auf dem Main nicht fehlen. Das gemeinsame Nachtessen gab es im Hotel, zu reden dabei gibt es nach so langer Zeit immer viel.

Am zweiten Tag hatten wir mit einer Führung die Besichtigung des botanischen Gartens, der sich in einem historischen ehrwürdigen Teil und dem neu erstellten Schauhäusern, getrennt nach den Klimazonen der Welt, präsentiert. Nach dem Launch mit Apfelwein, das traditionale Getränk von Frankfurt, ging es weiter zur Besichtigung der Kleinstadt Oberursel im Taunus. Wir hatten eine gute Führung, eine Lehrerin, aus Norddeutschland, zugezogen. Es ist ein Ort mit viel Geschichte, es ging rauf und runter, aber „Wir Alten" meisterten auch diesen schönen Ort.

Das letzte Studientreffen ging nach langer, gemeinsamer Zeit zu Ende, und ich zitiere nochmals Günthers Einschätzung zu unseren Treffen allgemein, am vorletzten Treffen in Hamburg.

Günter: „Es bedarf schon einer besonderen Wertschätzung, wenn sich 23 Menschen, jetzt 67 Jahre nach dem Studium, einer relativ kurzfristigen Gemeinschaft, hoch betagt und neugierig, in das Abenteuer eines Studientreffens stürzen," (Zitat Ende).

Wenn schon Europa, dann durfte Dresden, lange Zeit unser zweiter Wohnort mit dem Büro, nicht fehlen. Gut aufgehoben bei unserer Freundin Doris, erlebten wir nochmals einige Tage, Musik mit der Oper Carmen in der Semperoper und im Zwinger mit allen Werken von Vivaldi. Wir fuhren mit dem Neun-Euro-Ticket nochmals nach Meißen und in die Grenzstadt zu Tschechien, nach Bad Schandau. Auch ein Treffen mit meinem alten Bürochef, im Rosengartenestaurant der Neustadt, bescherte uns nochmals viele alte Erinnerungen.

Wir hatten mit Doris schöne Tage. Nach den Aufenthalten in Winterthur, Baden, Zermatt, Frankfurt und schlussendlich Dresden, ging es über München zurück nach Bangkok. Zum Glück hatten wir in Dresden durchgecheckt nach Bangkok und entgingen somit dem Checking Drama mehrerer großer, Deutscher Flughäfen, so auch München.

Wir kamen also pünktlich wieder in Bangkok an und brauchten unsere vorher zusätzlich, teuer bezahlten Einreisepapiere nicht mehr. Diese Spezialpapiere für die Rückreise waren einen Tag vorher, am 1.Juli 2022 aufgehoben worden. Wir waren wieder in Hua Hin, die Zeit in Europa, wir sind in der Regel zwischen drei und vier Wochen weg, war sehr interessant. Das Eiserne Ehejubiläum, Skifahren auf 4000 Meter Höhe und Semperoper, mehr Abwechslung geht nicht.

Wieder zu Hause gibt es die üblichen Dinge zu tun, richtig wichtig ist die Bezahlung eintreffender Rechnungen, speziell Strom und Wasser, das in unserer Abwesenheit unser Verwalter für uns erledigt. Bei Nichtzahlung bis zum angegebenen Termin, wird sofort der Strom oder das Wasser abgestellt. Es sind strikte Regelungen, denn man kennt bei den zuständigen Behörden die eigenen Leute bestens, auch wegen ihrer hohen Schuldenlast.

Es sind vor allem die Thaileute. Nach den oberen zehn Firmenimperien, kommen die Behördenmitglieder, die Bankangestellten, Schulpersonal, das Militär und andere Institutionen. Es ist eine breite Schicht über den größtenteils Schlechtverdienern.

Dadurch resultieren auch die Wahlen, die in der Gesamtheit immer von den Linksparteien und deren nahestehende Parteien gewonnen werden. Das Militär hat aber Mittel und Wege gefunden, um mit insgesamt 19 anderen Parteien wieder die Regierung zu bilden.

Die Klassifizierung einer Person fängt aber schon in der Schule an. Allgemein haben alle Schulen und Universitäten, außer internationalen Schulen, ein schwaches Niveau. Eine Schulpflicht ist zwar vorgeschrieben, Abgänge werden aber nicht kontrolliert. Das heißt, dass viele Schüler die Schule frühzeitig verlassen, meistens aus Geldmangel wegen Gebühren, vorgeschriebenen Uniformen oder aus anderen Gründen. Oft müssen die Kinder mithelfen, Geld zu verdienen, dies besonders auf dem

Land. Eine fatale Methode ist, dass Fragen an den Lehrer verboten sind. Er könnte, bei Schwierigkeiten einer Beantwortung, sein Gesicht verlieren.

Wir haben das Niveau mal bei einer Abschlussfeier, einer Hotelfachschule erlebt und fragten uns später, was die Damen und Herren denn eigentlich gelernt haben. Diese Leute kommen dann zum Beispiel zu einem Schweizer Hotelmanager und seine Antwort ist: Die Abgänger könne man noch nicht einmal zum Servieren gebrauchen, ein Lehrgang im Hotel ist die Folge.

Alle gut Ausgebildeten, zum Beispiel Ärzte, bezeugen auch öffentlich, dass sie in Amerika studiert oder zumindest die Weiterbildung hatten. In den Berufen des Handwerks ist ein Erlernen von Kind an, wenn schon keine Schule, mit dem Vater oder generell in der Familie automatisch. Eigentliche Ausbildungsstätten gibt es nicht.

Es wurde Herbst 2022, als meine Tochter sich meldete und meinte: Ich feiere meinen 60. Geburtstag am 12.12.2022, an einem besonderen Datum, in den Malediven. Wir, Carolina und ich, haben auf einer kleinen Insel ein Haus gemietet, direkt mit Wasserkontakt. Wäre schön, wenn ihr uns besuchen könntet, da es ja nicht so weit wäre. Alles schön und gut, 14 Tage sehr beengt und für Aktivitäten nur das Wasser und Essen, war nicht so unser Ding.

Unsere Tochter hatte Verständnis und fand die angebotene Variante, die ich zwischendurch studiert hatte, auch nicht schlecht.

Da im Jahr 2022, im Februar, der wegen Corona ausgefallene Geburtstagstreff, 90 Jahre, ausfiel, haben wir jetzt Isabelle als GEBURTSTAGSGESCHENK acht Tage nach Dubai eingeladen. Ein Trip, bei dem wir, damit die lange Reise sich auch lohnt, dann anschließend noch Jordanien besuchen würden.

Der Vorschlag fand Anklang, und so trafen sich Eltern und Tochter am 18.März 2023 für eine Woche in Dubai. Wir waren schon

2015 beim Zwischenstopp für unsere Route 66 in Amerika, im gleichen Hotel. Damals war es noch das höchste Hotel mit 66 Hotel-Stockwerken. Wir hatten jetzt im 47. Stockwerk eine wunderbare Aussicht auf das höchste Gebäude der Welt, dem Burj Khalifa.

Es war mal wieder so richtig Gelegenheit, bei unserem normalen, 9000 Kilometer auseinander liegenden Wohnorten, die acht Tage durchgehend zusammen zu verbringen.

Isabelle hatte bereits am Airport den richtigen Gedanken. Es ist Ramadan und dann müssen wir für den jeweiligen Apero im Hotel, etwas Flüssiges im Kühlschrank haben.

Ich hatte bereits ein Jahr vorher für das Programm einige Höhepunkte notiert. Zudem wurden wir auch direkt im Hotel gut beraten.

Am Programm für die Woche fehlte leider die vorgesehene Besichtigung des Museums der Zukunft, das sich wie ein Autoreifen präsentiert und der Name sagt es, sich mit der Zukunft des Menschen beschäftigt. Leider sind die Eintrittskarten bis zu drei Monate im Voraus ausverkauft, ein Besuch für das nächste Mal.

So begannen wir zur Orientierung mit einer privaten Stadtrundfahrt, und wir lernten die großen Differenzen in der Nutzung kennen. Ausgerichtet ist alles auf große Malls, kleinere Stadtzentren mit regionaler Versorgung fehlen. Diese gibt es höchstens als kleine Tante – Emma – Läden bei größeren Hotels. Schön ist das Gebiet um den Hafen, die Altstadt als Baumuseum und Alt-Dubai mit dem Goldmarkt, Gewürzen und anderen Geschäften. Diejenigen, die Badeferien machen, sind ein wenig außerhalb für sich, aber mit sehr steiniger Umgebung.

Wir besuchten die Dubai Malls mit dem Riesenaquarium und der abendlichen Wasserfontänenvorstellung. Mit der Metro, direkt vor dem Hotel kein Problem, nur läuft man nach der Mallstation unendlich lang in gedeckten Gängen zu den Geschäften.

Der Höhepunkt, nachträglich zu meinem 90. Geburtstag, der hier ja stattfinden sollte, fand jetzt ein Jahr später statt: Skifahren in der Dubai-Arena, gebaut von der Architektin Zaha Hadid. Es gibt dort eine globale Bedienung mit allem, was man braucht. Die drei Skipisten, jede 500 Meter lang, haben verschiedene Schwierigkeitsgrade. Ich habe es fast drei Stunden lang genossen, die sogenannte schwarze Piste zu befahren: ein Erlebnis. Ein Junge, Einheimischer, hatte Gefallen an mir mit dem Spruch: „You a good Skier."

Am nächsten Tag ging es anstatt auf Schnee, ins Wasser. Vom Hafen aus machten wir drei mit dem Speed Boot eine Fahrt entlang der Inselwohngebiete bis zum berühmten Hotel, wegen seiner Architektur: Burj Al Arab. Sehr beeindruckend, auf einen Blick, Dubai vom Meer aus zu sehen.

Eine Augenweide war der Mirakelgarden, ein Flower-Paradies mit 150 Millionen Blüten. Wirklich ein Besuch wert. Sogar eine A 380 von The Emirates im Original, ein Blütenmeer. Wie ist das möglich? Es sind hauptsächlich Petunien, die in Gefäßen gepflanzt sind und alle einzeln, automatisch, bewässert werden.

Außer dem Flugzeug wurden Hausfassaden, Tiere wie Bären, Pinguine, und im Großformat ein Pferdekopf gebaut und voll mit Blumen oder Grünpflanzen dargestellt. Es ist ein Ort, der jede europäische Gartenschau verblassen lässt.

Nochmals den Bur Dubai Souk Market besuchen zu wollen, war verständlich. Die in Massen angebotenen Waren, sind zum Anschauen eine Augenweide, aber mitnehmen? Wir beließen es daher bei Eukalyptus in Rohform, der durch einige Tropfen warmes Wasser in Hochform aufgeht, zu kaufen.

Am Freitag, dem 24.März war dann noch der Höhepunkt angesagt mit dem Besuch des Burj Khalifa. Wir besuchten den Tower am Abend, und nach vielen Passagen erreichten wir dann das 124. Stockwerk mit der Aussichtsplattform. Wir sahen Dubai, auf die Wolkenkratzer hinunter, die plötzlich klein waren. Es war schon ein Erlebnis, auch die Fontänen unten mal von oben zu sehen.

Alles geht einmal zu Ende. Isabelle flog in der Samstagnacht zurück nach Zürich, und wir flogen am Samstag, dem 25.3.22 nach Jordanien. Ein Ziel, das uns im Gegenteil zu Dubai die alte Welt zeigt, so gut es noch geht.

Jordanien, am östlichen Ufer des Jordans gelegen, grenzt an Israel, dem Westjordanland und Ägypten. Es ist ein Land mit hohem Wüstenanteil, Naturschutzgebieten, bekannten Badeorten und Städten von berühmten archäologischen Ausgrabungen, weit vor Christus.

Bereits am Airport Amman wurden wir von unserem Reisebegleiter abgeholt. Die Kofferausgabe ließ lange Zeit auf sich warten, aber schlussendlich hatten wir für drei Nächte unser Hotel Larsa erreicht. Unser Reisebegleiter Ayan war für die nächsten zwölf Tage unser Fahrer und Organisator. Er bestimmte die Zeit, für den zweiten Tag, 10:00 Uhr am nächsten Morgen.

Wir fuhren nach Amman, die Stadt hieß früher auch mal, Philadelphia. Wir besuchten dort als Erstes die Zitadelle Jabal Al-Qualia, die sich auf dem höchsten Gipfel der Stadt befindet. Von hier aus hatten wir auch einen schönen Blick auf das Stadtzentrum und das prächtige, römische Theater, das wir dann noch im Detail besuchten.

Weiter ging es zur mächtigen König Abdullah Moschee, ein eindrücklicher Bau, inmitten eines Zentrums, mehrerer, auch christlicher Kirchen. Trotz Ramadan, es war gerade Gebetszeit, konnten wir die Moschee innen besuchen. Lea musste so eine Art Kutte anziehen und sah aus wie in der Schweiz der Schmutzli, er ist Begleiter vom Samichlaus (Nikolaus).

Zurück zum Hotel ging es die Straßen hinauf und hinunter, und in den tief liegenden Flächen waren meistens Gemüseanbaubetriebe, weil hier feuchtes Gebiet war und das mitten in der Stadt.

Am dritten Tag ging es zur Besichtigung von Jerash, im Norden von Amman, die römische Stadt der 1000 Säulen. Es braucht schon eine ganze Weile, bis man hier zu Fuß durch ist und die verschiedenen Tempel und typisch römischen Bauten besichtigt hat.

Entlang der Straße nach Ajlun, mit der auf dem Hügel stehenden Burg Qala'at Ar Rabad, erlebten wir viele Olivenplantagen und einzelstehende, bis 4000 Jahre alte Olivenbäume, die alle geschützt sind. Von der Burg selbst hat man einen schönen Blick auf Tiberias und Judäa, Namen, die man nur aus der Bibel kennt. Wir erlebten noch andere Burgen, alle waren zusammen eine Verteidigungskette gegen die Kreuzritter. Die Burgen waren über Jahrtausende Aufenthalte von Königen, wo vieles über die streitenden Nationen entschieden wurde.

Am vierten Tag, ab hier ging es südlich, fuhren wir zuerst zum Berg Nebo, die Stelle, wo Moses das „Gelobte Land" ausgerufen haben soll. Es gibt einen weiten Blick in das Jordantal. Selbst der frühere Papst aus Polen war hier zu Besuch. Interessant sind sehr gut erhaltene Ausgrabungen aus Mosaiksteinen in der Moses Gedächtniskirche. Eine Frage, die unbeantwortet bleibt: Wie kommt eine gelbe Mimose, eine typische Pflanze aus wärmeren Gegenden wie dem Tessin, hier auf dem Berg.

Vom Berg Nebo, 880 Meter hoch gelegen, ging es nach Madaba, eine Stadt mit 70000 Einwohner, dazu die berühmte Sankt Georg Kirche. Für mich besonders interessant, da ich mal bei den

Sankt Georgs Pfadfindern war. Die Kirche ist berühmt für die byzantinische Mosaikkarte aus dem 6. Jahrhundert. Sie zeigt das gesamte Heilige Land mit Jerusalem und anderen Orten sowie viele Szenen aus dem Alten und Neuen Testament.

Es ging weiter zur alten Kreuzfahrerfestung Karak, Auf 900 Metern über dem Meer gelegen, zeigt sie heute noch im Tiefinneren die Wehrfähigkeit.

Es begann unsere Fahrt nach Dana, über Gebiete abseits jeglicher Hauptstraßen. Wir fuhren über Höhen und Tiefen, ein sehr wildes Terrain. Überall auf den Bergkuppen war das Gebiet der Windanlagen mit eigener Stromerzeugung und -weiterleitung. Alles ist in Teilgebieten aufgeteilt. Jordanien hat genügend eigenen Strom, bereits vor 25 Jahren gab es die erste Windanlage.

Auch festzustellen war, dass in mit Steinen übersäten Flächen in den Höhen, jede freie oder freigemachte Stelle, mit Weizen eingesät wurde, der jetzt zu sprießen begann.

Gespannt waren wir dann auf Dana, wo junge Leute ein neues Camp betreiben, um das über 5000 Jahre alte Dorf wieder ins Leben zurückzurufen. Wir wurden auf einem Jeep umgeladen, und in einer wilden Fahrt ging es zum Camp, direkt an einem steilen Abhang gelegen, mit Blick auf das Jordantal.

Wir waren nach der Ankunft froh, wie alle, heil angekommen zu sein. Es gab verschiedene Kategorien von Unterkünften. Unsere Unterkunft war fest aus Stein mit Toilette und Dusche und Warmwasser, aber in der Nacht war es ohne Heizung bitterkalt. Jung, alt und älter versammelten sich zum gemeinsamen Nachtessen. Ein Kachelofen gab ein wenig Wärme ab.

Am fünften Tag machten wir privat mit einem Bergführer eine Wanderung über Stock und Stein und über nicht zu vermittelnder Felsformation in bewaldetem Hochland, in Sanddünen oder steinigen Wüsten. Auch die Bergflora fing an zu blühen, ein selbstgemachter Tee am offenen Feuer steigerte das unvergessliche Highlight in diesem Biosphärenreservat.

Kein Tag ohne Burg, es ging entlang der Königstraße zur Shobag-Festung, ein wirklich voluminöser Klotz im Gelände. Nach Klein Petra erreichten wir dann gegen Abend Petra. Eine am Abend nach dem frühen Nachtessen organisierte „Petra bei Nacht" Veranstaltung, hat uns nach der Mühe der Wanderung im Halbdunkel, dorthin und zurück, nicht gerade überzeugt, zumal es auch sehr kalt war.

Der sechste Tag bescherte uns einen Höhepunkt der Reise: die Besichtigung von Petra. Ajan, unser Begleiter, gab uns den Tipp, um 07:00 Uhr morgens, trotz Kälte, die Besichtigung zu beginnen. Ein deutschsprechender Guide war wie abgemacht da, und es war wirklich noch ruhig. Mehr als zehn Personen haben wir auf unserer dreistündigen Hin-Tour, man geht durch die Schlucht von einem zum anderen Ende, nicht gesehen. Aber es war nur zwei Grad warm, und wir hatten alles an Jacken angezogen, was wir dabeihatten.

Auf der Strecke lernten wir die Felsenstadt und die faszinierende Kultur der Nabatäer kennen. Diese kamen ca. 300 vor Christus, als Jordanien in der Antike die Hauptstadt des Reiches der Nabatäer war. Sie hinterließen monumentale Grabstätten und Tempel, das Schatzhaus, die königlichen Gräber, die Cardo, Kirchen, Museen und Klöster, alle direkt in den Felsen gemeißelt. Aber bereits in der Alt- und Jungsteinzeit, 9000 Jahre vor Christus, fanden hier kleinere Besiedlungen statt.

Es war faszinierend, in den engen Schluchten zu verweilen und zwischen den Felsen in den Himmel zu schauen. Das Schatzhaus, die Königshäuser, die alten Wasserläufe und die in den Felsen gehauenen Treppen, brauchen auch eine hohe fachliche Steinarbeiterkunst.

Unser Rückweg war dann sehr mühsam, mussten wir uns doch vorbei an ca. 30 Busladungen, mühsam unseren Weg suchen. Schade, die Leute können nur hochschauen, geradeaus sehen sie nicht viel. Wir hatten nach gesamthaft sieben Stunden, Petra ausreichend für diesen Tag erkundigt und nun war Ruhe angesagt.

Der siebte Tag sollte uns nochmals die Felsenstadt von oben zeigen. Von einer Höhe von 1700 Meter, Petra liegt fast 1000 Meter hoch, konnten wir den unteren Weg, in der Höhe der Felsen nachverfolgen.

Die Tour ging weiter Richtung Wadi Rum, in die Wüstenlandschaft. Unterwegs begegneten uns viele Lastwagen, die Phosphat Richtung Aqaba transportierten. Dieses wird dort auf Schiffe verladen und in alle Welt transportiert. Früher wurde das Phosphat auch mit der Eisenbahn, einer Parallellinie der Hejaz Fairway transportiert, deren Schauobjekte man auf der Station Wadi Rum besichtigen kann. Die Eisenbahnstrecke von Damaskus bis Medina, Saudi Arabien, erstellten um 1900 deutsche Unternehmer, mit einer Gesamtlänge von 1300 Kilometern, auch für die Pilgerfahrt nach Mekka, in Saudi Arabien.

Wir fuhren weiter nach Wadi Rum, in unser Camp Quartier. Unser Fahrer besorgte uns für die vierstündige Besichtigung ein bequemeres Auto, um innen sitzen zu können. Normal sitzt man außen auf harten Holzbänken, nichts für die manchmal harten Schläge, auch im Sand. Wir besichtigten spektakuläre Felsbrücken, schmale Felsnadeln, alle möglichen Anordnungen von Felsen, die es überhaupt geben kann. Dazu kommt das Licht, das am Nachmittag in vier Stunden immer wieder neue Bilder erschienen ließ. Die Ausmaße von 60mal 100 Kilometer Wüste deuten schon auf die Vielfältigkeit hin, die auf 800 Meter Höhe liegt und Berge bis zu 1700 Meter Höhe hat. So kann man erahnen, dass die Tourismusangebote vom Bergsteigen bis zum Heißluftballon, groß sind, es wird alles geboten. Unsere Vierstundenfahrt bescherte uns einen wunderbaren Querschnitt der großen Wüste, und sogar der Aufnahmeort von Laurenz von Arabien 1962 und Indiana Jones 1989, durfte nicht fehlen.

In unserem Camp hatten wir eine wunderbare Unterkunft, die Innendekoration glich einem Beduinenzelt. Insgesamt gab es ca. 250 dieser Camps in jeder Preisklasse. Auch das Nachtessen war besonders, es wurde aus einem Erdloch gezaubert. Schade, dazu gab es, es war Ramadan, nur Wasser. Dafür trafen wir Lilian, eine interessante, junge, kulturinteressierte Frau aus Zürich.

Am nächsten Morgen, dem achten Tag, das Frühstück wurde wieder gemeinsam eingenommen, ging es zur Küstenstadt Aqaba, am Roten Meer. Unterwegs sahen wir wieder Spuren der alten Eisenbahn.

Wir konnten früh einchecken, und schon ging es auf eine Bootsfahrt, für uns allein, auf dem Roten Meer, mit dem dunkelblauem Wasser, gerade gegenüber von Ägypten. Korallenriffe und Fische waren zu bestaunen. Ein Boot mit Glasscheibe am Boden machte das möglich. Bei einem Halt gab es, im Bootsangebot inbegriffen, einen frisch gegrillten Fisch mit einem Sack voll Gemüse. Wir haben, wie so üblich, den Fisch mit den Fingern gegessen, der sehr lecker war.

Es war immer noch Ramadan und alle Restaurants waren, selbst unser Café im Hotel, bis Sonnenuntergang geschlossen. Es ist dann, die Essenszeit rückt näher, ein Bestürmen der Restaurants zu erleben, Anstehen war gefragt.

Am neunten Tag, es war Sonntag, machten wir einen Stadtbummel durch die Altstadt. Ein Friseur, der schon offen hatte, überredete uns zu einer Nackenmassage. Zu guter Letzt waren auch meine Haare geschnitten, und der Mann verstand es, auch mal am Sonntagmorgen ein wenig Geld zu verdienen.

Wir hatten uns für das Dinner im Hotel angemeldet, meinten wir, denn am Sonntagabend war dies nur für die Einheimischen

gedacht, die sich alle von auswärts angemeldet hatten. Schlussendlich ging es doch, und wir waren die einzigen Fremden, macht
nichts. Die Buffeteröffnung hatte einen Ansturm an Leuten
verursacht, ein Durcheinander, was sich in der Esskultur fort-
setzte. Wie da gegessen wird, mit Besteck und Finger, auf dem
Tisch und auf dem Teller, und was da alles übrigbleibt. Vom Benehmen der Kinder ganz zu schweigen. Machen wir es lieber so,
wie wir es gewöhnt sind.

Am zehnten Tag hatten wir eine längere Reise vom Roten zum
Toten Meer. Ein Zwischenaufenthalt ergab nochmals Gelegenheit zum Kaufen von Mitbringsel. Hier erreichten wir dann die
bereits durch die Absenkung des Meeres entstandenen Rand-
zonen, die heute alles Gemüseanbaugebiete im großen Stil sind.
Wenn wir gelegentlich über Wasserschlachten der Anliegerlän-
der hören, hier war schon das erste Beispiel. Unser Fahrer wollte
noch für zuhause Gemüse einkaufen, aber scheinbar ist es am
Weg teurer als in der Stadt.

Im Hotel angekommen, reichte es noch für den ersten Kontakt
mit dem Salz im Salzsee, der an das Westjordanland, an Israel
und Jordanien, grenzt. Der See liegt 400 Meter unter dem normalen Meeresspiegel und ist wegen der starken Entnahme von
Wasser aus dem Jordanzufluss, bereits um 70 Meter gesunken.
Am weitläufigen Weg vom Hotel zum Strand erkennt man das
Zurückgehen des Meeresspiegels.

Salz, drei bis vier Prozent, hilft selbst bei unserem eigenen
Schwimmbad so, dass ich mit Leichtigkeit bei vollen Lungen
mit Luft, lange an der Oberfläche bleiben kann. Man muss sich
das jetzt bei 30 Prozent Salzgehalt vorstellen. Es ist so stark,
dass man als Leichtgewicht die Füße nicht an den Boden bekommt. Das bessere Aufstehen macht man dann durch lang-
sames Gleiten auf den Rücken bis zum Wasserrand. Man sollte
am Tag zweimal Baden, für jeweils zehn Minuten, dies aus me-
dizinischen Gründen.

Dass die versprochene Wirkung des Wassers da ist, erlebte Lea, sie konnte Altersflecken an den Handoberflächen, schon nach ein bis zwei Tagen abrubbeln. Sie hatte, auch schon eine weitere Reise zum Toten Meer im Kopf.

Das Hotel hat für die Zeit nach dem Gesundheitsplan auch noch anderen Zeitvertreib. Man ist dort mit einem Zaun umgeben, ziemlich isoliert. Eine Möglichkeit bereitet auch das Schauspiel am Strand: zu beobachten, wie plötzlich durch Einreiben mit Ton, schwarze Gestalten die Gegend bevölkern.

Auch im Hotel konnten wir beim Nachtessen im großen Saal durch die Anordnung der Tische, die Busse zählen, was man aber sonst nicht merkt. Wir hatten einen Saal für Einzelpersonen und kleineren Gruppen. Zum Essen und zum Abschied gab es sogar Wein aus Jordanien. Ich erinnerte mich plötzlich an gemeinsames Essen mit unseren Kindern in Restaurants, genauso erzogen verhielten sich die Kinder unserer Nachbarn beim Essen. Schön, dass es das auch heute noch gibt.

Wir hatten noch den elften Tag mit dem gleichen Programm. Abends holte uns unser Begleiter ab, für den Transport zum Airport. Wir sahen die Lichter von Jerusalem und auch anschließend den Grenzübergang für Tagestouristen. Alles ist eingezäunt und man weiß warum.

Unser Heimflug ging über Abu Dhabi, Zwischenhalt mit der immer noch präsenten Darbietung des Maskottchens aus der Zeit der Fußballweltmeisterschaft.

Und bald ging es heimwärts nach Bangkok und Hua Hin. Unser Taxi war nach kurzem Warten auch da, denn als über 80-Jährige können wir den Thaischalter benutzen, und so sind wir, je nachdem wie viele Flüge zur gleichen Zeit ankommen, bis zu eineinhalb Stunden eher durch die Kontrolle. Siehe da, das Alter hat auch mal Vorteile, man muss sie nur nutzen.

Unsere Ankunft in unserem Paradies, war am 5. Juni 2023 und nicht nur unsere Bekannten, sondern auch wir selbst fragten uns, und jetzt …

Der Autor

 Bernd Wengmann wurde 1932 in Dortmund im Ruhrpott geboren und erlebte die Kriegsjahre in Deutschland. Nach dem Volksschulabschluss absolvierte er zunächst eine Lehre zum Baumschulisten, um später Landschaftsarchitektur in Osnabrück, Niedersachsen zu studieren. Im Jahr 1957 heiratete er die gebürtige Schweizerin Lea Wengmann, mit der er bereits seit 66 Jahren verheiratet ist. Aus der Ehe gingen drei Kinder, zwei Söhne und eine Tochter, hervor. Nachdem er in Bonn neun Jahre lang als Bürochef tätig war, zog er mit seiner Familie in die Schweiz, um sich als Landschaftsarchitekt selbstständig zu machen. Nach dem Mauerfall baute er 1990 einen zweiten Firmensitz in Dresden auf und pendelte anschließend 19 Jahre lang zwischen der Schweiz und Dresden hin und her. Im Jahr 2007 trat Wengmann in den Ruhestand und wanderte 2009 gemeinsam mit seiner Frau mit 77 Jahren in das gemeinsame Paradies nach Hua Hin in Thailand aus.

novum VERLAG FÜR NEUAUTOREN

Der Verlag

Wer aufhört besser zu werden, hat aufgehört gut zu sein!

Basierend auf diesem Motto ist es dem novum Verlag ein Anliegen, neue Manuskripte aufzuspüren, zu veröffentlichen und deren Autoren langfristig zu fördern. Mittlerweile gilt der 1997 gegründete und mehrfach prämierte Verlag als Spezialist für Neuautoren in Deutschland, Österreich und der Schweiz.

Für jedes neue Manuskript wird innerhalb weniger Wochen eine kostenfreie, unverbindliche Lektorats-Prüfung erstellt.

Weitere Informationen zum Verlag und seinen Büchern finden Sie im Internet unter:

www.novumverlag.com

novum VERLAG FÜR NEUAUTOREN

Bewerten
Sie dieses Buch
auf unserer
Homepage!

w w w . n o v u m v e r l a g . c o m